KB102479

공인의 품격

공인의 품격

1판 2쇄 발행 2017년 7월 20일
1판 3쇄 발행 2018년 2월 10일

지은이 김종성
펴낸이 이윤규
펴낸곳 유아이북스
출판등록 2012년 4월 2일
주소 서울시 용산구 효창원로 64길 6
전화 (02) 704-2521
팩스 (02) 715-3536
이메일 uibooks@uibooks.co.kr

ISBN 978-89-98156-70-1 03190
값 15,000원

* 이 도서의 국립중앙도서관 출판시도서목록(CIP)은 서지정보유통지원시스템 홈페이지(http://seoji.nl.go.kr)와 국가자료공동목록시스템(http://www.nl.go.kr/kolisnet)에서 이용하실 수 있습니다. (CIP 제어번호 : CIP2017009101)

공인의 품격

김종성 지음

유아이북스
Ultimate Information

품격 있는 사회를 향하여

우리나라는 정치, 경제, 사회 등 여러 면에서 큰 어려움에 직면하고 있습니다. 한반도를 둘러싼 국제정세는 한 치의 앞도 내다볼 수 없을 정도로 불투명합니다. 세계적인 현상이라고는 하지만 저성장의 늪에서 좀처럼 빠져나오지 못하고 있습니다. 사회 양극화로 인한 계층 간의 반목과 위화감도 여간 심각하지 않습니다. 성공의 사다리가 무너졌다고도 합니다.

도덕적 기초를 바로 세우지 않고는 더 이상의 발전은 어려울 것이라는 뼈아픈 지적이 나오고 있습니다. 무엇보다 절실한 것은 공인을 비롯한 사회 지도층과 더 많은 것을 누리는 사람들의 품격 있는 행동입니다.

이 책은 안중근아카데미를 비롯하여 몇몇 강좌에서 소개한 내용을 엮은 것으로서 노블레스 오블리주의 역사를 찾아서 그 의미를 조명하고 서양의 대표적인 사례를 담은 일종의 자료집입니다. 내용 가운데는 저자가 일을 하는 과정에서 보고 들은 부분도 있고 문헌을 통하여 새로이 발굴한 부분도 있습니다. 그러나 부정확한 부분이나 놓친 부분이 적지 않을 것입니다. 또한 주제별로 인물이나 장소 그리고 사건과 연관된 이야기들을 연결하는 방식으로 구성하다 보니 난삽하거나 불필요한 부분도 없지 않을 것입니다. 아울러 등장하는 인물들의 가치관이나 생각을 직접적으로 전달하기 위하여 그와 관련된 시나 연설문을 옮겨 함께 실었지만 원문의 품격을 살리지 못하고 의미를 전달하는 수준에 그친 아쉬움이 남습니다.

모쪼록 사심 없이 봉사하고 미련 없이 떠난 그들의 아름다운 삶을 거울로 삼아 우리 스스로를 되돌아보고 우리 사회의 도덕성을 높이는 데 도움이 되었으면 합니다.

2017년 4월

김종성

목 차

1부 존경받는 리더의 비밀: 지도층의 의무

왜 노블레스 오블리주를
말하는가?

나라마다 나름대로의 문화적 특성이 있지만 그 가운데 우리가 부러워할 만한 것이 있습니다. 그것은 부드러운 매너와 질서의식 그리고 여유로움입니다. 성숙한 시민문화가 뿌리내린 사회에서는 고색창연한 문화유산이나 깨끗한 생활환경에 못지않게 그 속에서 살아가는 사람들에게서 깊이와 여유를 느낄 수 있습니다. 그들의 정신세계를 관통하고 있는 사회원리의 하나가 노블레스 오블리주noblesse oblige입니다.

그것은 높은 사회적 신분에 상응하는 도덕적 의무를 말합니다. 프랑스에서 나온 경구인 이 말을 그대로 옮기면 '귀족성은 의무를 갖는다'로 해석됩니다. 귀족이면 귀족답게 그 신분과 지위에 합당하게 행동해야 한다는 것입니다. 사전을 보면 '지위와 명성에 합당한 방식으로 행동해야 한다(프랑스 라루스, 아카데미 사전)', '특권은 책임을 수반한다(옥스퍼드 사전)', '높은 사회적 지위나 부를 가진 사람들은 자신보다 못한 사람들에 대하여 관대함과 고상함으로 행동해야 한다(유에스 잉글리시 사전)', '유리한 입장에 있는 사람, 예를 들어 사회적 계급이 높은 사람들은 그렇지 못한 사람을 위하여 도움을 주어야 한다(콜린스 코빌드 사전)' 등으로 정의되고 있습니다. 국내의 사전을 보면, '높은 신분에 따르는 도의상의 의무(프라임)', '높은 신분에 따르는 의무, 부자와 귀인이 훌륭하고 자비롭게 행동해야 할 도의상의 의무(랜덤하우스)', '양반은 양반답게 처신해야 한다(민중서관)' 등으로 풀이하고 있습니다.

이와 같이 노블레스 오블리주는 '높은 지위나 부를 가진 사람에게 요구되는 고상하고 관대하며 책임 있게 행동해야 할 도덕적 의무'라고 정의할 수 있습니다. 그것은 또한 사회의 지도적 위치에 있는 사람이라면 응당히 그렇게 행동할 것으로 기대되는 행위의 기준이나 준칙이라고도 말할 수 있습니다.

1808년 금언집에
처음 등장

노블레스 오블리주의 연원을 '칼레의 시민'에서 찾기도 하지만 문헌상의 근거를 찾기 어렵습니다. 1808년 피에르 마르크 가스통 Pierre-Marc-Gaston de Lévis이 쓴 《도덕성과 정치의 주제에 관한 금언과 반향》이라는 금언집이 현재로서는 가장 신빙성 있는 출처라 할 수 있습니다. 이 책 73번째 항목으로 'Noblesse oblige'라는 금언이 들어 있습니다. 그러나 그것이 당시 프랑스 사람들의 입에서 오르내렸던 말을 수록한 것인지 아니면 그가 처음으로 사용한 것이었는지는 정확히 알기 어렵습니다.

피에르 마르크 가스통은 어릴 때부터 의무가 요구되지 않는 것은 없다고 생각했다. 그 감정이 바로 최고의 금언으로 표현된 노블레스 오블리주다.

그가 죽은 후 후임 아카데미 프랑세즈 회원으로 추대된 필리프 폴 세귀르의 연설문 중 일부입니다. 그에 대한 칭송으로 가득한 이 연설에서 세귀르는 노블레스 오블리주가 피에르 마르크 가스통이 어려서부터 지니고 있던 관념에서 나온 것이라고 말했습니다. 그러나 세귀르의 연설은 회원들 사이에 세찬 논쟁을 불러일으켰습니다. 과연 그의 삶이 그에 합당했다고 할 수 있는가? 피에르 마르크 가스통은 자신이 만든 금언에 의하여 자신의 삶을 검증받아야 했습니다.

그는 군인 집안 출신이었습니다. 기사 계급에 속했던 그의 부친 프랑세즈 가스통은 육군 원수를 역임하고 '레비의 공작'이라는 작위를 받았습니다. 레비 공작은 프랑스보다 캐나다 퀘벡에서 더 잘 알려진 인물입니다. 1756년 북아메리카에서 발발한 프렌치−인디언 전쟁 때 퀘벡 방어전에 참가한 레비 공작은 지금도 그곳의 강과 마을의 이름으로 남아 있을 정도로 널리 알려져 있습니다. 1787년 부친이 죽은 후 작위를 계승한 피에르 마르크 가스통은 대혁명의 소용돌이 속에 영국에 망명해 있다가 돌아왔습니다. 그 사이 부인과 아이들은 기요틴을 피하지 못했습니다. 이에 미루어 노블레스 오블리주는 기존 질서가 와해되고 귀족들의 명예와 자존감이 급격히 실추되고 있던 사회현상에 대한 실망과 비판에서 비롯된 일종의 반어적 표현인 것으로 짐작됩니다.

문학을 통하여
확산하다

상류사회의 관습들은 당신이 가진 넓고 다양한 지식만큼이나 필요한 것입니다. 그것들은 종종 지식을 보충해 줍니다. (중략) 앙리에트를 기억해서라도, 물 없는 우물이 되지 말고 정신과 형식을 갖추어 주기 바랍니다! 이 사회적 덕목으로 인하여 자주 속는 것을 두려워할 건 없습니다. 바람결에 날려 버린 씨앗에서 언젠가는 열매를 거두게 될 테니까요. (중략) 지금까지 당신에게 얘기한 모든 것은 오래된 말 '노블레스 오블리주'로 요약할 수 있습니다.

노블레스 오블리주의 관념은 주로 문학을 통하여 전파되었습니다. 오노레 드 발자크Honore de Balzac가 1836년 발표한 장편소설《골짜기의 백합》에는 노블레스 오블리주라는 말이 몇 차례 등장합니다. 발자크는 귀족의 부인 앙리에트가 관능적 유혹에 빠진 청년 펠릭스에게 보낸 이 편지글을 통하여 귀족성이 갖는 의미를 잘 보여 주고 있습니다. 그 역시 프랑스 혁명 후 사회질서의 변화 속에서 사라져 가고 있던 귀족성에 대한 향수를 가지고 있었습니다. '사회적 본분을 다하는 것이 때로는 불편하고 손해인 것 같지만 결국 자신의 이익으로 돌아올 것이다.' 이 소설에서 발자크가 전하고자 했던 가장 중요한 메시지일 것입니다.

그러나 분명합니다. '노블레스 오블리주'가 있다면 충성심은 훨씬 더 잘 발휘되거나 더 광범위하게 작용할 것입니다. 그래서 나는 다시금 나의 책무를 시작합니다. – 불쌍한 잉글랜드의 여왕이여!

1837년 8월, 프란시스 켐블이 제임슨 부인에게 쓴 편지글에 나오는 말입니다. 켐블은 영국의 '패니'라는 애칭으로 불린 유명한 여배우이며 작가였습니다. 이 글은 그해 열여덟 살의 나이에 즉위한 빅토리아 여왕이 짊어질 책임의 무게를 생각하면서 쓴 것으로 알려지고 있습니다. 켐블이 소망한 대로 노블레스 오블리주가 있었던 덕분인지 영국은 빅토리아 여왕의 치세에서 해가 지지 않는 나라, 팍스 브리태니커 시대를 열 수 있었습니다.

그녀는 내가 메이슨-딕슨 선 남쪽에서 태어났기 때문에 서투르게 나마 '노블레스 오블리주'의 감각을 보였다는 이유로 제럴드가 나와 어울리는 것을 허락했다. 지리적 조건에 맞서서 허락한 다른 아이들도 몇몇 있었다. 그렇지만 마지못해 받아들였거나 묵인한 정도였다.

1929년 미국의 윌리엄 포크너William Faulkner가 남북전쟁 후 남부의 한 백인 가정을 소재로 쓴 《소리와 분노》의 한 부분입니다. 메이슨-딕슨Mason-Dixon 선은 당시 북부와 남부, 노예가 없는 주와 있는 주를 나누는 경계였습니다. 1930년에 발표한 《에밀리를 위한 장미》에서도 비슷한 장면이 나옵니다. 남북전쟁 후 몰락한 남부 명문가의 홀로 남은 딸 에밀리가 북부 출신 일용 노동자와 사귀는 것을 두고 나이 많은 사람들이 수군대는 말입니다.

나이 많은 다른 사람들은 아무리 슬픈 일이 있더라도, 진정한 숙녀라면 '노블레스 오블리주'를 망각해서는 안 된다고 말했다. 그것을 '노블레스 오블리주'라고 부르지 않는다면 무엇이란 말인가.

노블레스 오블리주의 관념은 기독교의 가르침과 무관하지 않습니다. '무릇 많이 받은 자에게는 많이 요구할 것이요'라는 누가복음 12장 48절이 그것입니다. '그러므로 무엇이든지 남에게 대접을 받고자 하는 대로 너희도 남을 대접하라'라는 마태복음 7장 12절의 말씀도 있습니다. 누가복음의 말씀은 1961년 1월, 매사추세츠에서 존

F. 케네디John F. Kennedy의 〈언덕 위의 도시〉라는 연설을 통해서도 확인할 수 있습니다. 그는 "많이 받는 사람은 그만큼 더 많이 요구받을 것입니다"라는 말로서 지도층의 의무를 강조했습니다. 그리고 10여 일 후 대통령 취임식에서 "조국이 당신을 위하여 무엇을 해줄 것인가를 묻지 말고 조국을 위하여 무엇을 할 것인가를 물으십시오"라는 유명한 연설을 남겼습니다. 〈언덕 위의 도시〉는 '너는 빛이요. 언덕 위에 세워진 도시는 숨기우지 못할 것이요'라는 마태복음 5장 14절에 나오는 말로서 세상의 빛이 되고 모범이 되라는 가르침을 담고 있습니다.

그리스와 로마에서 기원,
'방패 하나에 투표권 하나'

노블레스 오블리주는 근대 사회에서 나타난 관념이 아닙니다. 호메로스의 《일리아드》는 왕을 비롯한 귀족들이 병사들의 앞으로 나가 분투하다가 쓰러져 가는 모습을 보여 줍니다. '방패 하나에 투표권 하나'라는 말처럼 고대 그리스에서는 권리를 행사하기 위해서는 나라의 안전을 책임져야 한다는 관념이 뿌리내려 있었습니다. 그 같은 것은 "제국의 부담을 함께 지지 않으면 계속 특권을 누릴 수 없다"라고 한 아테네의 정치가 페리클레스의 말을 통해서도 확인할 수 있습니다. 소크라테스는 영예에 이르는 가장 가까운 길은 자신이 남에게 어떻게 보이기 원하는지를 알아내어 그에 맞도록 행동하는 데 있다고 했습니다. 로마의 세네카는 《섭리에 대하여》라는 에세이에서 명예로운 것을 추구하는 사람이라면 위험을 감수할 준비가 되어 있어야 한다고 했습니다. 이 역시 노블레스 오블리주의 관념과 다르지 않습니다.

노블레스 오블리주는 귀족계급이 조세와 병역을 담당했던 그리스와 로마의 전통과 관련이 있습니다. 고대 로마의 병제는 민병 중심의 중장보병 체제였습니다. 귀족들은 스스로 전비를 부담하고 전투에 앞장서 희생했습니다. 그것은 의무라기보다는 귀족으로서의 명예와 지위가 주어지는 특권이기도 했습니다. 로마는 건국 후 500년이 지나자 귀족 수가 15분의 1로 격감했습니다. 귀족의 힘만으로 병력 수요를 감당하기가 어려워지자 토지를 소유한 자영농민들에게 신귀족nobiles이라는 명예와 특권을 주는 대신 세금과 전쟁에 참가해야 할 의무를 지도록 했습니다. 재산의 정도에 따라 6등급으로 나누어 등급이 높을수록 병역과 세금을 많이 부담하도록 했습니다. 1~3등급은 전쟁이 일어나면 주로 중장보병을 맡아 선두에 서야 했고, 4~5등급은 경보병으로 후진에서 싸우게 했습니다. 그리고 5등급에도 들지 못하는 플로레타리에게는 병역을 면제해 주었습니다. 로마는 계급사회였지만 재산이라는 객관적 능력에 따라 사회적 역할을 달리하도록 함으로써 귀족, 중산시민, 하층민 사이의 이익과 의무가 서로 균형을 이룰 수 있었습니다.

노블레스 오블리주는 도덕적 영역에만 맡겨진 것만은 아니었습니다. 지적 능력이 있고 국가 운영에 필요한 비용을 부담할 수 있을 정도의 재산이 있는 계층이 통치를 맡아야 한다는 엘리트주의적 통치철학과 무관하지 않습니다. 그렇기 때문에 통치 질서와 사회 계층 구조의 산물이라 할 수 있습니다. 그것은 '우수한 사람이, 정의와 헌신 그리고 절제와 지혜를 추구하는 사람이 정치를 담당해야 한다'라고 한 플라톤의 정치론을 통해서도 확인할 수 있습니다.

왕과 귀족이 앞장서는 것은 중세에도 다르지 않았습니다. 주군에 대한 충성심과 신의성실 그리고 명예를 목숨처럼 여기는 기사 계급의 등장으로 그 같은 기풍은 한층 더 확산되었습니다. '무용과 신의로써 영주에게 봉사하고, 약한 사람을 보호하고 도와주며, 명예와 영광을 위하여 살며 금전적 보상을 경멸한다'로 요약되는 기사정신은 중세의 대표적 무훈시 《롤랑의 노래》나 《니벨룽겐의 노래》를 통하여 확인할 수 있습니다.

저로 하여금 당신의 명예와 재산을 지키도록 하시고, 기사들이 그 임무를 수행하도록 명령하십시오.

《니벨룽겐의 노래》에서 지크프리트가 부르군트의 왕 군터에게 1천 명의 병사를 청하면서 하는 말입니다. 왕이 허락하자 그는 이렇게 말합니다.

"저는 당신의 나라를 보호할 것입니다. 그리고 충심을 다하여 당신에게 봉사할 것입니다."

신의로써 결합되는 영주와 기사의 관계를 잘 보여 주는 장면입니다. 앵글로 색슨의 무훈시 《베어울프Beowulf》는 기독교적 교의가 반영된 기사의 모습을 보여 줍니다. 여기서 영주와 기사 계급은 전쟁과 같은 위험한 일을 담당하며 농민들의 생명과 토지를 지켜주는 보호자로 그려지고 있습니다.

그리고 지금 침대에 있을 영국의 귀족들은 이 자리에 있지 못한 그 자신을 저주하리라. 누군가 성 크리스피안의 날 우리와 함께 싸웠던 용사들의 이야기를 할 때마다 그 자신이 부끄러워지리라.

셰익스피어의 《헨리 5세》에 나오는 대사입니다. 위험을 앞에 두고 뒷전에 물러나 있는 것은 귀족으로서 할 일이 아니라는 말입니다. 여기서도 '고귀함에는 위험이 따른다'는 사회원리를 발견할 수 있습니다. 그리고 헨리 5세는 국왕과 함께 싸운 전사들이라면 그 신분이 아무리 비천할지라도 고결해질 것이라는 말을 덧붙입니다. 진정한 귀족성은 혈통이나 신분에 결부된 것이 아니라 개인의 덕성에 기초한 것이라는 그 같은 관념은 15세기 르네상스 시대를 살았던 피렌체의 포지오 브라치올리니Poggio Bracciolini의 《귀족성에 관하여》를 통하여 확인할 수 있습니다. 폴란드의 민족 서사시 《판 타데우시Pan Tadeusz》는 귀족성이 일상의 질서로 나타나는 모습을 보여 줍니다. 거기에는 젊은이들이 아이들과 어른들 그리고 처녀들을 차례로 앞세우고 호위하면서 들판으로부터 집으로 돌아오는 장면이 등장합니다. 그들은 시키지 않아도 스스로 그렇게 하는 것이 상류사회의 예의와 질서라며 자랑스럽게 노래합니다.

이와 같이 노블레스 오블리주 관념은 그리스와 로마 지도층의 도덕적 전통 위에서 중세의 기사정신과 르네상스 시대의 인본주의 사상으로 발현되었고, '대접받고자 하면 먼저 대접하라'와 같은 기독교의 교의와 믿음을 통하여 널리 확산되었다고 할 수 있습니다.

그러나 노블레스 오블리주가 보편적 국민정신으로 발전하기까지에는 시간이 필요했습니다. 시민계급이 주축이 된 새로운 국가로 변화되었음에도 불구하고 사회계층은 여전히 존재했고 재산이나 지적 능력에서 큰 차이가 있었습니다. 교양 있고 능력 있는 계층이 국가의 운영을 담당해야 한다는 관념은 크게 달라지지 않았습니다. 일례로 프로이센에서는 귀족이 아니면 군대에 들어갈 수도 없었습니다. 1846년 프랑스 선거법은 남성에게만 적용되었고 그나마 극소수에 불과한 일부 '교양 있는 사람들'에게만 선거권이 주어졌습니다.

그러다가 중산층이 확대되고 국가체제에 대한 신뢰가 깊어지면서 국민 각자는 국가 운영에 능동적으로 참가하게 되었습니다. 국가에 필요한 병역과 조세 등의 의무를 부담하는 대신에 국민 모두가 편익을 향유할 수 있게 되었습니다. 수차례 피를 나누며 나라를 지키는 경험도 함께했습니다. 이로써 노블레스 오블리주는 특정 계층의 품성이 아니라 국민 개개인이 갖는 보편적 시민정신으로 발전할 수 있었습니다.

법적 책임을 넘는
도덕적, 사회적 책임

노블레스 오블리주의 본질은 가치관이나 신념이 아니라 책임 또는 책무라는 데 있습니다. 자신에게 맡겨진 책무를 다하는 것이 출발점입니다. 병역, 납세 등의 법적 의무와 그가 속한 조직과 위치에서 부과된 책임, 즉 법적 책임accountability을 다하지 않고는 노블레스 오블리주를 말할 수 없다는 것입니다. 할당된 책임을 다한 것으로 만족할 수 없습니다. 도덕적 책임responsibility이라는 부분이 있습니다. 그것은 법과 규정이 정한 책무의 범위를 넘는 것입니다. 한 사회 내에서 지도층이나 상위계층에 속할수록, 영향력이 큰 조직일수록, 한 조직의 윗사람일수록 그에게 요구되는 도덕적 책임의 범위는 훨씬 더 넓습니다. 지위의 무게에 비례하여 책임의 범위가 넓어지고 기대치가 더 올라가기 때문입니다.

할당된 책임이나 도덕적 책임을 다한 것으로 충분하지 않습니다. 사회가 그에게 요구하거나 기대하고 있는 것에 대하여 반응해야 할 책임, 이른바 사회적 책임을 충족해야 한다는 것입니다. 넓게 보면 도덕적 책임의 범위에 속한다고 할 수 있지만 사회적 책임은 좀 더 적극적인 개념입니다. 공동체의 일원으로서 그가 얻은 이익의 일부를 되돌려 주어야 한다는 사회적 기여 또는 사회적 공헌social contribution에 대한 책임을 말하기 때문입니다. 즉, 노블레스 오블리주는 본질적으로 지위나 계급 그리고 이익의 크기에 상응하는 비례적 책임입니다.

노블레스 오블리주의
여러 모습들

노블레스 오블리주의 가장 전형적인 형태는 병역의무의 수행입니다. 왜냐하면 다른 것은 재물로 대체할 수 있지만 병역은 다른 것으로 대체할 수 없기 때문입니다. 목숨을 바꿀 수 없는 것과 같은 이치입니다. 고대사회부터 공동체를 위한 희생은 가장 중요한 덕목으로 간주되어 왔습니다. 그것은 국가의 안위에 직접적으로 관련 있기 때문입니다. 에드워드 기번Edward Gibbon의 《로마제국 쇠망사》에 의하면 서기 397년에서 400년까지 3년간 콘스탄티노플을 방문한 그리스 철학자 시네시우스는 뼈아픈 충고를 남겼습니다.

죽은 황제의 경솔하고 관대한 태도로 말미암아 군 복무에 있어서 치명적인 폐단을 가져왔다. 시민들과 신민들은 돈을 주고 나라를 지키는 중대한 의무를 면제받았다. 의무는 이민족 용병에게 넘어갔다. (중략) 황제가 남자다운 미덕을 보임으로써 신하들의 용기를 되살리고, 궁전과 병영의 사치를 없애고 이민족 용병 대신에 자신의 법과 재산을 지키려는 사나이들로 군대를 조직해야 한다.

시네시우스의 충고에도 불구하고 그 같은 폐단은 고쳐지지 않았습니다. 돈으로 나라를 지킬 의무를 샀던 동로마는 서고트족의 침입을 맞아 변변히 싸워 보지도 못하고 항복합니다. 그리고 도시의 약탈을 바라보고 있을 수밖에 없었습니다. 그때 동로마를 구원해 주었던 서로마 역시 용병에 의존하다가 그로부터 반세기가 채 못 돼 멸망하고 말았습니다.

피낭스finance라는 말은 노예의 말로서 도시국가에서는 들을 수 없는 말이다. 정말로 자유스러운 나라에서 시민들은 무엇이든 자신의 몸으로 하지, 돈으로 하지 않는다.

장 자크 루소Jean Jacques Rousseau가 《사회계약론》에서 한 말입니다. 재정을 의미하는 '피낭스'는 '돈으로 일을 처리한다'는 고古프랑스어 '피네fine'에서 온 말로서 '의무나 직무 대신에 왕에게 지불하는 돈'이라는 뜻입니다. 그 때문에 루소는 돈으로 병역의무를 대신하는 것은 사적 이익을 취하는 것으로서 나라를 위태롭게 한다고 했습니다.

조세를 비롯한 공공 재원을 부담하기도 합니다. 그리스와 로마의 귀족들은 병장기를 스스로 준비하여 전쟁터로 나갔을 뿐만 아니라 세금도 자신들이 부담했습니다. 로마의 키케로는 부자들은 가난한 사람들의 시기심이 장애 요인으로 작용하지 않도록 노력을 기울여야 한다는 말을 남겼습니다. 루소에 의하면 로마에서는 재산을 자랑했다는 이유로 최하 등급으로 떨어진 부자도 있었습니다. 그들은 서민들의 시기심이 깊어지면 체제의 불안을 가져온다는 것을 알고 있었습니다.

상위계층이 재정적 책임을 더 많이 지는 것은 근대 국가에서도 다르지 않았습니다. 독립전쟁 때 미국의 부자들을 자금을 제공하거나 채권을 사서 전쟁을 후원했습니다. 남북전쟁 때는 '세금을 많이 낼수록 국가가 안전해진다'는 논리로 소득세에 대한 누진세와 가산세를 도입하고 세율을 올림으로써 부자들로 하여금 더 많은 전비를 부담하게 했습니다. 더구나 전쟁을 통해 큰돈을 벌면서도 사람을 사서 대신 참전시키는 경우도 많아서 부자들도 전쟁 수행을 돕고 있다는 것을 보여줄 필요가 있었습니다. 1, 2차 세계대전 때는 부유층의 세금을 올리고 채권을 사도록 했으며 재산세와 법인세를 인상함으로써 더 많은 부담을 하도록 했습니다.

공공사업을 위한 기부활동을 그 예로 들 수 있습니다. 기부는 자신의 재산이나 능력을 공익을 위해 쓰는 것을 말합니다. 사회 지도층이나 부유층의 기부는 그가 사회에서 얻은 이익의 일부를 사회에 환원하는 것으로서 어떤 의미에서 자신이 속한 사회에 빚을 갚는 행위라 할 수 있습니다.

로마는 건물과 도로의 비용을 기부하였거나 수리한 사람이나 그것을 목적으로 설립된 재단에 기여자의 이름을 붙일 수 있도록 했습니다. 대표적인 기부자가 아그리파입니다. 카이사르의 후계자 옥타비아누스를 보좌하여 제정시대를 열 수 있도록 했던 사람입니다. 그는 자신의 재산으로 식량을 조달하여 시민들에게 나눠 주는가 하면 죽을 때 모든 재산을 로마를 위해 내놓았습니다.

도서관과 병원을 세워 시민에게 내놓은 미국의 벤저민 프랭클린

Benjamin Franklin은 근대 사회 최초의 기부가라 할 수 있습니다. 그 후 앤드루 카네기Andrew Carnegie, 헨리 포드Henry Ford, 존 D. 록펠러John D. Rockefeller, 진 폴 게티Jean Paul Getty, 릴런드 스탠퍼드Leland Stanford 등 수많은 기부자에 의하여 장학재단, 도서관, 학교, 미술관 등이 만들어졌습니다. 지금도 빌 게이츠Bill Gates, 워런 버핏Warren Buffett, 조지 소로스George Soros, 마크 저커버그Mark Zuckerberg를 비롯한 많은 자산가들이 기부 행렬에 나서는 모습을 종종 목격할 수 있습니다. 미국뿐만이 아닙니다. 스웨덴의 발렌베리, 영국의 그로스베너, 유대인 로스차일드 등의 가문은 대를 이어 사회적 책임을 다하고 있습니다.

받는 당신보다 주는 내가 더 행복합니다.
(You are no happier to receive it than I am to give it.)

거액을 희사하여 우리나라 최초의 근대식 병원인 세브란스병원을 세울 수 있도록 해준 루이스 H. 세브란스Louis H. Severance의 말입니다. 기부의 모토라 해도 좋을 만한 감동적인 표현입니다. 존 D. 록펠러의 친구이자 동업자였던 그는 그 이후에도 병원의 운영을 위하여 후원을 아끼지 않았습니다.

공익을 위한 봉사활동 역시 기부의 한 형태라고 할 수 있습니다. 물질적 기부에 못지않게 중요한 역할을 하는 것이 자원봉사입니다. 자원봉사는 돌봄, 의료·법률 조력, 긴급 구조, 재능 나눔, 장기 기증, 국제 봉사와 같은 매우 다양한 분야로 확대되고 있습니다.

현재적 의미:
희생이 아니라 빚을 갚는 것

아무것도 바라지 않고 열매를 생산한 포도나무와 같다. 경주가 끝난 말이나, 사냥이 끝난 개나, 꿀을 모은 벌이나, 그리고 남에게 도움을 준 사람은 법석을 떨지 않는다. 그들은 또 다른 무언가를 계속한다. 마치 때가 되면 포도나무가 다시 열매를 맺는 것처럼.

마르쿠스 아우렐리우스의 《명상록》에 나오는 말입니다. 포도나무의 각 부분은 제 역할을 다하여 열매를 맺게 하지만 그것을 나눠 가지려고 하지 않는 것처럼, 우리도 대가를 바라지 않아야 한다는 것입니다. 공동체를 위하여 공을 세웠다면 그것은 시민의 당연한 의무이니 보답을 바라지 말고 공을 세웠다는 것까지도 잊어버리라고 합니다. 공동체를 위한 의무의 절대성을 강조하기 위한 말이지만 공동체가 발전하면 할수록 더 많은 이익을 향유할 수 있으므로 대가가 전혀 없는 것은 아닐 것입니다.

노블레스 오블리주는 지도층의 희생이나 특별한 부담을 의미하지 않습니다. 그것은 사회로부터 누리는 이익에 따르는 빚을 갚은 것으로서 공동체 구성원 사이에 작동하는 협동의 원리라고 할 수 있습니다. 협동이 잘 이뤄지면 공동체는 더 크게 발전할 것이고 그렇게 되면 그가 부담한 책임에 상응한 이익이 돌아갈 것입니다. 협동이 잘 이루어지기 위해서는 소통이 잘되어야 하고, 소통이 잘되기 위해서는 구성원 사이에 '공감적 감정'이 필요합니다. 공감을 불러 일으키기 위해서는 무엇보다 먼저 더 많은 것을 누리는 사람들이 도 덕적 우위에 서야 합니다. 어렵고 위험한 일일수록 앞장설 수 있어 야 하고 스스로 절제하고 양보하며 관용할 줄 알아야 합니다. 최소 한 주위의 눈높이에 맞추어 행동할 수 있어야 합니다. 그렇게 한다 면 공동체는 화합하고 발전하며 앞으로 나아갈 수 있을 것입니다.

그 같은 의미에서 보면 노블레스 오블리주는 본질적으로 도덕적 행동이지만 그 결과로 발생하는 이익이 다시 자신에게 돌아온다는 점에서 효용가치는 여전히 존재한다고 할 것입니다. 세계적 금융 위 기 때는 미국의 부자들의 기부 릴레이가 이어졌습니다. 그렇게 한 이유는 가진 자로서 의무를 다하는 것, 명예를 추구하는 것만이 아 닐 것입니다. 부자들에게 쏟아지는 비난에서 비껴날 수 있을 뿐만 아니라, 경제가 호전되면 더 큰 이익으로 되돌아올 것이라는 믿음과 무관하지 않을 것입니다. 이와 같이 기부의 밑바탕에는 사회적 투자 라는 심리적 요인이 깔려 있습니다. 그러나 그것을 이유로 기부의 순수성을 의심할 이유는 없습니다. 자존감과 이기심이 없이는 사회 가 앞으로 나아가기 어렵기 때문입니다.

각자는 서로에게 수많은 다른 형태의 의무가 있습니다. 공작과 귀족 은 장인과 가난한 사람이 그들에게 지게 될 의무보다 더 많은 의무를 지고 있습니다. 정치에서와 마찬가지로 사업에서도 책임의 무거움은 이익과 비례한다는 원리에 따라 의무는 사회가 주는 이익에 따라 증가합니다. 모든 사람은 각자 자신의 방법으로 빚을 갚는 것이지요.

앞에서 나왔던 발자크의 《골짜기의 백합》에 나오는 글입니다. 노블레스 오블리주를 사회적 책임의 배분이라는 관점으로 설명하고 있습니다. 사회로부터 받는 자신의 몫에 비례하여 책임의 무게가 증가하는 것은 그 자체로서 정의로운 것이기도 하지만 계층 간의 소통과 공감 능력을 높이는 일이기도 합니다.

거기에 모인 시민들이 왜 카토의 조각상이 아니냐고 물었으면 좋겠다.

플루타르코스의 《모랄리아》에 나오는 마르쿠스 포르키우스 카토 Marcus Porcius Cato의 말입니다. 기원전 3세기 카토는 로마에 어떤 사람의 조각상이 세워지는 것을 보고 그 같은 말을 남겼다고 합니다. 노블레스 오블리주는 자존심이나 자기애에서 비롯된 명예를 추구하는 감각입니다. 자신을 소중하게 여기는 사람이라면 양심을 요구하는 내면의 소리에 귀를 기울일 수밖에 없습니다.

사회의 기초를 세우고 질서와 환경을 가지런히 하는 공적인 역할도 필요합니다. 법과 질서가 지켜지지 않고 살아가는 환경이 반듯하지 않으면 바른 의식과 행동을 기대하기 어렵기 때문입니다. 노블레스 오블리주가 뿌리내린 사회와 그렇지 못한 사회를 비교해 보면 쉽게 확인할 수 있는 일입니다.

지금까지의 논의를 요약하면 노블레스 오블리주는 높은 지위나 더 많은 이익을 누리는 계층이 더 많이 부담하고 배려해야 할 도덕적, 사회적 의무를 의미합니다. 쉽게 말하면, 위험한 일일수록 부담이 있는 일일수록 자신이 먼저 감당한다는 것을 의미합니다. 그것은 그리스·로마의 전통과 기사정신 그리고 기독교의 가르침이 어울러져 뿌리내린 관념으로서 오랜 역사를 통하여 체득되고 또 실천되어 온 사회적 책임의 원리인 동시에 협동의 원리라 할 수 있습니다. 그리고 사회를 앞으로 끌고 가는 진화의 동력이라고도 할 수 있습니다. 그 같은 원리가 작동하지 않고는 성숙한 사회로 이행하기 어렵다는 것이 역사에서 전하는 교훈입니다.

이 책에 등장하는 사례는 자신의 생명과 명예가 걸린 극한 상황에서도 공인으로서의 책무를 다한 사람들과 공동체의 일원으로서 책임을 다한 시민들의 이야기입니다. 그들은 탁월한 용기와 절제로써 큰 공을 세웠지만 그 공을 드러내지 않았습니다. 그렇기 때문에 그들의 뒷모습은 아름답게 남았습니다.

존경받는 리더의 비밀: 지도층의 의무

공직에 진출하는 것은 명예나 보상 때문이 아니라,
필요할 때 의무를 수행하기 위한 것이다.

– 마르쿠스 툴리우스 키케로 –

트로이와 갈리폴리
가장 먼저 뛰어든 자

유럽과 아시아 대륙에 걸쳐 있는 터키는 그리스나 로마에 못지않은 역사적 유적을 간직한 곳입니다. 동로마 제국 1천년, 오스만 제국 470년의 수도였던 이스탄불에는 궁전, 모스크, 성당과 같은 문화유산이 즐비합니다. 아시아 쪽의 아나톨리아 반도에는 히타이트를 비롯한 고대 문명의 흔적과 동굴 교회, 지하 도시와 같은 초기 기독교 유적이 곳곳에 자리 잡고 있습니다.

호메로스의 《일리아드》는 기원전 12세기 초 트로이를 무대로 한 전쟁 서사시입니다. 트로이는 지금의 아나톨리아 반도 서북단에 있었다고 알려진 도시국가로서 유럽 쪽의 갈리폴리 반도와 마주하고 있습니다. 《일리아드》는 신과 인간이 공존하는 신화와 같은 이야기입니다. 그러나 고대의 유적이 발견됨으로써 트로이 문명은 역사적 사실로 받아들여지고 있습니다.

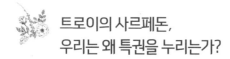

트로이의 사르페돈,
우리는 왜 특권을 누리는가?

트로이 전쟁의 기본 구도는 그리스의 아카이아인과 소아시아의 아이올리스인 사이의 경쟁심입니다. 전쟁은 트로이의 왕자 파리스가 메넬라오스의 부인인 헬레네를 유혹하여 함께 달아난 사건에서 비롯됩니다. 치욕을 당한 아카이아인들은 아가멤논을 총사령관으로 하는 연합군을 조직하여 소아시아로 출정합니다. 아가멤논은 미케네의 왕이었고, 그의 동생 메넬라오스는 스파르타의 왕이었습니다.

《일리아드》 속 최고의 영웅 아킬레우스와 파리스의 형 헥토르가 벌이는 일대일 대결은 가히 압권입니다. 헥토르는 싸움을 피하지 않습니다. 그리고 무참하게 죽습니다. 이 장면에서 헥토르는 조국과 부모를 사랑한 고결한 인간으로 묘사됩니다. 친구의 복수를 위하여 전장에 뛰어든 아킬레우스와 다른 인간형을 보여 줍니다. 아킬레우스 또한 파리스가 쏜 화살을 발목의 복숭아뼈에 맞고 죽습니다. 파리스 역시 독화살을 맞고 죽습니다. 그리고 트로이는 오디세우스의 '목마작전'에 속아 멸망합니다.

그러나 트로이는 완전히 사라지지 않았습니다. 그 후의 이야기는 기원전 1세기 로마의 시성 베르길리우스의 서사시 《아이네이스》로 이어집니다. 트로이의 영웅 아이네이아스는 유민을 이끌고 카르타고에 상륙하여 새로운 터전을 일구었고 그들의 후손 로물루스는 기원전 753년 로마를 건국합니다.

《일리아드》에 등장하는 그리스와 트로이 양측의 동맹군 주요 지휘관들은 모두 왕이나 왕자 아니면 귀족들입니다. 파리스만이 다소 옹졸한 인간으로 묘사되었지만, 모든 인물들이 두려움을 모르는 용감한 인물로 그려지고 있습니다.

글라우코스여, 우리 두 사람에게 식탁에서 좋은 자리가 주어지는 것처럼 어떻게 하여 리키아에서 특별한 명예가 주어지는가? 어떻게 하여 고기의 제일 좋은 부분이 우리에게 주어지고 술잔이 넘치도록 계속 채워지는가, 어떻게 하여 사람들은 우리를 신처럼 받드는가? 더구나 우리는 과수원과 밀밭이 딸린 크산토스 강둑의 큰 땅을 차지하고 있지 않는가. 그런 것을 위해서라도 우리는 리키아 병사들의 선두에 서서 정면으로 맞서지 않으면 안 될 것이네. '기름진 음식을 먹고 가장 좋은 술을 마시는 것도 이유가 없는 것은 아니니, 리키아의 왕들이지만 그분들은 우리의 훌륭한 동료들이다. 저렇듯 선두에 서서 잘 싸우시지 않는가?'라는 말을 하게 하기 위해서라도.

트로이의 동맹국 리키아의 왕 사르페돈이 그의 사촌 동생이며 부관인 글라우코스에게 부하들의 앞에 서서 함께 싸우자고 말하는 장면입니다. 리키아는 소아시아 반도 남서 해안에 있었던 도시국가로 지금은 '리키안 웨이Lycian Way'라는 트레킹 코스로 유명한 곳입니다. 이 부분에서 많은 것을 누리며 존경받는 지위에 있는 사람일수록 더 큰 책임과 위험을 감수해야 한다는 노블레스 오블리주의 원초적 모습을 엿볼 수 있습니다. 지도자의 위치에 있는 사람일수록 자신에 대한 평판에 귀를 기울이고 존경받을 수 있도록 처신해야 한다는 것을 보여 줍니다.

《일리아드》에는 '가장 먼저 뛰어든 자'라는 이름을 얻은 프로테실라오스가 나옵니다. 그리스 연합군이 트로이 해안에 도착하자 병사들은 육지에 오르기를 주저합니다. '제일 먼저 트로이 땅을 밟은 자는 죽게 된다'라는 예언 때문이었습니다. 아킬레우스가 죽음이 두렵지 않다며 물에 뛰어들려 하자 그의 어머니 테티스 여신이 말립니다. 그 사이 필라카이의 왕 이올라오스가 먼저 물에 뛰어듭니다. 그리고 헥토르가 쏜 화살에 맞아 전사합니다. 신의 예언조차도 두려워하지 않았던 이올라오스에게 주어진 이름이 바로 프로테실라오스입니다. 부하들의 눈치나 보면서 우물쭈물하는 인간형이 아닙니다. 자신이 필요한 곳에서 먼저 몸을 던지는 용감한 인간의 전형입니다.

이 같이 《일리아드》에는 용기의 인물들이 대거 등장합니다. 그 가운데 또 한 사람, '목마작전'으로 트로이를 함락시킨 오디세우스의 이야기는 《오디세이아》로 이어집니다. 《오디세이아》는 지혜와 탐험의 인물, 오디세우스가 겪는 험난한 여정을 그리고 있습니다.

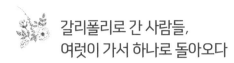

갈리폴리로 간 사람들,
여럿이 가서 하나로 돌아오다

트로이 전쟁으로부터 3천년이 지난 후, 또 한 번 비슷한 상황이 전개됩니다. 제1차 세계대전이 한창이던 1915년 4월 25일 영국, 프랑스, 호주·뉴질랜드 연합군Anzac은 터키 갈리폴리 반도 상륙에 나섰습니다. 이 계획은 영국 해군 장관 윈스턴 처칠Winston Churchill의 주도로 진행되었습니다. 이때 호주·뉴질랜드 연합군은 이집트에서 프랑스로 이동하기 위하여 대기하다가 이 작전에 합류하게 되었습니다. 갈리폴리 전투는 두 나라 역사에서 가장 참혹한 전쟁으로 기록되고 있습니다.

호주의 수도 캔버라는 '벌리 그리핀Burley Griffin' 호수를 중심으로 조성된 아름다운 계획도시입니다. 호수를 가운데 두고 국회의사당과 일직선상에 전쟁기념관이 서 있습니다. 전쟁기념관 앞에는 앤잭퍼레이드Anzac Parade라 불리는 붉은색으로 포장된 도로가 있습니다. 도로라기보다는 넓고 긴 광장입니다. 1965년 갈리폴리 전투 50주년을 기념하여 조성된 이 광장에는 한국전 참전 기념비를 비롯하여 다수의 메모리얼memorial이 설치되어 있습니다.

시드니에도 같은 이름의 도로와 다리 그리고 기념관이 있습니다. 기념시설의 백미라 할 만큼 예술성이 뛰어난 앤잭기념관 로비 중앙에는 고통으로 몸부림치는 모습의 병사 조각상이 있고, 그 위 돔 천정에는 갈리폴리 희생자를 상징하는 1만2천 개의 황금별 부조가 설

치되어 있습니다. 그리고 이곳을 방문하는 사람들은 조각상 위에 양
귀비꽃 조화를 뿌려 전사자를 추모합니다.

여섯 개의 식민지로 분리되어 있던 호주는 1901년에 비로소 연
방이 성립되었습니다. 제1차 세계대전은 연방 결성 후 대규모 병
력을 파견한 첫 전쟁이었습니다. 당시 호주의 시인 밴조 패터슨은
〈지금 우리는 모두 호주 사람이다〉라는 시를 통하여 호주의 정체성
을 고취했습니다. 출정할 때는 각 주의 민병대나 다름없었지만 귀
환할 때는 국민의 군대로 돌아왔습니다. 그 후 호주는 국제적 분쟁
에 활발히 참가함으로써 제2차 세계대전이 한창이던 1942년에 독
립할 수 있었습니다.

호주는 1, 2차 세계대전을 통하여 출신 지역이나 직업을 불문하
고 하나가 되어 동료애를 확인함으로써 국민으로서 정체성을 갖게
되었습니다. 전쟁기념관은 호주의 역사를 보존하고 배우게 하는 장
소입니다. 이곳에는 500건에 달하는 전쟁 일기가 수집되어 있습니
다. 호주군 병사들은 군복 윗주머니에 일기장을 넣어 가지고 다니면
서 2천여 건에 달하는 기록을 남겼습니다. 그들은 각자 자신의 역사
를 쓰고 있다고 생각했습니다.

호주군 부대에는 공식으로 역사를 기록하는 장교가 있었습니다.
그 가운데 한 사람, 찰스 빈이라는 장교가 있었습니다. 그는 터키 갈
리폴리 전투에서 유럽 서부전선까지 종군하면서《앤잭에서 아미엥
까지》라는 생생한 기록을 남김으로써 종전 후《호주 제1차 세계대전
사》라는 공식 전쟁기록물을 편찬할 수 있었습니다. 호주의 정체성

을 확인한 첫 번째 역사 프로젝트라 할 수 있습니다.

다시 제1차 세계대전의 지중해로 들어가 보겠습니다. 영국과 프랑스의 해군이 다르다넬스 해협으로 들어가 해상에서 포격을 퍼부었지만 터키 해군이 설치해 놓은 기뢰에 타격을 입고 철수합니다. 연합군은 보다 입체적인 상륙작전의 전략이 필요했습니다. 그것이 바로 갈리폴리 상륙작전입니다. 갈리폴리 반도는 다르다넬스 해협이 갈라놓은 유럽과 아시아 대륙에서 유럽 쪽에 붙은 고구마처럼 길쭉하게 생긴 곳입니다. 연합국의 합동작전은 4월 25일 여명을 기하여 호주·뉴질랜드 연합군은 반도의 중서부 해안을, 영국군은 서남쪽 지점을 목표로 개시되었습니다. 아시아 쪽에 대한 프랑스군의 위장 공격이 함께 이루어졌습니다.

호주·뉴질랜드 연합군이 상륙한 지역은 목표 지점보다 조금 위쪽의 가파른 비탈로 험난한 곳이었습니다. 상륙 지점은 당시 암호명을 따서 현재 앤잭 만Anzac Cove으로 불리고 있습니다. 적에게 노출된 능선을 넘어야 했기 때문에 첫 전투에서 막대한 피해를 입었습니다. 영국군과 프랑스군의 전황도 크게 다르지 않았습니다. 바다를 핏빛으로 물들일 정도로 격전을 벌인 끝에 가까스로 교두보를 확보하고 참호전으로 대치하게 됩니다.

그해 8월 6일에서 9일 사이 호주군은 참호 속에 포진해 있던 터키군을 상대로 공격전을 감행합니다. '론 파인 전투'라 불리는 이 전투에서 호주군은 2천여 명의 사상자를 내고 승리합니다. 터키군의 손실은 세 배가 넘는 6400명에 달했습니다. 그러나 증파된 터키군에 의하여 고립된 연합군은 그해 12월 말부터 철수 작전에 들어갑니다. 연합군은 8개월간 계속된 갈리폴리 전투에서 총 18만8천여 명의 희생자를 냈습니다. 그 가운데 호주·뉴질랜드 연합군의 사상자는 3만5천여 명에 이르렀습니다.

> 발걸음 소리를 죽인 것은 적을 속이기 위한 것만은 아니라네
> 우리가 떠나는 소리 명예롭게 죽은 이들을 깨울까 두렵다네
> 고요하게 잠들어라, 오랜 친구 ─ 아주 열렬하고 멋진
> 더 큰 실패, 마음의 상처를 안고
> 이렇게 그대를 남기고 떠나야 하는가 ─ 이렇게 떨어져서,
> 동지들이여, 안녕히!

호주군에서 종군했던 알프레드 구피의 〈갈리폴리의 철수〉입니다. 함께 배를 타고 왔던 많은 친구들을 이역에 묻고 떠나는 아픔이 진하게 녹아 있습니다. 구피는 농부로서 자원 참전했다가 다시 농부로 돌아간 평범한 사람이었습니다. 농부만이 아니었습니다. 거기에는 광부도 있었고 대학생과 교사도 있었습니다.

호주·뉴질랜드 연합군은 디거Digger나 디거스Diggers라고 불리며 적군이 겁을 먹을 정도로 용감했습니다. 원래 디거는 황무지를 개척하고 금광을 채굴하는 고된 노동을 하는 사람을 지칭하는 말이었습니다. 그러다가 제1차 세계대전에서 참호를 파는 억척스러운 이미지가 덧붙여져 호주와 뉴질랜드군의 별명이 되었습니다.

디거는 마이트십Mateship이나 앤잭 정신Anzac spirit과 깊이 관련되어 있습니다. 그들이 척박한 환경에 적응할 수 있었던 것은 서로의 마음과 경험을 공유하고 존경하며 어려움에 처한 사람에게 무조건 도움을 줬던 깊은 동료애 때문이었습니다. 그리고 제1차 세계대전에서 참호를 파고 피를 흘리는 과정에서 다시 한 번 자신들의 동료애를 확인할 수 있었습니다. 웅크린 자세로 참호를 파고 좁은 굴을 만드는 자신들의 모습을 '마치 오리와 같았다'라고 묘사하기도 했습니다. 그래서 디거는 마이트가 되었고, 마이트십은 호주의 국민정신이 되었습니다. 마이트는 친구가 아니라 형제에 가깝습니다. 그리고 4월 25일 앤잭 데이Anzac Day는 갈리폴리의 희생을 기억하고 서로의 우애를 확인하는 날입니다.

호주에는 '앤잭 비스킷'이라는 유명한 과자가 있습니다. 제1차 세계대전 당시 아들과 남편 그리고 사랑하는 사람을 전쟁터로 보내고 노심초사하던 여성들이 원정군에게 만들어 보냈던 과자에서 유래한 것입니다. 오트밀과 코코넛을 주재료로 만든 비스킷은 영양가 높으면서 장기간 보존이 가능한 식품이었습니다. 호주 사람들은 매년 '앤잭 데이'에 그것을 만들어 나눠 먹으며 하나가 됩니다.

호주에는 앤잭 정신을 상징하는 론 파인Lone Pine이라는 나무가 있습니다. 론 파인은 지중해 지역에서 자라는 터키 소나무로 갈리폴리 상륙작전의 표지였습니다. 터키군은 호주·뉴질랜드 연합군의 작전이 개시되기 전에 소나무를 베어내 진지를 구축했습니다. 그런데 한 그루가 남아 있었던 모양입니다. 호주·뉴질랜드 연합군은 그 나무를 목표 지점으로 하여 상륙작전을 전개했습니다. 그러나 밀고 밀리는 수차례 전투 끝에 그마저 없어지고 말았습니다. 그 후 갈리폴리 반도를 철수할 때 호주군의 병사들이 참호를 받치고 있던 소나무 가지에서 솔방울을 수습하여 호주로 가져다가 심은 것이 지금의 '론 파인'입니다.

심슨과 당나귀Simpson & his donkey 동상도 있습니다. 부상병을 태운 당나귀와 그를 부축하며 이동하고 있는 존 심슨의 모습을 형상화한 것입니다. 동상의 주인공 심슨은 의무부대의 들것병으로 참전하여 갈리폴리에서 가파른 산길을 오르내리며 당나귀를 이용하여 식수를 나르고 밤낮으로 부상병들을 후송하는 고된 임무를 수행하다가 터키군의 기관총에 공격을 받고 전사했습니다. 그는 열일곱 살부터 상선의 선원으로 있다가 자원 참전하여 비전투요원으로 활동했으며, 자신의 안위를 돌보지 않고 동료들의 생명을 돌보는 데 헌신했습니다.

호주·뉴질랜드 연합군이 상륙했던 곳은 터키 정부에 의하여 앤잭 만으로 명명되었고 격전이 벌어졌던 능선에는 앤잭 공원이 조성되어 있습니다. 영연방 국가들이 공동으로 관리하는 전사자 묘지도 있습니다. 반대로 캔버라의 앤잭 퍼레이드에는 터키공화국 초대 대통령을 지낸 무스타파 케말 아타튀르크Mustafa Kamal Atatürk의 메모리얼이 있습니다. 그는 갈리폴리 전투 당시 터키군 사단장이었습니다. 호주와 터키 두 나라는 상대국에 메모리얼을 설치하여 서로를 이해하고 또 존중해 주고 있습니다.

지중해의 두 시인,
헥토르인가, 아킬레우스인가?

트로이 전쟁과 갈리폴리 전투를 함께 이야기하는 이유는 지리적 유사성 때문만은 아닙니다. 전장에 뛰어든 주인공들의 유사성과 관련이 있습니다. 일찍이 징집제도가 시행된 독일이나 프랑스와 달리 영국, 호주, 뉴질랜드 군대에는 지원병이 많았습니다. 그들은 열정과 호기심으로 가득한 세대였습니다. 비록 수많은 병사들이 돌아오지 못했지만 그들의 출발은 무겁지 않았습니다. 심지어 춤추고 콧노래를 부르며 입대한 사람도 있었고, 하늘을 난다는 호기심 때문에 전투기 조종사를 지원한 대학생도 적지 않았습니다.

갈리폴리 전투에 나갔던 영국 해군 장교들은 《일리아드》에 나오는 고대 도시 트로이에 대해 호기심이 많았고, 트로이 전사에 일종의 연민이나 동류의식을 가지고 있었습니다. 당시 영국의 지중해 원정군에는 루퍼트 브룩Rupert Brooke이나 패트릭 쇼-스튜어트Patrick Shaw-Stewart와 같은 청년 시인이 있었습니다. 브룩은 지중해 전역으로 향하던 중 그리스 렘노스 섬에서 모기에 물려 1914년 4월 패혈증으로 병사했습니다. 쇼-스튜어트는 갈리폴리 상륙전에 참가한 후 서부전선으로 이동하여 1917년 12월 전사했습니다. 이 두 사람은 각각 〈병사〉와 〈참호 속의 아킬레스〉라는 유명한 시를 남겼습니다. 이들 시를 통하여 전선에 선 그들의 마음을 읽을 수 있습니다.

만약 내가 죽는다면 이것만은 생각해 주오

이국땅 들판 한구석에

영원히 영국인 것이 있다는 것을

기름진 땅속에 더 비옥한 것이 묻혀 있다는 것을

영국이 낳았고, 키워 주었고, 의식을 넣어 주었고,

일찍이 사랑할 꽃을 주었고, 거닐 수 있는 길을 주었으며,

영국의 것에서 받은 몸으로, 영국의 공기를 마시고,

강물을 적시며, 조국의 태양 아래 축복받는 몸이 있다는 것을

루퍼트 브룩의 소네트sonnet 《1914년》 가운데 다섯 번째에 해당하는 〈병사〉 전반부입니다. 그의 조국에 대한 깊은 사랑과 긍지를 느낄 수 있는 시입니다.

아킬레스는 트로이에

나는 케르소네소스에 왔다

그는 분노로부터 전장으로,

그리고 나는 3일의 평화로부터 전쟁으로 갔다

얼마나 어려웠나, 아킬레스,

죽기가 그렇게 어려웠나?

그대가 가장 잘 알지, 나는 알지 못해

내가 더 많이 행복하다는 것을

패트릭 쇼-스튜어트가 갈리폴리 반도에 상륙하기 전 임브로스 섬에서 트로이를 바라보면서 썼다는 〈참호 속의 아킬레스〉의 하단 부입니다. '오늘 아침에 한 남자를 보았다. 죽고 싶지 않은 사람'으로 시작되는 이 시에서 전투를 앞두고 고뇌하는 그의 복잡한 심경을 엿볼 수 있습니다. 여기서 루퍼트 브룩의 〈병사〉와 차이가 있습니다. 《일리아드》에서 아킬레우스는 명예스럽지 못하다는 것을 알면서도 뒷전에 물러나 있다가 친구가 죽는 것을 보고 싸움에 뛰어들었고 마침내 죽습니다. 헥토르의 의무감과는 다른 죽음이었습니다. 헥토르와 루퍼트 브룩, 아킬레우스와 패트릭 쇼-스튜어트의 심경이 비슷합니다.

트로이와 갈리폴리는 이처럼 서로 닮아 있습니다. 갈리폴리의 병사들은 자유롭지만 고뇌하는 아킬레우스인가? 강한 의무감에 싸인 헥토르인가? 이웃을 돕기 위하여 달려온 사르페돈인가? 의무의 신성함 때문에, 선택을 강요하는 사회적 분위기 때문에, 또는 전쟁이 끝난 후 떳떳하게 사회활동에 참여하기 위하여…. 이유는 각기 다를 수 있습니다. 이 모든 것들이 다 포함될 수 있습니다. 그러나 한 가지 분명한 것은 그들은 있어야 할 곳에 있었고 자신의 의무를 다했다는 것입니다.

그들은 주인의식을 가졌던 첫 세대였습니다. 그렇기 때문에 강렬한 의무감을 표출할 수 있었습니다. 갈리폴리의 병사들은 한 사람, 한 사람이 모두 《일리아드》의 주인공인 왕이나 귀족들과 다르지 않았습니다. 그것은 신분이나 지위가 높은 계층이 가지고 있었던 고상함이나 탁월함이 국민 개개인의 보편적 정신으로 변하고 있다는 증거였습니다.

트로이와 갈리폴리 이야기를 통하여 우리는 의무감에는 여러 유형이 있다는 것을 알 수 있습니다. 왕과 같은 높은 지위와 신분에 수반되는 의무감, 영국 해군과 같은 지성인으로서의 의무감, 디거스와 같이 땅에 대한 애착심에서 비롯된 의무감이 그것입니다. 이어지는 이야기를 통하여 시대와 장소를 달리하면서 그 같은 의무감이 구현되는 모습을 확인할 수 있을 것입니다.

그리스는 여행가가 아니라도 누구나 한 번은 꼭 가보고 싶은 곳입니다. 이른바 '버킷 리스트bucket list'에 가장 먼저 등장하는 곳이기도 합니다. 유적과 유물뿐만 아니라 데모크라시democracy, 의회, 화폐, 올림픽, 국민제전, 국립묘지와 같은 제도를 비롯하여 광장과 집회의 문화 그리고 철학, 역사, 문학에 이르기까지 최초라는 수식어가 붙지 않은 것이 거의 없을 정도로 서구 문명의 시원입니다.

고대 로마 사람들은 그리스의 언어와 문화를 선망했습니다. 그리스어를 모르고는 지식인 축에도 들지 못했습니다. 철인황제로 불리는 마르쿠스 아우렐리우스는 모국어가 아닌 그리스어로《명상록》을 썼을 정도였습니다. 로마가 강성해지면서 그 같은 흐름을 비판하고 자신들의 문화적 정체성을 확립하려는 노력이 나타났지만 사유의 세계에 있어서는 그리스를 넘지 못했습니다.

형이상학적 지적 탐구에 탁월했던 그리스 사상은 유럽의 철학 사상에 깊은 영향을 미쳤습니다. 근대 초기 영국의 시인 조지 고든 바이런George Gordon Byron을 비롯하여 유럽의 많은 지성들이 뜨거운 열정으로 그리스의 독립에 참가하였거나 후원한 것도 그리스를 정신적 고향으로 여겼기 때문일 것입니다.

전쟁에 뛰어든
유복한 노인

아테네의 평범한 시민 텔로스는 아테네가 엘레우시스 근처에서 이웃 나라와 싸울 때 도우러 가서 적군을 패주시키고 용감하게 죽었다. 아테네 시민들은 공공의 비용으로 그가 스러진 곳에 매장하여 그의 명예를 크게 기렸다.

헤로도토스의 《역사》에 나오는 이야기입니다. 플루타르코스의 《영웅전》 솔론 편에도 같은 내용이 나옵니다. 기원전 6세기 중반 아테네의 솔론은 10년간의 외유 중 지금의 터키 서중부에 있었던 리디아의 왕 크로이소스를 만납니다. 그런데 왕은 금은보화를 잔뜩 구경시키고 난 후 세상에서 가장 행복한 사람이 누구냐고 묻습니다. 당연히 자신을 지목할 줄 알았던 예상과 달리 솔론은 "그 사람은 아테네인 텔로스입니다"라고 대답합니다. 두 번째는 자신을 꼽아주겠지하고 왕이 또 묻자, 기대와는 달리 솔론은 어머니를 극진히 모신 효자 형제를 듭니다. 세 번째도 마찬가지였습니다. 그리고 지위나 금은보화와 같은 재산은 오히려 불행의 씨앗이 될 수 있다는 충고의 말을 남기고 떠납니다.

텔로스는 번영하는 나라에서 태어나 살았고 자식들을 훌륭하게 키웠습니다. 그 자식들의 아이들까지 모두 다 성장했습니다. 텔로스는 유복하게 살았고 명예롭게 죽었습니다.

지금 같으면 끔찍한 이야기 같지만 손주까지 둔 유복한 노인이 전장에 뛰어들어 전사한 것을 두고 행복한 죽음이라 말합니다. 통상 '행복'으로 번역되는 그리스어 '에우다이모니아eudaimonia'는 좋은 일이나 덕 있는 일을 함으로써 얻게 되는 정신적 만족을 뜻한다고 합니다.

솔론은 가진 것은 넉넉하지 않지만 고귀하게 행동하며 절제하는 삶이 행복하다고 했습니다. 고귀한 행동이란 공동의 선, 즉 공익에 이바지하는 것을 말합니다. 기원전 4세기 아리스토텔레스는 명예로운 삶이 행복이라고 했습니다. 그는 공동체를 행복하게 만드는 유익한 행위를 '다른 사람을 위한 선'으로 보았고, 그것이 가장 큰 덕이며 정의롭다고 했습니다. 행복은 개인적 유복함을 넘어 공동체 전체의 행복을 위하여 유익한 일을 했을 때 주어지는 것입니다. 그것은 개인의 정체성과 만족이 공동체의 가치 속에서 구현된다는 오늘날 공동체주의자의 주장과 크게 다르지 않습니다. 그런 점에서 보면 고대 그리스인의 행복에 대한 생각은 중국의 수·부·강녕·유호덕·고종명 등 오복五福의 개념에 비하여 외부 지향적 성격이 강했다고 할 수 있습니다.

아테네의 정치가 페리클레스는 자신들은 아름다움을 추구하면서도 사치하지 않고 지혜를 사랑하면서도 유약하지 않다고 했습니다. 귀족과 중산시민뿐만 아니라 무산계급까지 전쟁에 나가 폴리스를 위하여 헌신했습니다. 일례로 그리스 철학의 아버지 소크라테스 역시 용감한 병사였습니다. 서른일곱의 늦은 나이에 전쟁에 참전한 이래 마흔일곱까지 모두 세 차례나 전장에 나갔습니다. 게다가 방패와 장창으로 무장한 호플리테, 즉 중장보병으로 출정하여 선두에서 싸웠습니다.

여러분들은 그들을 모범으로 삼아 행복에는 자유가, 자유에는 용기가 필요하다는 것을 깨달아 전쟁의 위험을 가벼이 여기지 말기 바랍니다.

투키디데스의 《펠로폰네소스 전쟁사》에 나오는 페리클레스의 조사弔辭의 한 부분입니다. 아테네는 전사자가 발생하면 국장을 행하고 서북쪽 경관 좋은 곳 케라메이코스에 마련된 공동묘지에 안장해 주었습니다. 부족별로 구분된 묘역에 묻히는 보통의 시민과 달리 공동의 묘역에 안장했다는 것은 폴리스 전체를 지키기 위하여 희생했다는 것을 상징합니다. 그런 의미에서 그곳은 역사상 가장 오래된 국립묘지라 할 수 있을 것입니다. 그의 말처럼 아테네 시민들은 자유를 지키기 위하여 위험을 피하지 않았습니다.

공동체의 기초를 세우다

솔론은 기원전 7세기의 정치가이자 시인이었습니다. 한때는 올리브 무역으로 큰돈을 번 상인이기도 했습니다. 그렇지만 솔론은 청렴한 인물이었습니다. 그는 스스로 노력하여 얻은 깨끗한 부는 금보다 깨끗하고 빛난다고 말했습니다. 또, 부정한 방법으로 얻은 재산에는 반드시 재앙이 따른다고도 했습니다.

나는 평민에게 필요한 힘을 주었고, 부자들과 지체 높은 사람들에게는 불명예로부터 보호해 주었다. 나는 그들 모두의 보호막이 되었고, 그들은 서로의 권리를 다투지 않았다.

귀족들과 평민들 사이의 중재자로서 아테네의 평화를 지켜낸 자부심을 엿볼 수 있습니다. 솔론은 또한 귀족 출신이면서도 평민과 가까이했던 인물이었습니다. 솔론은 귀족과 평민 모두로부터 박수를 받았습니다. 부자이면서도 인간적인 사람으로 여겨졌기 때문입니다. 그는 지중해 문명권 가운데 가장 앞선 시기에 '평민의 친구'가 된 인물이라 할 수 있습니다.

솔론은 기원전 594년 집정관에 취임하여 귀족과 평민의 이해를 조정하는 개혁을 추진했습니다. 농민의 빚을 탕감하고 자유를 주었고 농지, 조세, 화폐 제도를 개혁하고 최초의 시민법정을 만들어 시민들의 인권을 보호했습니다. 무엇보다 중요한 개혁은 귀족이 독점하고 있던 공직을 시민에게 개방한 것이었습니다. 시민을 재산의 정도에 따라 네 개 등급으로 나누어 최상위 등급에게는 공직을 맡는 대신에 세금과 병역 등의 부담을 더 많이 지도록 하고, 하위 등급에게는 세금을 면제하고 병역을 가볍게 해주었습니다.

여기에는 두 가지 중요한 함의가 있습니다. 권리를 누릴수록 더 많은 책임을 져야 한다는 노블레스 오블리주의 관념입니다. 또 하나는 시민들이 스스로 열심히 경제활동을 해서 재산을 축적하게 되면 참정권이 보장되고 고위직에 오를 수 있다는 것, 다시 말하면 계층 상승 욕구에 의하여 사회가 발전할 수 있다는 진보의 원리입니다.

솔론은 입법 조치까지 끝낸 후 여행을 구실로 10년간 휴가를 얻어 직책에서 물러납니다. 정부를 운영하는 사람으로서 귀족과 평민 모두의 친구로 남는다는 것은 그로서도 어려운 일이었던 것 같습니다. 이런 모습은 오늘날 정치 세계에서도 왕왕 목격할 수 있습니다. 모든 사람을 만족시킬 수 있는 정책은 없고 대중의 지지는 언제든지 떠날 수 있다는 것이 그의 생각이었습니다. 우리는 자신의 한때 치적에 취하여 우쭐대거나 머뭇거리다가 낭패를 당하는 경우를 자주 목격합니다. 그에 비하면 솔론은 참으로 지혜로운 사람이었습니다. 크로이소스와 만나 '행복한 사람'에 관한 이야기를 나누게 된 것도 이 도피성 여행길에서였습니다.

그대가 자신의 잘못으로 혹독하게 고초를 겪고 있다면
신에게 불만을 돌리지 말고 자신을 탓하라
그대가 그에게 권력을 주고 지위를 높여 주었으므로
그대는 비참한 노예 생활을 즐기게 되었다
이 모두가 여우의 발자국을 따라가다 생긴 것이다
사람들의 마음은 가볍고 헛된 것이어서,
그대는 사람의 혀와 교활한 말만 보았지
그의 행동을 보지 못하였다

아테네에 독재자가 출현하자 지도자를 잘 뽑아야 한다는 경고로서 한 말입니다. 솔론의 말처럼 나라가 잘못되면 흔히 정치를 탓하지만 그 같은 정치를 만드는 것도 국민 개개인입니다. 그가 귀국했을 때 아테네는 독재자의 출현으로 분열상을 보이고 있었지만 그의 법은 지켜지고 있었습니다. 원로원 의원들은 솔론의 법이 시행될 때 그 법을 준수할 것을 맹세하고 그것을 위반할 때에는 자신의 몸 크기만 한 황금을 델포이 신전에 바치기로 약속했다고 합니다. 그 같은 노력으로 솔론의 법은 지켜졌고 아테네의 민주정은 꽃필 수 있었습니다.

그보다 2세기 앞서 스파르타에는 국가체제와 법을 만든 리쿠르고스가 있었습니다. 리쿠르고스는 갑자기 죽은 형을 대신하여 왕위에 올랐지만 유복자인 조카가 태어나자 나라의 혼란을 방지하기 위하여 왕이 태어났다고 선언한 뒤 다른 나라들로 여행을 떠나버렸습니다. 배경은 다르지만 솔론의 행동과 비슷합니다. 돌아오라는 재촉에 못 이겨 귀국한 그는 곧바로 나라의 질서를 바로잡기 위한 개혁에 나섭니다. 먼저 법을 제정하고 원로원을 창설하여 국체를 확립합니다. 그리고 토지개혁을 통하여 시민에게 토지를 골고루 분배하여 부를 평등하게 합니다. 금화와 은화를 거둬들이고 쇠돈만 쓰도록 하는 등 화폐를 개혁합니다. 돈의 사용과 보관을 불편하게 함으로써 부정부패를 막기 위해서였습니다. 그는 또한 법으로 사치와 낭비를 금하고 식사는 공동으로 하며 강한 교육 훈련을 통하여 질서 있고 강한 시민을 만들고자 했습니다. 그리고 전통 의식과 관례를 장려함으로써 시민과 시민의 유대와 결속에도 많은 노력을 기울였습니다.

리쿠르고스의 법은 그 후 500년 동안이나 변함없이 지속되었습니다. 그가 만든 법은 신탁처럼 여겨졌습니다. 하지만 민주정치에 대한 그의 생각은 아테네와 달랐던 모양입니다. 누군가 왜 민주정치를 하지 않느냐고 묻자, 그는 "그대의 집에서부터 해보라"고 답했습니다. 시민에게 일정 정도 이상의 지적 능력과 도덕성이 갖춰지지 않고는 민주정치가 성공하기 어렵다는 것을 알고 있었던 모양입니다.

🌸 오래 가는 공(功)

솔론과 리쿠르고스는 지혜와 절제로써 공익에 봉사하는 전형을 보여 주었습니다. 그들은 살아서 명예로웠고 죽어서 더 큰 존경을 받았으므로 행복한 사람이라 할 수 있습니다. 로마의 지성으로 불린 키케로는 《의무론》에서 솔론과 리쿠르고스의 공적을 높이 평가했습니다. 솔론의 공적이 테미스토클레스에 뒤지지 않는다고 했습니다. 테미스토클레스는 집정관으로 있으면서 해군력을 증강하였고 살라미스 해전에서 페르시아 해군을 격파한 페르시아 전쟁의 영웅입니다. 마찬가지로 리쿠르고스의 공적이 파우사니아스나 리산드루스에 못할 게 없다고 했습니다. 파우사니아스는 플라타이아이 전투에서 페르시아군을 대파하여 전쟁을 종결지었고, 리산드루스는 펠로폰네소스 전쟁에서 아테네 해군을 격파했습니다.

키케로가 그 같은 평가를 내린 이유가 무엇일까요? 외부의 위협으로부터 나라를 지켜낸 공적에 대해서는 최고의 찬사와 명예가 주어집니다. 그러나 나라의 기초를 세우고 구성원들의 삶을 향상시킨 공적은 잘 드러나지 않거나 묻히기 쉽습니다. 오랜 세월이 지나서 제대로 평가를 받는 경우도 있습니다. 그러나 이러한 공적들은 오랫동안 지속됩니다.

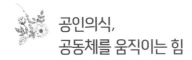

공인의식,
공동체를 움직이는 힘

솔론이 들려주는 텔로스 이야기에는 두 가지 의미가 내포되어 있습니다. 첫째, 시민의 헌신은 법과 정의가 바로 선 공동체에 대한 애착심에서 비롯된다는 것입니다. 그것을 가장 잘 보여준 것이 솔론과 리쿠르고스의 나라였습니다. 둘째, 행복은 공동체에 대한 기여에 따르는 보상이라는 것입니다. 유복한 사람일수록 그가 누리는 것의 일부를 사회의 이익으로 돌릴 줄 알아야 한다는 것입니다. 솔론의 말처럼 번영한 나라에 사는 사람일수록 더욱 그렇습니다.

3 | 300의 신화
그들에게는 성벽이 필요 없었다

고대 그리스 남쪽 끝 펠로폰네소스 반도에 있었던 도시국가 스파르타. 스파르타 시민의 용기는 오랜 세월을 두고 칭송의 대상이 되고 있습니다. 기원전 5세기 레오니다스와 300명의 전사는 탁월한 용기와 애국심의 전형이었습니다. 레오니다스는 지금도 창과 방패를 든 모습으로 옛날의 테르모필레 그 자리를 지키고 있습니다. '와서 가져가라Molon labe.' 레오니다스 기념 조형물에 새겨진 말입니다. 용기로 충만했던 스파르타인의 기상을 엿보게 합니다. 레오니다스의 동상은 그리스뿐만 아니라 미국의 도시 곳곳에도 있습니다. 〈300〉이라는 영화가 보여 주는 것처럼 애국심을 고취하는 데 있어서 더할 나위 없이 좋은 소재이기 때문입니다.

 뜨거운 문

그리스 북동부는 해발 3천 미터에 달하는 올림포스 산을 중심으로 한 험준한 산악지대입니다. 지형이 그렇다 보니 내륙으로 진입하기 위해서는 동쪽의 해안선을 타고 내려올 수밖에 없었습니다. 여기까지 내려온 적들이 내륙으로 진입하기 위해서는 바다에 접한 절벽 사이의 협곡을 통과해야 했습니다. 그리스 반도의 중동부 관문에 해당하는 전략 요충지가 바로 테르모필레입니다. 가장 좁은 통로에 광천수가 솟구쳐 나오고 있어서 '뜨거운 문Hot Gates'이라는 이름이 붙었습니다. 이곳은 페르시아는 물론이고 발칸의 세력들이 여러 차례 침공했던 곳입니다. 가장 가까이는 제2차 세계대전 때 호주·뉴질랜드 연합군이 영국군을 도와 독일군과 전투를 벌였던 장소이기도 합니다.

기원전 490년 그리스는 마라톤 전투에서 사력을 다해 페르시아의 침공을 막아냈습니다. 그리스는 전쟁의 서막을 승리로 장식함으로써 무서운 적 페르시아에 대한 자신감을 얻을 수 있었습니다. 지금도 아테네 근처 그 옛날 마라톤 평원에는 소로스라고 하는 전사자 묘지가 남아 있습니다. 아테네 테라마이코스의 국립묘지와 함께 가장 오래된 전사자 묘지입니다.

기원전 480년 페르시아는 최대 30만 명으로 추산되는 육군과 해군을 동원하여 두 번째로 침공해 옵니다. 크세르크세스왕의 페르시아군은 '불사조'라 불린 최정예 군단이었습니다. 그에 대응하는 그리스 연합군에서는 스파르타가 육지를, 아테네가 바다를 맡았습니다. 육군 총사령관을 맡은 지휘관은 스파르타의 왕 레오니다스였습니다.

내가 숫자에 의지해야 한다면 그리스인 모두로도 충분하지 않을 것이오. 우리 가운데 일부라도 용기 위에 서 있을 수 있다면 이 숫자로도 얼마든지 해낼 수 있소.

그 많은 적들에 대항하여 적은 인원으로 어떻게 감당할 수 있겠냐고 묻자 레오니다스가 했다는 말입니다. 레오니다스의 300명 결사대는 아들이 스파르타에 생존해 있는 자 중에서 뽑힌 가장 용맹한 병사들이었습니다. 그러나 300전사들은 테르모필레 계곡에서 벌어진 싸움에서 모두 목숨을 잃었습니다. 레오니다스는 시신조차 온전하지 못했습니다.

7천여 명의 그리스 동맹군은 15만 명에 달하는 페르시아 육군을 맞아 처음에는 잘 싸웠습니다. 그러나 거대한 페르시아의 군세 앞에서 그리스 동맹군은 하나가 되지 못했습니다. 적군을 물리칠 자신이 없었습니다. 하지만 레오니다스의 300전사들은 달랐습니다. 크세르크세스가 자신의 친위대를 보내보지만 굳건하게 지켜냈습니다. 그러나 문제는 동맹군 내부에 있었습니다. 페르시아군은 한 그리스인의 밀고로 협곡을 우회하여 물밀 듯이 몰려왔습니다. 그러나 레오니다스는 동맹군을 후퇴시키고 300전사와 함께 돌진하여 전원

옥쇄했습니다.

헤로도토스의 《역사》에 의하면 테르모필레의 전사자는 실제로는 298명이었습니다. 한 병사는 전령의 임무로 파견되어 있었고, 또 한 병사는 눈병 때문에 전투에서 제외되었습니다. 싸움이 끝난 후 전령으로 나갔던 병사는 죄책감을 이기지 못해 자살을 택했고, 병으로 싸움에 나가지 못했던 병사는 비겁자라는 오명을 씻기 위해 다음 해 플라타이아이 전투에 참가하여 용감히 싸우다가 전사했습니다. 그럼에도 불구하고 용기를 최고의 덕목으로 여겼던 스파르타 시민들은 그의 멍에를 벗겨 주지 않았습니다.

용감한 사람들이 잠든 이 성스러운 무덤은
우리 그리스의 모든 영광을 지켜왔다네
스파르타의 왕 레오니다스는 증명하고 있네
용기와 영원히 사라지지 않는 영광의 기념비로서

그 시대를 살았던 서정시인 시모니데스가 테르모필레의 전사자들을 위하여 쓴 시의 마지막 부분입니다. 테르모필레에는 조그마한 기념비가 지금도 남아 있습니다. 거기에는 '여행자여, 스파르타에 가거든 사람들에게 이 말을 전해주오. 그들의 법을 받들고 우리 여기 누워 있노라고'라는 시모니데스가 남긴 묘비명이 있습니다.

육지에서 패전했다는 소식이 전해지자 아테네 함대는 급히 서쪽 해변의 가까운 섬, 살라미스로 이동합니다. 그리고 폭이 좁은 만으로 적을 유인하여 200여 척의 배를 침몰시켰습니다. 육지와 달리 협만에서 벌어진 해전은 그리스의 승리로 끝났습니다. 다음 해 스파르타의 파우사니아스가 이끄는 그리스 연합군은 플라타이아이 전투에서 페르시아군을 대파함으로써 50여 년에 걸친 페르시아 전쟁은 막을 내렸습니다.

페르시아의 침공을 막아낸 아테네와 스파르타는 그리스 전체의 패권을 놓고 경쟁합니다. 페르시아라는 공동의 적 앞에서 협력했던 이들 폴리스는 편을 갈라 내전에 돌입합니다. 아테네와 스파르타의 정치체제는 각기 민주정과 군주정으로 확연히 달랐습니다. 언뜻 생각하면 아테네가 더 평등한 사회였던 것 같지만 오히려 그 반대였습니다. 아테네는 혈통과 계급이 우선하는 사회였지만 스파르타의 시민들은 모두 평등한 존재였습니다.

키케로는 그의 《국가론》에서 왕은 자애로써, 귀족들은 계획으로써, 인민은 자유로써 시민들을 사로잡을 수 있지만 군주정은 거칠고, 귀족정은 야만스럽고, 민주정은 위험하다고 했습니다. 어떤 정치체제건 각기 일장일단이 있기 때문에 체제 그 자체보다는 정치가 타락하지 않도록 하는 것이 더 중요합니다. 아테네와 스파르타 사이에 벌어지는 패권 경쟁과 그들의 흥망성쇠가 그것을 증명합니다.

그들은 용감한 병사들을 만들기 위하여 어릴 때부터 심한 훈련을 받도록 하고 있지만, 우리는 자유롭게 살면서도 위험이 닥쳐왔을 때에는 그들에게 조금도 밀리지 않습니다.

투키디데스의 《펠로폰네소스 전쟁사》에 나오는 내용입니다. 기원전 431년 아테네 케라마이코스 국립묘지에서 열린 장례식에서 페리클레스가 행한 추도사에는 스파르타에 대한 경쟁의식이 잘 드러나 있습니다. 페리클레스는 페르시아에 의하여 폐허로 변한 도시를 재건하고 민주정치를 꽃피운, 아테네 최고의 정치가로 평가받는 인물입니다. 정치체제가 달랐던 두 도시국가는 결국 그리스 반도의 패권을 놓고 충돌합니다. 그것이 27년간 계속된 펠로폰네소스 전쟁입니다.

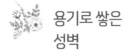

용기로 쌓은 성벽

플루타르코스의 《모랄리아》에는 스파르타 시민들의 용기를 보여주는 많은 이야기가 등장합니다. 어떤 어머니는 다섯 아들을 전쟁터로 보내고 도시 외곽에서 전쟁의 결과를 초조하게 기다리다가 누군가 달려와 아들 모두가 죽었다고 말하자 묻지도 않은 말을 하느냐며 책망합니다. 그리고 "조국의 안녕이 어떻게 되었느냐"고 물었습니다. 승리했다고 대답하자 이렇게 말합니다. "그러면 내 아들의 죽음을 기쁘게 받아들인다."

"네 손으로 방패를 들고 오던지 아니면 그 위에 누워서 오너라." 출정하는 아들에게 어떤 어머니가 했다는 말입니다. 전령이 아들이 죽었다는 소식을 전하자 슬퍼하는 기색도 없이 "스파르타 사람답게 훌륭하게 죽었느냐"라고 묻습니다. 모든 스파르타인 중에서도 최고로 용감했다고 하자 이렇게 말합니다. "내 아들이 착하고 용감하기는 하지만 스파르타에는 내 아들보다 뛰어난 사람이 많다오." 뒷날 조지 고든 바이런은 '자기의 방패 위에 실려 가는 스파르타인보다 더 자유로운 자는 없다'라고 노래했습니다.

조국에 대한 강렬한 사랑과 희생정신으로 똘똘 뭉쳐 있던 스파르타는 기원전 272년 다시 '300'의 신화를 재현합니다. 에피루스 왕국의 피로스가 쳐들어오자 스파르타의 시민들은 남녀노소 가리지 않고 전쟁에 참가합니다. 싸움터로 나갈 전사들이 체력을 유지할 수 있도록 밤에는 부녀자들이 참호를 팠습니다. 부인들은 나라를 위해 용감히 싸우다가 어머니와 아내의 품에 안겨 죽는 것보다 영광스런 일은 없을 것이라며 힘을 북돋아주었습니다. 이 싸움에서 스파르타의 왕자 아크로타투스는 300명의 병사를 이끌고 적군의 후미로 은밀하게 이동하여 공격함으로써 적군을 물리칠 수 있었습니다.

스파르타에는 성벽이 없었습니다. 성벽을 쌓자는 말이 나오자 리쿠르고스는 벽돌로 쌓은 성벽보다 사람으로 쌓은 성벽이 더 튼튼하다는 말로 대신합니다. 누군가 스파르타에 성벽이 없는 이유를 묻자 왕은 말없이 그의 부하를 가리킵니다. '우리에게는 시민이 성벽이다.' 그들의 자존심을 엿볼 수 있는 장면입니다. 기원전 7세기 초반에 살았던 알카이오스의 시에는 "용기 있는 사람만이 도시와 성벽을 가질 수 있다"라는 구절이 나옵니다. 그같이 자부심이 강했던 그들은 아테네가 도시에 성벽을 쌓기 시작하자 용기 없는 사람들이 라며 비난하기도 했습니다. 아무리 튼튼한 성벽이 세워져 있다 할지라도 그것을 지킬 용기가 없다면 쓸모가 없습니다. 물리력이 목제 칼자루라면 정신력은 번쩍번쩍 갈아놓은 칼과 같은 것이라고 했던 클라우제비츠의 말처럼 정신력은 전쟁의 결과를 가르는 결정적 요소입니다.

그대는 죽음의 경계를 넘어서기 전에 미덕의 끝에 도달하리라.

기원전 7세기 중반 스파르타의 시인 티르타이오스가 남긴 짧은 시입니다. 조국을 위하여 용감히 싸우다가 죽은 것이야말로 최고의 미덕이라고 노래하고 있습니다. "조국을 위하여 죽는 것은 슬픈 운명이 아니다. 그것은 아름다운 죽음을 통하여 불멸에 이르는 것이다." 1637년 프랑스 극작가 피에르 코르네유Pierre Corneille에 의하여 초연된 〈르 시드Le Cid〉 제4막 제5장에 나오는 대사입니다. 나라에 헌신한 데 대한 칭송이 변함없이 이어졌다는 것을 알 수 있습니다.

플라톤은 스파르타를 이상국가의 모델로 생각했습니다. 그런 생각은 루소도 다르지 않았습니다. 루소는 스파르타 사람들의 덕은 인간성을 뛰어넘었다고 했습니다. 스파르타와 로마는 덕과 용기 그리고 고결함으로 인류 최고의 명예를 얻었다고도 했습니다. 그들의 덕성에 심취했던 루소는 러시아, 독일, 오스트리아 등 주변 국가의 위협으로 심각한 위기에 처해 있던 폴란드에 하나의 방략을 제시합니다. 스파르타와 로마의 정신으로 무장함으로써 새로운 민족으로 다시 태어나야 한다는 것이었습니다. 이 부분은 뒤의 '골짜기의 백합' 편에서 다시 이어집니다.

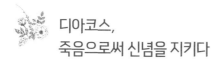

디아코스,
죽음으로써 신념을 지키다

우리는 축복받았던 지난날들을 떠올리며 눈물을 흘려야 하는가?
우리는 얼굴을 붉혀야 하는가? – 우리 조상들은 피를 흘렸다
땅이여! 그대 가슴 밖으로 돌려보내라
우리 스파르타의 죽은 이들의 유물을!
300명 가운데 세 명만이라도,
새로운 테르모필레를 만들기 위하여!

조지 고든 바이런이 1812년에 발표한 시집 《차일드 헤럴드의 순례》의 《돈 후안》 제3부 가운데 연작시 《그리스의 섬들》의 일부분입니다. 폴리스가 분열하고 시민의 용기가 사라진 그리스는 피지배 민족으로 전락하여 15세기 중반부터 오스만 제국의 지배를 받았습니다. 그리스를 마음의 조국으로 여긴 바이런은 옛날 스파르타의 전사들처럼 다시 일어서라고 응원하면서 전쟁에 직접 뛰어들기도 했습니다.

그리스는 1821년 3월, 마니 반도로부터 반反 오스만의 기치를 올립니다. 마니 반도는 그리스의 최남단에 튀어나온 세 반도 가운데 중앙에 위치한 척박한 땅입니다. 그곳에 사는 사람들은 고대 스파르타의 후손으로 알려져 있습니다. '페트로베이'라는 이름으로 불린 마니 반도의 수장 로페트로스 마브로미칼리스는 마니인 2천여 명을 이끌고 독립전쟁에 나섭니다. 마브로미칼리스 가문은 반 오스만 투쟁에서 수십 명의 희생자를 낸 명문가였습니다.

그로부터 한 달이 지난 1821년 4월, 테르모필레의 전설이 되살아납니다. 주인공 아다나시오스 디아코스는 2300년 만에 새로 태어난 레오니다스였습니다. 그는 그리스 중부의 작은 마을에서 태어났습니다. 그의 조부는 '산적'으로 불리며 오스만 제국의 지배에 저항하던 무장 단체 클리프테스로 활동하다가 전사했습니다. 생활 형편이 곤궁했던 그는 열두 살에 수도원에 들어가 열일곱 살에 그리스정교회의 부제副祭, 즉 디아코스가 되었습니다.

디아코스는 열아홉 살 때 청소년을 성적으로 괴롭히는 오스만고위 관리를 죽이고 산속으로 피신하여 클리프테스에 가담했습니다. 그러나 사제로서 반군활동을 하는 데 대한 심리적 갈등을 느끼고 수도원으로 돌아왔습니다. 얼마 지나지 않아 오스만 군대에 체포된 그는 사형 집행 직전 동료 클리프테스의 도움으로 탈출할 수 있었습니다. 다시 클리프테스로 돌아간 그는 본격적으로 독립투쟁에 나섭니다.

1821년 3월, 독립전쟁의 막이 오르자 오메르 비리오니와 후르시드 파샤 두 장군이 지휘하는 8천여 명의 오스만 군대가 그리스 중남부 지역으로 내려옵니다. 디아코스는 자신의 부대를 비롯하여 총 1500여 명의 대원으로 저지에 나섰지만 중과부적으로 패퇴합니다. 마지막까지 남은 것은 디아코스와 마흔여덟 명의 대원들이었습니다. 부하가 말을 가지고 와서 탈출을 권유했지만 디아코스는 응하지 않았습니다. 전투가 벌어진 곳은 레오니다스와 300전사들이 페르시아 대군을 맞아 장렬하게 전사한 테르모필레와 얼마 떨어지지 않은 알라마나 강가였습니다.

중상을 입고 체포된 디아코스는 이슬람을 받아들이면 살려주겠다는 사령관의 제의에 "그리스인으로 죽을 것이다"라며 뜻을 굽히지 않았습니다. 오스만 군대의 고위직과 하렘의 아름다운 처녀를 약속하는 등 회유가 이어졌지만 죽음을 선택한 그의 태도에는 변함이 없었습니다. "지옥의 강을 건너게 하는 뱃사공이 나를 선택하는 순간이다. 봄풀은 어디서든 피어나고 가지에는 꽃이 필 것이다." 디아코스가 극악한 고문을 받으면서도 조국의 독립을 염원하며 불렀다는 노래입니다.

작은 새 세 마리가 앉아 있었네, 그리고 알라마나에 내려앉았네.
하나는 리바디아를, 또 하나는 제토우니를 내려다보고 있네,
가장 뛰어난 새, 세 번째 새는 비통하게 울고 있구나.
'일어나 피하라, 디아코스여, 그리고 우리를 리바디아로 보내라.
오메르 파샤가 우리를 공격하고 있다. ― 오메르 비리오니도'

디아코스를 비롯한 클리프테스의 이야기는 1830년대 이후 그리스 근대 민요와 문학의 소재가 되었습니다. 이 민요는 〈디아코스 기독교 민병대〉의 첫 부분으로 그의 죽음을 애통해하며 그리스 민중들이 불렀던 노래입니다. 첫 소절, '세 마리 새가 앉아 있어요'는 함께 있지만 서로 생각과 행동이 다른 것을 나타내는 속어입니다. 전깃줄 위에 나란히 앉아 있는 새들을 보면 정답게 얘기를 나누고 있는 것 같지만 자세히 보면 모두 다 제각각입니다. 이 노랫말은 이른바 '세 마리' 시리즈의 원형으로서 여러 가지 버전으로 변형되어 유행했습니다.

자포와 속간을
갖는다는 것

워싱턴 D. C.에 있는 링컨기념관에는 순백색의 에이브러햄 링컨
Abraham Lincoln 대통령 좌상이 있습니다. 그런데 의자의 팔걸이 앞면
을 자세히 보면 어떤 문장이 들어 있습니다. 바로 로마 공화정의 권
위를 상징했던 '파스케스fasces'입니다. 남북전쟁의 위기를 극복하고
연방의 가치와 권위를 확립한 대통령이었다는 것을 보여 주는 하나
의 상징이라 할 수 있습니다.

우리말로 '속간束杆'이나 '권표權表'로 번역되는 파스케스는 하얀 자
작나무나 올리브나무 다발 사이에 청동 도끼를 끼우고 붉은 가죽
띠로 묶은 것입니다. 그런 나무로 파스케스를 만든 것은 신의가 서

려 있다고 여겼기 때문입니다. 파스케스는 고대 로마 이후에도 유럽에서 국가의 권위를 상징하는 문장으로 사용되어 왔습니다. 1940년대 이탈리아의 파시스트당의 문장 역시 파스케스였습니다. 파시즘이나 파시스트는 파스케스에서 파생된 말입니다. 지금도 미국에서는 파스케스가 의회나 정부기관의 문장으로 사용되고 있습니다.

고대 중국에는 큰 공을 세운 사람에게 황제가 특별히 예우하는 구석九錫이 있었습니다. 구석은 아홉 가지 하사품과 특권을 주는 것으로서 부월斧鉞도 그중 하나였습니다. 도끼는 국가의 권위와 기강 그리고 정의를 상징합니다. 속간과 부월, 동서양의 생각이 서로 비슷했다는 것을 알 수 있습니다.

나는 스승의 가르침에 따라 공직 생활의 한가운데로 뛰어들고자 하네. 자포와 속간을 쫓아서가 아니라, 친구들과 친척들 그리고 모든 시민들과 인류에게 보다 더 봉사하고 더 유익한 사람이 되기 위함일세.

세네카의 에세이 《마음의 평정에 관하여》에 나오는 내용입니다. 정치에 투신하려는 자신의 결심을 밝힌 글로서 그의 친구 세레누스에게 헌정한 것입니다. 여기서 자포紫袍는 자주색 토가toga를 말합니다. 토가는 도포 형태의 공식 복장으로서 로마인의 정체성과 시민권을 상징합니다. 원로원 의원을 비롯한 고위 공직자들은 자포를 입었습니다. 로마 군단에는 사령관의 권위와 리더십의 상징으로 자포와 속간을 휴대한 호위병이 따라다녔습니다. 고대 중국에서는 황포나 홍포가 최고의 지위를 나타내는 색이었지만 유럽에서는 자주색이 더 고귀한 색이었습니다.

'공직에 나아가는 것은 명예나 권력을 추구하기 위한 것이 아니라, 시민에게 더 잘 봉사하기 위한 것이어야 한다.' 이것이 세네카의 공직관입니다. 그렇기 때문에 자포와 속간은 공직자로서 공정하고 깨끗한 봉사를 위한 수단일 뿐, 개인의 영달이나 이름을 높이기 위한 용도로 사용해서는 안 된다는 것입니다.

일찍이 플라톤은 훌륭한 사람들이 지배자의 위치에 앉으려고 하는 것은 금전 때문도, 명예 때문도 아니라고 했습니다. 공직에 대한 그 같은 생각은 그리스에서 로마로 이어졌습니다. 키케로는 대권과 집정관에 진출하는 것은 명예나 보상 때문이 아니라, 필요할 때 의무를 수행하기 위해서라고 했습니다. 소 카토Cato Uticensis는 시민과 나라를 위해 봉사하는 것은 꿀벌이 벌집을 돌보는 것과 같이 자연스런 일이라고 했습니다.

공직자는 엄정한 공직윤리에 입각하여 공익과 정의를 실현해야 할 의무가 있습니다. 그러나 세상에는 입신양명의 방편으로 공직자, 특히 정치인이 되려는 사람들이 널려 있습니다. 일단 자리에 오르고 나면 물러날 줄을 모릅니다. 자리를 지키기 위하여 이전투구를 불사하는 모습을 흔히 목격할 수 있습니다. 책임의 무게를 아는 사람만이 공직에 진출할 자격이 있습니다. 그런 사람에게 속간은 이기가 될 것이지만, 그렇지 못한 사람에게는 무기가 될 것입니다.

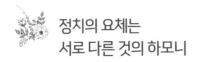

정치의 요체는
서로 다른 것의 하모니

키케로는 음악에 있어서 하모니처럼 한 국가는 신분, 계층, 지역 등 '매우 다른 자들의 합의'에 기초하여 화합한다고 했습니다. 화합을 바탕으로 시민의 행복한 생활이 보장될 수 있다고도 했습니다. 그렇기 때문에 화합을 이끌어낼 수 있는 도덕적 인물이 국정을 운영해야 한다고 생각했습니다. 또, 정치가는 직조공과 같다고도 했습니다. 시민들 속의 다양하고 때로는 서로 대립되는 요소들을 잘 교직하여 아름다운 옷감을 만들어내는 능력이 필요하기 때문입니다.

공익을 사랑한다는 것은 출신, 계급, 계층, 당파의 이익이 아니라 국민 전체의 이익에 봉사한다는 것을 의미합니다. 미국 국장國章의에 플루리부스 우눔E Pluribus Unum, 즉 '여러 곳에서 왔지만 우리는 하나다'라는 문구는 국민통합의 상징입니다. 아메리카 대륙은 열세 개주의 단합된 힘으로 식민지에서 벗어날 수 있었지만, 하나의 국가를 건설하는 데 있어서는 이해가 달랐습니다. 연방주의자와 반연방주의자 사이의 갈등으로 연방헌법 비준에 어려움을 겪고 있었습니다. 특히 연방의회의 권한과 주도권을 놓고 인구가 많은 주와 그렇지 못한 주 사이에 대립과 갈등이 큰 문제였습니다. 의회와 대통령 간의 관계에 대해서도 의견이 달랐습니다. 독립전쟁의 경비 부담을 놓고도 각 주별로 해결할지 아니면 똑같이 분담할지에 대한 다툼이 많았습니다.

인구수에 관계없이 상원 의원 수를 동일하게 하고 대통령을 간접 선거로 뽑는 방식으로 타협안이 도출되지만, 이번에는 각 주의 헌법 비준이 문제였습니다. 주권주의州權主義가 강했던 주에서는 연방의 권한을 강화하고 각 주의 권한을 축소하는 헌법을 비준하기란 쉬운 일이 아니었습니다.

여기에 제임스 매디슨James Madison, 알렉산더 해밀턴Alexander Hamilton, 존 제이John Jay 등 세 사람의 연방주의자가 등장합니다. 이들은 '푸블리우스Publius'라는 공동 필명으로 연방헌법에 대한 공감대를 확산했습니다. 알렉산더 해밀턴이 제안했다는 필명, 푸블리우스는 고대 로마에서 가장 흔한 남자의 이름이기도 했지만 공화정 수립자 가운데 한 사람, 푸블리우스 발레리우스를 지칭하는 것이기도 합니다. 그는 포플리콜라, 즉 '공익을 사랑하는 사람'이라는 별명을 얻은 사람입니다.

연방주의자들은 로마 공화정을 모델로 하여 새로운 나라를 건설하고자 했습니다. 그들은 각 주가 독립된 국가처럼 운영된다면 갈등과 대립이 끊이지 않을 수 없고, 대륙 전체의 이익을 도모하기 어려울 것이라는 공감대가 있었습니다. 세 사람 가운데 특히 해밀턴은 강력하고 통일된 공화국 체제를 선호했다고 알려져 있습니다.

이 세 사람을 비롯한 건국의 아버지들이 연방주의에 대한 확고한 신념과 의지가 있었기에 강한 국가를 만들 수 있었습니다. 미국이 연방주의를 관철하는 데 있어서 가장 큰 위기는 두말할 것 없이 남북전쟁이었습니다. 만약 링컨 대통령이 전쟁을 피하기 위하여 주권주의자들에게 굴복했다면 지금의 미국은 존재하지 않았을 것입니다. 남아메리카가 하나의 국가를 건설하지 못함으로써 가져온 결과와 비교해 보면 쉽게 이해될 것입니다.

아메리카 대륙의 독립전쟁에 큰 정신적 영향을 미친 인물이 있습니다. 로마의 카토와 키케로 그리고 영국의 에드먼드 버크Edmund Burke와 토마스 페인Thomas Paine입니다. 그리고 로마 공화정의 창설자들은 독립전쟁이 끝난 후 새로운 국가를 건설하는 데 영감을 주었습니다. 이번에는 공화정을 만들고 지키려고 헌신했던 인물들을 찾아가 보겠습니다.

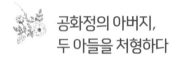

공화정의 아버지, 두 아들을 처형하다

로마는 기원전 6세기 초 왕정을 종식하고 공화정 시대를 열었습니다. 주인공은 루키우스 브루투스, 공화정의 아버지입니다. 기원전 509년 초대 집정관에 오른 그는 왕정 회복 음모에 가담한 두 아들을 처형했을 정도로 공화정의 신념에 투철한 인물이었습니다. 그는 어린 나이에 폭군에 의하여 아버지와 형제들이 처형당하는 광경을 숨어서 지켜봐야 했습니다. 그리고 정체를 감추고 목숨을 부지해야 했습니다. 그러던 중 왕의 셋째 아들의 패륜행위로 여론이 들끓자 반군을 지휘하여 로마를 장악했습니다.

로마 초기의 왕정은 우리가 일반적으로 알고 있는 왕정이 아니었습니다. 혈통에 의한 세습제가 아니라 훌륭한 인물을 찾아서 자신들의 왕으로 추대하는 방식이었습니다. 그 시대에 이미 지혜와 덕성을 갖춘 사람이 통치자가 되어야 한다는 생각을 하고 있었던 것입니다. 그러나 항상 선량한 통치자만 나오는 것은 아니었던지 시민들은 폭군의 출현을 보면서 왕정에 대한 극도의 혐오감을 갖게 되었습니다.

브루투스는 "어떤 사람도 로마의 왕이 되는 일은 결코 없을 것"이라고 선언합니다. 기원전 509년, 로마는 1년간 지속되는 대권을 가진 두 명의 콘술consul을 처음으로 선출했습니다. 그때 첫 번째 콘술로 선출된 사람이 브루투스입니다. 집정관이나 통령으로 번역되는 콘술은 원래 소 두 마리가 함께 쟁기를 끈다는 의미가 내포되어 있습니다. 두 명이 함께 통치하는 방식은 로마가 처음이 아니었습니다. 스파르타에도 있었고 카르타고에도 있었습니다. 이로써 로마는 240년의 왕정을 끝내고 공화정 시대를 열었습니다.

정치체제로서 공화정은 결정의 주관자인 왕이 없이 여러 사람들이 함께 의논하여 결정하는 합의제 정치를 의미합니다. 이것은 천하를 공물이라고 본 동양의 사상과 다르지 않습니다. 기원전 841년 중국 주나라 때 왕이 추방된 후 14년간 재상들이 의논하여 나라를 이끌었다는 '공백共伯의 화和'라는 정치가 있었습니다. '왕 없이 재상들이 의논하여 정치를 한다'는 뜻의 이 말에서 오늘날의 공화共和라는 말이 나왔습니다. 그러나 그 시절 중국의 재상들은 로마의 공화정과 같은 새로운 정치체제를 생각하지 못했습니다.

공화정이 시작되자마자 위기가 나타납니다. 이웃 나라 에트루리아로 도망가 있던 수페르부스가 왕위를 되찾기 위하여 반란을 획책합니다. 그는 에트루리아 혈통이었습니다. 에트루리아는 지금의 이탈리아 반도 중서부 토스카나 지방에 위치하고 있었습니다. 그런데 브루투스의 두 아들이 반란 음모에 가담했다는 것이 밝혀집니다. 브루투스는 두 아들의 처형식에 입회하여 냉정하게 법을 집행함으로써 엄격한 공인의 모습을 보여 줍니다. 두 아들이 끌려가는 모습을 보고 부인이 실신한 상태였는데도 그의 태도는 변함없었습니다. 재판에서 몇몇 사람들로부터 추방으로 끝내자는 제안도 있었지만 집행관에 넘겨 처결하도록 했습니다. 그는 집행관이 도끼로 두 아들의 목을 자를 때까지 지켜본 뒤에 자리를 떴습니다. 분위기로 봐서는 모른 척하고 국외 추방 정도로 해결할 수 있었지만 그는 그렇게 하지 않았습니다.

브루투스가 자식에게 그 같은 가혹한 조치를 취한 것은 로마에 다시는 왕이 없을 것이라는 그의 맹세가 빈말이 아니라는 것을 보여 주기 위함이었습니다. 혈육의 생명마저 외면할 정도로 강한 신념이 있었기에 로마의 공화정은 450년간 유지될 수 있었습니다. 플루타르코스는 그에 관해 '강철같이 엄하고 강고한 기질의 소유자로서 로마 최고의 인물이었다'라는 평을 남겼습니다.

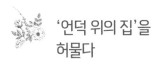

'언덕 위의 집'을
허물다

브루투스가 공화정의 아버지였다면 푸블리우스 발레리우스는 그것을 반석에 올려놓은 인물입니다. 자유를 쟁취하는 데 있어서는 정의와 용기가 필요하지만 그것을 지키는 데 있어서는 절제가 필요합니다. 브루투스와 함께 최초의 집정관에 오른 인물이 왕족이라는 이유로 축출되자 그 후임으로 추대된 사람이 발레리우스였습니다. 브루투스가 왕위 탈환을 위하여 침공한 에트루리아 군대와 싸우다가 죽자 발레리우스는 한동안 혼자서 집정관의 임무를 수행했습니다.

그는 새로운 정치체제에 대한 신뢰와 호응을 이끌어 내야만 했고, 또 외부의 위협으로부터 나라를 지켜내야만 했습니다. 집정관의 권한을 스스로 축소하여 국가의 재정에 관여하지 않았고 민회의 항소권을 보장하여 평민들의 권익을 보호하는 데 힘썼습니다. 그리고 왕이 되려고 하는 자가 있다면 살해해도 죄가 되지 않는다는 것을 법으로 보장했습니다. 그 시대에 그 같은 저항권이 주어졌다는 것이 놀랍습니다.

그 후 발레리우스는 두 차례의 침공을 분쇄하여 외부로부터 나라를 지키고 공화정에 대한 위협을 제거합니다. 네 번이나 집정관에 오른 그에게는 '공익을 사랑하는 사람'이라는 별명이 주어집니다. 공익을 사랑한다는 것은 귀족만이 아니라 평민을 포함한 전체의 이익을 추구한다는 뜻입니다. 평민의 친구로서 청렴하게 살았던 그는 죽었을 때 장례식 비용을 낼 수 없었습니다. 때문에 시민들은 조의금을 모아 장례를 치르도록 했고, 또 한 해 동안 상복을 입어 애도했다고 합니다.

발레리우스는 여론에 밝은 인물이었습니다. 로마의 일곱 개 언덕 가운데 하나인 벨리아Velia에 커다란 집을 짓기 시작하자, 시민들 사이에 그가 왕궁을 지으려 한다는 소문이 돕니다. 브루투스가 죽은 후 후임을 뽑지 않은 채 홀로 국정을 담당하고 있었기 때문에 그런 소리가 나올 만했습니다. 발레리우스는 지체 없이 원로원 연단에 올라 파스케스를 아래로 내린 후 집을 부셔 버리고 언덕 밑 가장 낮은 곳에서 살겠다고 선언합니다. 파스케스를 내린다는 것은 자신이 약속을 지키지 않으면 집정관에서 물러나겠다는 선언과 같은 것이었습니다. 지금도 그와 비슷한 상황에서 미적대다가 시기를 놓치고 자리를 내놓는 경우를 흔히 볼 수 있습니다. 여론이 악화되기 전에 신속하게 고치는 것은 지혜롭고 용기 있는 처신입니다. 기원전 506년 사비니족의 침입을 격퇴하고 개선하자 시민들은 그에게 언덕 위의 집을 선물했습니다. 그의 사심 없는 봉사에 대한 보답과 같은 것이었습니다.

여론에 밝다는 것과 여론에 영합한다는 것은 다릅니다. 이른바 포퓰리즘populism은 직접적으로는 1890년대 미국의 인민당People's Party에서 온 것이지만 대중을 의미하는 라틴어 '포풀루스populus'와 관련이 있습니다. 발레리우스는 공익을 앞세우고 자신의 허물을 고치는 데 있어서는 여론에 밝았지만, 대중의 환심을 사려고 하지는 않았습니다.

자유인가, 죽음인가?

'자유 아니면 죽음을 달라!'는 유명한 말이 있습니다. 식민지의 독립운동은 물론이고 반독재 투쟁에서 유행처럼 사용되었습니다. 이 말의 주인공은 미국 건국의 아버지 가운데 한 사람, 패트릭 헨리Patrick Henry로 알려져 있습니다. 패트릭 헨리는 최초의 식민지이며 독립전쟁의 요람이었던 버지니아 주 제임스타운의 윌리엄스버그에 살았습니다. 그는 식민지 최초의 의회였던 버지니아 하원 의원을 지냈고 두 번의 주지사를 역임한 사람입니다.

쇠사슬과 노예라는 대가를 치르고 살 만큼 목숨이 그토록 소중하고, 평화가 그토록 달콤한 것입니까? 그런 일은 없도록 해주십시오. 전지전능하신 하느님! 나는 다른 사람들이 어떤 길을 선택할지 모르지만, 나에게는 자유가 아니면 죽음을 달라!

변호사 출신인 그는 '대표 없는 과세 없다'라는 연설로 영국의 조세정책에 격렬히 저항했습니다. 그리고 '자유 아니면 죽음을 달라'

라는 연설을 통하여 영국과 군사적 대결을 주장함으로써 버지니아가 독립전쟁을 위해 군대를 파견하는 결정을 내리게 했습니다. 그는 연방 정부에 참여하지 않고 농장으로 돌아간 특이한 사람이었습니다. 강력한 연방에 반대하는 주권주의자인 자신이 연방 정부에 참여하는 것은 옳은 일이 아니라고 생각했다면 그는 신념의 정치인이라 할 수 있습니다.

그런데 연설의 마지막 부분, '자유 아니면 죽음을 달라!'는 말은 조지프 애디슨Joseph Addison의 비극 《카토》 제2장에 나오는 말, "운명의 손은 우리 위에 와 있다. 하늘은 우리에게 격렬함을 요구하고 있다. 지금은 무언가를 말할 때가 아니라 노예의 사슬 아니면 정복, 자유 아니면 죽음을 선택할 때이다"에서 따온 것입니다. 애디슨의 희곡은 자유를 위해 죽음으로 맞섰던 소 카토의 마지막 순간을 소재로 한 것입니다.

소 카토라 불리는 마르쿠스 포르키우스 카토는 매우 강직한 인물이었습니다. 마케도니아 군사호민관과 재무관을 거쳐 원로원 의원이 된 소 카토는 한 번도 회의에 빠지지 않을 정도로 의원으로서 책임을 다하였습니다. 그는 시민의 행동기준이 되었고 그에게는 최고의 인기와 명성이 따랐습니다.

그러나 그의 정치적 역정은 평탄하지 않았습니다. 그는 카이사르, 폼페이우스, 크라수스가 주도하는 삼두정치를 반대하다가 키프로스의 총독으로 밀려납니다. 로마로 돌아온 뒤에도 그는 삼두정치에 대한 비판을 멈추지 않습니다. 그러다가 크라수스가 죽자 삼두정치는 와해되었고 독재정치에 대한 우려가 고조됩니다. 야심가 카이사르에 비해 폼페이우스가 더 명예롭고 공화정의 운영에 적합한 인물이라고 여겼던지 소 카토는 키케로와 함께 카이사르의 반대편에 서서 폼페이우스를 지지합니다.

소 카토는 로마의 공화정을 위하여 도박을 합니다. 원로원을 움직여 카이사르로 하여금 갈리아에서 군대를 해산하고 민간인 신분으로 돌아오라는 명령을 내립니다. 이번에는 카이사르가 도박을 선택합니다. '주사위는 던져졌다'며 루비콘 강을 건넜습니다. 이로써 시작된 내전은 소 카토에게는 패배의 연속이었습니다. 결국 그는 기원전 46년 아프리카 북부의 항구 도시 우티카, 지금의 튀니지 동북부 지방에서 자살을 선택할 수밖에 없었습니다.

플루타르코스의 《영웅전》은 이렇게 전하고 있습니다. 그는 목욕을 하고 그동안 함께했던 사람들과 식사하고 철학에 관한 토론을 한 후 잠자리에 들었습니다. 그리고 친구들이 모두 떠난 것을 확인한 다음 칼을 뽑아 자신의 배를 찔렀지만 치명상에 이르지는 못했습니다. 의사가 달려와 흘러나온 창자를 밀어 넣었지만 도로 끄집어내 죽었습니다.

그의 당이 거듭 패배했지만 공화국의 폐허 한가운데 꼿꼿이 버티고 서 있는 카토의 모습보다 더 아름다운 것은 없을 것이다.

세네카의 《섭리에 대하여》에 나오는 말입니다. 일찍이 증조부 대

카토는 원로원의 일인자이며 정계의 거물인 스키피오를 실각에 이르게 하였지만, 소 카토는 카이사르의 독재를 막지 못하고 비극적인 최후를 맞이했습니다. 그러나 그는 공화정이 위험에 빠지고 압제와 폭정으로 고통 받는 곳에서 자유를 향한 저항의 표상으로 다시 태어납니다.

소 카토는 엄정한 공직자로서의 모습을 보여준 사람입니다. 어렸을 때 부모를 잃고 고아가 되어 동생들과 함께 외삼촌 밑에서 어렵게 성장했습니다. 그런 동생이 전쟁터에서 병으로 죽었을 때 보내온 예물을 모두 돌려보냈는가 하면, 속주를 순방하던 중 어떤 부족의 왕이 선물을 보내오자 곧바로 떠나버립니다. 선물을 직접 받기 어렵다면 함께 온 친구들에게 나누어 주면 될 것이 아니냐는 편지와 함께 더 많은 선물을 보내오자, "내 친구들은 정당하고 정직하게 얻는 것이 아니라면 무엇이라도 받지 않습니다"라며 단호히 거절했습니다.

지금 세계의 어느 곳에서도 국민으로부터 한결같이 존경받고 사랑받는 정치 지도자를 찾아보기 어렵습니다. 소신과 신념의 정치가 아니라, 이해타산에 밝고 대중에 영합하는 정략에 익숙하기 때문일 것입니다. 소 카토는 정의와 자유를 위해 죽음을 불사한 신념의 정치인이었으며, 엄정함과 성실함 그리고 청렴함으로 공직자의 모범이 되었습니다. 지금도 따라가기 어려운 로마인들의 높은 공직윤리가 아닐 수 없습니다.

공화정을 수호하기 위한 투쟁은 소 카토가 끝이 아니었습니다.

마르쿠스 브루투스가 있었고 카토의 아들과 딸이 있었습니다. 브루투스는 기원전 44년 종신 독재관에 오른 카이사르를 살해하지만 카이사르 세력에 패배하여 죽습니다. "시저를 사랑하는 마음이 모자라서가 아니라 로마 시민을 더 사랑하기 때문이다." 시저를 살해한 후 로마 시민에게 행한 연설의 핵심 부분입니다. 그러나 그에게는 공화정의 수호자라는 평가와 함께 배신자라는 오명이 엇갈리고 있습니다. 살해 음모에 가담했던 그의 아내는 시뻘겋게 불이 붙은 숯덩이를 물고 죽었습니다. 브루투스의 아내는 소 카토의 딸이었습니다. "이름난 가문의 자손답게 일생을 마쳤다." 플루타르코스가 전하는 말입니다. 그에 앞서 소 카토의 아들 역시 끝까지 분투하다가 전사하여 가문의 명예를 지켰습니다.

5세기 로마의 역사가 리비우스에 의하면 공화정의 아버지 루키우스 브루투스는 두 사람의 집정관이 공동으로 대권을 행사하는 통치방식이 더 위험할 수 있다는 것을 예견했습니다. 지금도 공동 대표나 공동 위원장 같은 쌍두 체제가 활용되고 있지만 성공하는 경우가 많지 않습니다. 소통과 협력 그리고 절제가 필요한 제도이기 때문입니다.

진실인가, 승리인가?

로마의 공화정을 닮고자 했던 미국의 정치 지도자들은 국가의 진로를 둘러싸고 분열상을 보입니다. 연방당Federalist Party과 공화당 Democratic-Publicans으로 나눠진 정파 사이의 불화와 갈등은 매우 심각했습니다. 두 정파는 리더의 이름을 따서 각각 해밀턴주의자와 제퍼슨주의자로 불렸습니다. 연방당은 강한 정부를 토대로 영국과 협력을 통하여 경제적 번영을 추구한 정파로서 상공인을 지지 기반으로 했습니다. 그들은 프랑스 혁명에 대해서는 거부감을 가지고 있었습니다. 이에 비하여 공화당은 연방 정부의 권한을 제한하고 시민의 권리와 농민의 보호에 중점을 두었습니다. 아울러 프랑스와의 관계를 중시했습니다. '푸블리우스'라는 필명으로 연방주의의 확산을 위해 의기투합했던 세 사람은 그같이 정치적 진로를 달리했습니다. 알렉산더 해밀턴과 존 제이는 연방당의 일원으로서 조지 워싱턴 George Washington 대통령을 보좌했지만 제임스 매디슨은 그 반대파인 공화당을 지지했습니다.

대륙회의의 버지니아 대표로 활약했고 연방헌법 초안을 기초하여 미국 헌법의 아버지로 불리는 제임스 매디슨은 제3대 대통령 토마스 제퍼슨Thomas Jefferson 행정부에서 국무 장관을 맡아 루이지애나를 사들임으로써 영토 확장에 큰 기여를 했습니다. 그리고 제4대 대통령에 올라 1812년 미영전쟁의 위기를 극복했습니다.

독립전쟁 때 조지 워싱턴의 부관이었던 해밀턴은 초대 재무 장관을 맡아 6년간 재임하면서 은행, 화폐, 조세, 신용거래, 무역 등의 제도를 만들고 상공업을 육성하는 등 미국의 경제적 기초를 확립했다는 평가를 받고 있습니다. 특이하게도 그는 공화당에 속했던 부통령 애런 버Aaron Burr와의 갈등 끝에 1804년 뉴저지 허드슨 강변 숲속에서의 권총결투pistol duel로 사망했습니다. 그런데 흥미로운 것은 그로부터 200년이 흐른 2004년 두 가문의 후손들은 화해의 표시로 같은 장소에서 결투를 재현하는 퍼포먼스를 가졌다는 사실입니다.

독립전쟁 때 외교관으로 활약했던 존 제이는 워싱턴 정부에서 잠시 국무 장관으로 있다가 초대 대법원장과 뉴욕 주지사를 역임했습니다. 그는 워싱턴 대통령의 명으로 영국과의 관계 정상화를 꾀하면서 영국의 침략정책에 종지부를 찍고 나라를 안정시키려고 했습니다. 그러나 1794년 11월, 영국과 타결한 제이 조약Jay Treaty은 영국에 많은 것을 양보한 굴욕적 조약이라는 비판에 직면했습니다.

제이 조약은 정파 간의 대립으로 온 나라가 갈라지는 건국 후 최대의 위기 상황을 불러왔습니다. 워싱턴 대통령을 비롯하여 해밀턴, 제이 등은 영국의 하수인으로 몰렸습니다. 독립전쟁을 함께했던 참전군인들조차도 비난의 대열에 가담할 정도로 워싱턴의 입지는 몹시 어려워졌습니다.

만약 모든 면에서 신중함과 절제에 의하여 지금까지 안전을 위협해 온 외부로부터의 불화의 모든 원인이 소멸될 수 있다면, 국가적 권리와 명예가 양립할 수 있는 행복한 결과를 가져올 것입니다. 그러면 조국의 번영을 가속화하고 성숙시킬 확고하고 귀중한 기초가 놓일 것입니다.

워싱턴 대통령은 영국과의 전쟁의 위험을 제거하고 관계를 정상화하는 것이 번영을 가져올 것이라는 믿음을 가지고 있었습니다. 1795년 12월, 그는 의회에서 조국의 이익을 길이 보전하고 향상시키기 위하여 함께 협력하는 것이 열렬한 소원이라며 조약의 비준을 간절히 호소했습니다. 여론의 호전에도 불구하고 의회의 분위기는 나아지지 않았습니다. 그때 조약의 통과에 결정적인 역할을 한 사람이 나타납니다.

거짓된 안전으로부터 깨어나십시오. 위험과 불안은 한층 더 극심해질 것입니다. 아물지 않은 상처가 다시 찢어질 것입니다. 낮에는 당신의 숲길에서 복병을 만날 것입니다. 한밤중에는 당신 집의 불타는 화염으로 어둠을 밝힐 것입니다. 당신이 아버지입니까? 당신의 아이들의 피가 당신의 옥수수밭을 살찌게 할 것입니다. 당신이 어머니입니까? 전쟁의 함성이 요람에서 잠자는 아이들을 깨울 것입니다.

1796년 4월 의회에서 행한 피셔 에임스의 연설 일부입니다. 당시 계속되는 논쟁으로 조약의 비준은 지연되고 있었습니다. 그는 30대 후반의 젊은 의원이었지만 전염병에 이환하여 극도로 쇠약한 몸으로 의사당에 들어와 90분간 즉흥 연설을 합니다. 에임스는 연설의 마지막에 이렇게 말합니다. "만약 안건이 부결되어 공공의 질서가 무너지고 극심한 혼란을 야기한다면 저 자신이 아무리 병약한 몸일지라도 헌법과 정부보다는 더 오래 살 것입니다." 그렇게 하여 제이 조약은 통과되었지만 워싱턴 대통령의 명성과 인기에는 부정적 영향을 주었습니다. 그리고 그를 정치에 지치게 했습니다. 워싱턴 대통령이 더 이상 대통령직에 머물지 않고 농장으로 돌아가기로 결심하게 된 직접적 동기 역시 이 사건과 무관하지 않습니다.

킨키나투스
나 돌아가리라

미국 북동부에 위치한 펜실베이니아는 독립전쟁과 남북전쟁의 주 무대였습니다. 필라델피아는 19세기 초까지 미국에서 가장 큰 도시였고, 한때 수도이기도 했습니다. 도시를 건설한 초대 총독 윌리엄 펜William Penn은 지금도 시청 청사 돔 지붕 꼭대기에서 시내를 내려다보고 있습니다. 그에게는 1984년 미국 명예시민Honorary Citizen의 영예가 주어졌습니다.

원래 이곳은 영국 왕실로부터 하사받은 땅으로서 그의 이름을 따서 펜실베이니아라 부르게 되었습니다. 퀘이커 교도였던 그가 '펜의 숲'을 만들고 그 가운데 필라델피아, 즉 '우애의 도시'를 세우자 퀘이커 교도들이 대거 이주하여 정착촌을 형성했습니다. 18세기 프랑스의 볼테르는 필라델피아를 평화를 사랑하는 행복한 땅이라 했습니다. 이곳을 돌아보면 독일식 지명이 유난히 많다는 것을 알 수 있습니다. 독일계 퀘이커 교도들이 독일 공동체German Polis를 형성했기 때문입니다.

윌리엄 펜은 평등주의를 실현하기 위하여 도시를 직사각형 구조로 설계했습니다. 이것은 중심부로부터 주변부로 뻗어나가는 당시 유럽 도시들의 방사형 또는 환상형 구조와는 다른 것이었습니다. 도시구조에서부터 위계적 요소를 없애자는 것이 그의 의도였습니다. 외형적 변화뿐만이 아니었습니다. 대의제를 채택하여 의회를 구성하고 귀족의 권한을 제한하는가 하면 총독을 투표로 뽑도록 했습니다. 그는 당시 아무런 거부감 없이 통용되었던 각하Your Excellency와 같은 호칭까지도 거절했습니다. 그 시대에 그 같은 진보적 정책을 폈다는 것이 놀랍습니다.

식민지 시대의 주청사는 현재 독립기념관으로 활용되고 있습니다. 기념관 입구에는 영국 헨리 3세의 동상 대신에 조지 워싱턴 장군의 동상이 서 있고 내부에는 당시의 회의장, 재판정 등이 그대로 보존되어 있습니다. 그리고 기념관 옆에 있는 전시관에는 윌리엄 펜으로부터 독립선언에 이르기까지의 역사적 장면들 그리고 유명한 '자유의 종'이 금이 간 상태로 전시되어 있습니다. 이곳은 언제나 역사를 배우고자 하는 학생들을 비롯하여 많은 관람객들로 붐비고 있습니다.

독립전쟁에 참가했던 장교들이 봉사와 희생을 기억하고 공익을 보존할 목적으로 1783년에 창립한 신시네티협회라는 단체가 있습니다. 230년이 넘은 오랜 역사를 자랑하는 단체로 '신시네티'는 라틴어 '킨키나투스'의 영어식 표현입니다. 루키우스 퀸티우스 킨키나투스는 로마의 위기를 극복하고 미련 없이 제자리로 돌아간 인물입니다. 그래서 킨키나투스는 '숨은 위인'을 뜻하는 말로 쓰이기도 합니다. 독립전쟁의 장교들은 킨키나투스의 고결한 성품을 따르고자 했습니다.

오두막에서
삽과 괭이를 잡다

킨키나투스는 귀족 출신으로 기원전 5세기 중반 집정관과 독재관을 두 차례 역임한 인물입니다. 전쟁에 나가면 승리하여 돌아오는 훌륭한 군사 지휘관이었습니다. 그러던 어느 날, 군인인 아들이 평민을 폭행하여 사망에 이르는 사건이 일어납니다. 살인죄로 기소되었다가 보석으로 나오기는 했지만 그의 아들은 사형이 내려질까 두려워한 나머지 이웃의 에트루리아로 달아났습니다. 아들의 보석금을 내기 위하여 재산을 처분할 수밖에 없었던 킨키나투스는 테베레 강 건너의 오두막에서 농사를 지으며 생계를 유지했습니다. 그 후 잠시 집정관을 지내기도 했지만 크게 달라진 것은 없었습니다.

그러던 중 로마 주변의 종족들이 로마를 침입해 옵니다. 집정관이 이끌고 나간 군대가 적의 함정에 빠져 포위되었다는 소식을 들은 원로원은 킨키나투스를 6개월 임기의 독재관에 지명합니다. 전령을 통해 상황을 접한 킨키나투스는 쟁기로 밭을 갈다가 옷을 갈아입고 원로원에 나갑니다. 신속하게 군사를 정비하여 보름 만에 적을 몰아냅니다. 그리고 개선식을 마치자마자 임기가 남아 있음에도 불구하고 집으로 돌아가 다시 괭이를 잡았습니다. 킨키나투스의 봉사는 그것으로 끝나지 않았습니다. 평민의 지도자 마일리우스가 왕이 되려고 획책하자 다시 독재관에 올라 음모를 분쇄한 후 그 직을 내놓고 집으로 돌아갔습니다.

'공수신퇴功遂身退'라는 말이 있습니다. 킨키나투스의 처신을 보면 묵묵히 자신이 해야 할 일을 수행할 뿐 그것을 인정해 주기를 바라고 또 보상을 바라는 것에서 초연한 모습을 발견할 수 있습니다. 그는 권한을 행사함에 있어서도 나라가 필요로 하는 만큼만 최소한으로 했습니다. 그렇기 때문에 두고두고 시민의 모범이 되는 인물로 숭앙받고 있습니다.

그들은 야심을 품고 있다는 오해를 사지 않기 위하여, 야심 있는 사람으로 공격을 받는 빌미를 주지 않기 위하여, 그들 스스로 신중하고 조심했다. 그들은 독재관에 오르는 것보다 그 자리에서 내려오는 데서 더 큰 영광이 나온다고 여겼다. 그래서 그 같은 방법으로 의심을 사지 않았을 뿐만 아니라 배은망덕한 일을 당하지 않았다.

마키아벨리의 《로마사 논고》 제30장 마지막 부분입니다. 우리는 주변에서 욕심에 사로잡혀 일생일대의 낭패를 보는 사례를 자주 목격합니다. 멈추는 데에도 용기가 필요합니다. 로마의 공인들은 사인의 지위로 돌아가면 검소하게 생활하면서 하급 관리에게도 머리를 숙이는 겸손한 시민의 자세를 잃지 않았다고 합니다. 큰 공을 세우고 시민으로부터 큰 인기를 누리는 사람조차도 자신의 역할이 끝나면 물러나는 것을 명예로 여겼을 정도로 로마 지도층의 공인의식은 탁월했습니다.

 **나는 순무와 토기가
더 좋다**

이런 저녁을 준비할 수 있다면 나에게는 돈이 필요 없소. 나는 돈을 가지는 것보다도 돈을 가진 자들을 쥐고 흔드는 것이 좋다오.

플루타르코스의 《모랄리아》에 나오는 이야기입니다. 마니우스 쿠리우스가 오두막집 화덕 옆에 앉아 토기 그릇에 순무 요리를 하고 있을 때 동쪽 지방의 호전적인 종족 삼니움 사절단이 찾아옵니다. 값진 선물을 내놓으며 그의 환심을 사려고 하자 쿠리우스는 그같이 쏘아붙이며 돌려보냈습니다. 키케로는 《의무론》에서 이에 관해 '황금으로도 검으로도 그를 꺾을 수 없었다'라고 했습니다. 또, 한번은 어떤 사람이 적에게서 빼앗은 땅의 작은 부분만 나누어 주고 대부분을 공유지로 만든 데 대하여 불평을 하자, "충분히 살아갈 수 있을 크기의 땅인데도 작은 땅으로 여기는 로마인이 되지 않도록 해달라"며 간절히 빌었다고 합니다.

쿠리우스는 집정관을 세 번이나 역임하고 로마를 위기에서 구한 평민의 영웅이었습니다. 그는 기원전 3세기 말 이탈리아 반도 남부 산악지역에 살던 호전적인 종족 삼니움과의 50여 년에 걸친 전쟁을 종식시켰을 뿐만 아니라, 중부 지방의 사비니족까지 제압했습니다. 그런데 제2의 알렉산드로스를 꿈꾸며 정복 전쟁에 나선 인물이 있었습니다. 독수리라는 별명이 붙은 그리스 북서부 에피루스의 왕 피로스였습니다. 마케도니아와 시칠리아를 제압하고 이탈리아 반도로 들어온 피로스는 첫 전투에서 어렵게 승리하지만 큰 피해를 입고 "한 번만 더 승리하면 우리는 완전히 망가질 것이다"라는 말을 남겼습니다. 그때부터 '피로스의 승리'는 '상처뿐인 승리'를 의미하게 되었습니다. 그러나 그가 완전히 망가지기까지 오랜 시간이 필요하지 않았습니다. 기원전 275년 이탈리아 남부에서 벌어진 전투에서 로마군에게 완전히 괴멸되고 말았기 때문입니다.

쿠리우스는 세 번이나 로마를 위기에서 구했지만 여전히 오두막에서 작은 밭뙈기를 일구며 검약하게 살았습니다. 공을 세운 뒤에 그 공마저 잊은 채 살아가는 '숨은 영웅'의 모습을 그에게서도 발견하게 됩니다. 자신의 지위가 요구하는 책임을 다하는 것이 노블레스 오블리주의 첫 단계라면 공을 드러내지 않는 것은 마지막 단계라 할 것입니다. 그가 오두막에서 빈한하게 살았던 것은 욕심이 없어서가 아니었습니다. 위대한 로마의 건설이라는 큰 욕심에 비하면 자신의 일상은 지극히 작은 것이었습니다.

아메리카의
킨키나투스

로마의 킨키나투스는 18세기 미국에서 다시 살아납니다. 조지 워싱턴은 신시네티협회의 초대 회장이기도 했지만 그의 일생이 킨키나투스와 많이 닮아 있습니다. 워싱턴은 독립전쟁에서 승리한 후 지휘권을 반납하고 자신의 농장으로 돌아갔습니다. 그리고 나라의 부름을 받고 대통령으로서의 책임을 다한 후 본래 있던 자리로 되돌아갔습니다.

영국의 아메리카 식민지 개척은 1607년 버지니아의 제임스타운으로부터 시작되었습니다. 가장 넓은 땅을 가진 버지니아는 식민지 독립과 헌법 비준 등, 고비마다 중요한 역할을 했습니다. 독립전쟁을 지휘한 워싱턴을 비롯하여 무장 봉기를 호소하며 자유가 아니면 죽음을 달라고 외친 패트릭 헨리, 헌법 제정을 주도한 제임스 매디슨은 모두 버지니아 출신이었습니다.

워싱턴은 1763년 프렌치-인디언 전쟁 때 버지니아 민병대의 소령을 시작으로 군인의 길을 걷습니다. 죽을 고비를 넘기기도 했습니다. 영국은 이 전쟁의 승리로 북으로는 세인트로렌스 강 남쪽, 서로는 미시시피 강에 이르기까지 영토를 확장하고 북아메리카에서 주도권을 쥐게 되었습니다.

영국의 지배가 강화되자 식민지 대륙은 거세게 반발합니다. 보스턴 학살 사건에 이은 보스턴 차 사건Boston Tea Party으로, 1774년 9월에 개최된 제1차 대륙회의에서 강압적인 법률 제정을 철회할 것을 요구하는 한편, 군사적 대응에 나섭니다. 마침내 1775년 4월 19일, '콩코드·렉싱턴 전투'로부터 독립전쟁이 시작되었고, 1775년 6월, 제2차 대륙회의는 조지 워싱턴을 총사령관으로 하는 대륙군의 창설을 결의합니다. 대륙군은 보스턴의 벙커힐 전투에서 영국군을 저지하고 프랑스를 끌어들이기 위하여 퀘벡을 공격하지만 대패하고 맙니다. 그러자 대륙회의는 독립이냐 자치냐를 놓고 뜨거운 논쟁을 벌인 끝에 1776년 7월 4일 독립선언서를 채택합니다.

영국군이 수백 척의 함선과 3만2천여 명의 병력을 동원하여 뉴욕항에 들어왔을 때 대륙군의 병력은 총 1만9천여 명에 불과했습니다. 그나마 초기 전투에서 패배를 거듭했고 뉴욕을 넘겨준 이후에는 전력이 급격히 약화되어 뉴저지 서쪽 델라웨어 강을 건너 펜실베이니아로 후퇴할 수밖에 없었습니다. 1776년 12월 24일 크리스마스 전날 밤, 조지 워싱턴 장군의 대륙군은 영국군의 의표를 찌른 작전을 감행합니다. 대륙군 2400여 명은 야음을 틈타 얼어붙은 델라웨어 강을 건너 1천여 명의 독일 용병 헤센Hessen이 주둔하고 있는 뉴저지의 트렌튼 진지를 공격하여 승리를 거둠으로써 필라델피아로 진격하려는 영국군의 공세를 저지할 수 있었습니다.

미국이 독립전쟁을 할 때에 겨울에 맨발로 얼음 위를 지나가서 발자국마다 피가 흘렀다더니 우리 군사도 이때 발자국마다 피가 보이었소.

그때 대륙군이 겪은 고초는 일제 강점기 독립군 지도자들에게도 알려진 것 같습니다. 1923년 7월 29일자 《동아일보》에 게재된 만주독립군 대장 김경천 장군의 인터뷰 기사, '빙설氷雪 쌓인 서백리아西伯利亞에서 홍백紅白 전쟁한 실지實地 경험담'의 일부분입니다. 1920년대 초반 러시아 내전 당시 독립군은 시베리아에서 적군赤軍과 연합하여 백군白軍을 지원하는 일본군과 싸우고 있었습니다.

당시 대륙군의 주력은 두 갈래로 나눠져 있었습니다. 북부 쪽의 대륙군은 1777년 가을, 뉴욕의 새러토가 전투에서 6천여 명의 영국군을 제압하고 허드슨 강을 장악할 수 있었습니다. 그러나 남부 쪽의 대륙군은 브랜디와인 전투에서 패배함으로써 수도 필라델피아를 포기하고 영국군에 쫓기고 있었습니다.

미국 탄생의 해에, 가장 추웠던 그 몇 달에, 일단의 애국자들이 얼어붙은 강가에서 꺼져 가는 모닥불 곁에 몸을 맞붙이고 있었습니다. 수도는 내버려졌고 적군은 다가오고 있었습니다. 눈은 피로 물들어 있었습니다. 혁명의 결과가 암담했던 그 순간에 '건국의 아버지'는 이 말을 사람들에게 들려주라고 명령했던 것입니다. "깊은 겨울 한복판에서 오직 희망과 미덕으로 생존하고 있을 때, 공동의 위험에 놀라면서도 이에 맞서려고 도시와 국가가 나섰노라고 미래의 세상에서 말하여지도록 합시다."

버락 오바마_{Barack Obama} 전 미국 대통령의 취임 연설 중 일부입니다. 그는 추위와 굶주림과 피로 얼룩진 독립전쟁의 한 장면을 상기하면서 미국인의 단합을 호소했습니다. 연설문 하단의 인용 부분은 1776년 12월, 토마스 페인이 쓴 팸플릿pamphlet, 《위기The American Crisis》 시리즈 첫 호의 끝부분에서 따온 것입니다.

대륙군은 영국군의 추격을 피하여 1777년 12월, 펜실베이니아 필라델피아 북서쪽에 있는 '밸리 포지'에 들어가 700채의 임시 숙소를 세워 숙영하고 있었습니다. 그때 '남자들의 영혼을 시험할 때다'로 시작되는 토마스 페인의 《위기》는 조지 워싱턴에게 깊은 감명을 주었습니다. 워싱턴은 《위기》를 통하여 추위와 굶주림으로 지쳐 가는 대원들에게 영감을 불어넣고자 했습니다.

거기에는 조지 워싱턴을 비롯하여 알렉산더 해밀턴, 제임스 먼로 그리고 프랑스에서 온 라파예트, 폴란드에서 온 푸와스키, 프로이센에서 온 슈토이벤 등 독립전쟁의 지도자들이 함께했습니다. 여러 지역에서 온 100명에 달하는 의사들이 있었지만, 그 겨울을 지내면서 총 1만2천여 명의 대원 중 2500여 명이 생명을 잃었습니다.

대륙군은 그 겨울의 고통을 이겨내고 마침내 수도 필라델피아를 되찾을 수 있었습니다. 1778년 2월, 조지 워싱턴은 이렇게 말합니다. "그들이 헐벗고 굶주리고 있을 때 그들의 비교할 수 없는 인내심과 충성심은 아무리 찬양해도 충분하지 않습니다." 이 말은 '밸리포지' 입구에 서 있는 개선문 모양의 메모리얼 아치에도 새겨져 있습니다. 계곡이라는 이름이 붙었지만 구릉지처럼 생긴 '밸리 포지'는 국립역사공원으로 지정되어 독립전쟁 당시의 고통을 기억하고 인내심을 배우는 현장으로 보존되고 있습니다.

토마스 페인은 1774년 런던에서 필라델피아로 이주하여 혁명을 고취하는 글을 발표하고, 독립전쟁에 참가한 사람입니다. 《상식Common Sense》이라는 저서를 통하여 아메리카의 독립은 상식이라고 주장함으로써 충격을 주었습니다. 그 후속편으로 나온 것이 '위기 시리즈'였습니다. 그는 에드먼드 버크와의 논쟁으로 유명합니다. 1791년 《인간의 권리》를 발표하여 에드먼드 버크의 《프랑스 혁명에 관한 성찰》을 통렬하게 비판합니다. 그리고 런던에 들어가 급진 개혁을 주장하다가 선동죄로 기소되자 프랑스로 피신하여 활동하다가 말년에 미국에 돌아왔습니다.

에드먼드 버크는 영국의 정치가이자 철학자로서 휘그당 소속 하원 의원을 역임하였습니다. 그는 1774년 4월 19일, 독립전쟁이 발발하기 딱 한 해 전 식민지에 대한 강압적 통치를 반대하고 차세Tea Duty의 폐지를 주장합니다. 그리고 무력 충돌의 가능성이 고조되고 있던 1775년 봄, 식민지 스스로 대표자를 선출하게 하는 등 여섯 개 조항의 평화안을 제시합니다. 영국이 강경책을 선택함으로써 그의 제안은 실현되지 못했지만 식민지의 독립에 큰 정신적 영향을 미쳤습니다.

대륙군의 기세를 확인한 프랑스, 에스파냐, 네덜란드는 차례로 아메리카 편에 가세합니다. 본토 방위 때문에 더 이상의 병력을 투입할 수 없게 된 영국은 1781년 10월, 버지니아 요크타운 전투에서 패배하고 항복합니다. 8년간의 독립전쟁에서 대륙군은 1300여 차례의 전투에서 총 2만5천여 명이 전사하는 희생을 치렀습니다. 그러나 전쟁이 완전히 끝난 것은 아니었습니다. 종전 협상이 진행되고 있는 가운데 조지 워싱턴은 1782년 5월, 루이스 니콜라 대령으로부터 한 통의 편지를 받습니다. 워싱턴에게 왕위에 오를 것을 청하는 편지였습니다.

나는 당신의 편지를 읽고 놀라움과 경악을 금할 수 없었습니다. 나는 확실히 말합니다. 아직도 전쟁이 계속되는 상황에서 일어나서는 아니 될 일이 일어났습니다. 군대 내에서 그 같은 생각이 존재한다는 것보다 나에게 더 고통스러운 감정을 안겨 준 것은 없습니다. 나는 그것을 혐오합니다. 그리고 가혹하게 책망합니다. (중략) 혹시 나 자신이 조국에 해가 될 수 있는, 그 같은 장난을 격려했던 것은 아닌지 큰 낭패감을 금할 수 없습니다. (중략) 당신에게 조국을 배려하는 마음이 있다면 자신과 후손의 장래를 생각하시고 나의 입장을 존중해 주시기 바랍니다. 그리고 그 같은 쓸데없는 생각을 마음속에서 추방해 버리기 바랍니다.

독립전쟁의 승리는 조지 워싱턴의 불굴의 신념과 탁월한 지도력이 큰 역할을 했습니다. 독립을 이루는 것보다 더 어려운 것이 새로운 국가를 건설하는 일이었습니다. 대륙의회의 논의가 지지부진한 가운데 워싱턴을 존경하고 따르던 부하들은 그의 리더십에 기대를 걸었습니다. 그러나 워싱턴은 제의를 단호히 거부했습니다. 마운트 버넌에 있는 워싱턴기념관의 자료에 의하면 니콜라는 강력한 통치권을 선호한 인물이기는 했지만 워싱턴에게 왕이 되어 달라고 했다는 것은 의문의 여지가 있다고 합니다. 워싱턴은 크롬웰로 비춰지는 것을 두려워했고, 평화조약이 체결될 때까지 총사령관으로서 군무에 충실했습니다.

이 사건이 하나의 해프닝이었다면 '뉴버그 반란'은 자칫하면 아메리카 대륙을 내전에 휩싸이게 할 수 있는 중대한 사건이었습니다. 1783년 3월, 비공식 회합을 선동하는 익명의 편지가 워싱턴이 주둔하고 있던 뉴버그의 장교들에게 전달됩니다. 독립전쟁에 참가했던 장교들이 자신들의 처우에 관해 대륙회의에서 미온적으로 대하자 불만을 제기하면서 군사 행동을 거론하고 있던 때였습니다. 워싱턴은 이들의 회합에 예기치 않게 나타나 간곡히 자제를 호소합니다. 이것이 유명한 〈뉴버그 연설〉입니다. 워싱턴은 이날의 연설로 총탄보다도 말로써 가장 위대한 승리를 기록했다는 평가를 받았습니다.

"그가 우리 군대의 친구라 할 수 있는가? 그가 이 나라의 친구라 할 수 있는가? 오히려 교활한 적이 아닌가? 민간 정부와 군대 사이에 불화와 분리의 씨를 뿌리는 행위가 아닌가?"라며 워싱턴은 편지를 쓴 익명의 장교를 강하게 비판합니다. 편지의 주인공은 호레이쇼 게이츠 장군의 부관 존 암스트롱 소령이었습니다. 게이츠는 워싱턴과 같은 영국군 장교 출신으로 프렌치-인디언 전쟁의 전우였습니다. 워싱턴의 추천으로 장군에 임명된 그는 새러토가, 캠던 전투 등에서 활약했습니다. 그렇지만 그는 직속상관인 워싱턴의 지휘권에 도전할 정도로 경쟁의식에 사로잡혀 있었습니다.

의회는 그대들의 충성스럽고 탁월한 봉사에 대해 정당한 조처를 할 것입니다. 나는 간곡하게 호소합니다. 우리 공통의 조국의 이름으로, 신성한 명예를 가치 있게 여기는 것처럼, 인간의 권리를 존중하는 것처럼, 군대와 국민성을 배려하는 것처럼, 조국의 자유를 전복하려고 하는 사람에 대하여 극도의 전율과 혐오를 표현하십시오. 그리고 사악하게 시민적 불화의 수문을 열고 피의 대홍수를 일으키지 않도록 해야 합니다. 그 같은 결정과 행동을 따른다면 평평하고 빠른 길로 원하는 것을 성취할 수 있을 것입니다. 우리는 교활한 적들의 계획을 물리칠 것입니다. 우리는 가장 복잡한 고통의 압박을 딛고 일어섬으로써 전례가 없는 애국심과 인내심을 증명해 보일 것입니다. 그대들이 존엄성 있게 행동한다면, 그대들의 후손들은 그대들이 인류에게 남긴 영광스러운 사례를 이야기할 때마다 "만약 오늘이 없었다면 세계는 결코 인간성이 도달할 수 있는 완전성의 마지막 단계를 보지 못했을 것이다"라고 말할 수 있을 것입니다.

'뉴버그 연설'의 마지막 부분입니다. 이런 호소에도 불만이 잠재

워지지 않자 워싱턴은 호주머니에서 무엇인가를 끄집어냈습니다. 그것은 한 장의 편지였습니다. 조지프 존스라는 의원이 재정적 어려움을 설명하기 위해 그에게 보내온 편지였습니다. 그는 첫 문장부터 제대로 읽지 못했습니다. 호주머니에서 안경을 꺼내 쓰면서 이렇게 말합니다. "여러분, 나를 용서해 주시기 바랍니다. 조국을 위해 봉사하는 동안 머리도 희고 눈도 거의 멀었습니다." 그 말을 들은 장교들은 모두 감동의 눈물을 흘렸습니다. 그리고 만장일치로 워싱턴에게 감사를 표시하기로 결의하고 해산했습니다.

군사반란의 위기를 막고 문민통치의 기초를 놓을 수 있었던 데에는 의회와 정부의 편에 서서 군에 지지와 신뢰를 보냈던 워싱턴의 역할이 결정적이었습니다. 워싱턴은 1783년 9월, 독립이 공식적으로 승인되자 총사령관직을 사퇴하고 대륙회의에 칼을 반납한 뒤 고향인 버지니아의 농장 '마운트 버넌'으로 돌아갑니다. 그리고 1789년 4월, 취임사에서 "조국에 의하여 소환되었다"라고 말한 것처럼 국가의 부름을 받고 다시 돌아와 대통령직을 맡아 두 번의 임기를 마치고 시민의 삶으로 돌아갔습니다.

하나의 국민으로 만드는 데 있어서 정부의 단합은 지금도 당신들에게 매우 소중한 것입니다. 그것은 진정한 독립이라는 건축물을 짓는 데 있어서 중심이 되는 기둥과 같은 것입니다. 그리고 가정의 안전과 외부의 평화를 지켜주는 버팀목, 다시 말하면 당신들의 안전, 당신들의 번영, 당신들이 가장 소중히 여기는 바로 그 자유의 버팀목입니다.

1796년 9월, 고별 연설에서 정치인들의 단합을 강조하면서 한 말입니다. 앞서 제이 조약에서 보았던 대로 그는 정치적 파벌로 인하여 큰 고통을 겪었습니다. 그 때문에 그는 어떠한 상황에서도 헌법은 지켜져야 하고 그에 복종해야 한다고 역설했습니다. 또한 그는 종교와 도덕성 그리고 교육의 중요성을 강조하고, 미국이 외국의 분쟁에 개입하지 않는 자유로운 나라로 남아야 한다는 당부를 남겼습니다.

조지 워싱턴은 1797년 3월, 환송의 박수 소리를 뒤로하고 마운트 버넌으로 밤새 말을 달렸습니다. 고향으로 말을 달리는 그의 모습에서 "가야 할 때가 언제인가를 분명히 알고 가는 이의 뒷모습은 얼마나 아름다운가"라고 했던 시의 한 구절이 떠오릅니다. 잘 알려진 대로 그는 연임 요청을 거절했습니다. 최고의 순간에 절제하는 힘, 그것이 최고의 품격입니다. 자리에 욕심이 있었다면 그 같은 영광스런 기회는 오지 않았을 것입니다. 사심이 없는 사람에게는 그가 원하지 않아도 기회가 스스로 찾아오는 법입니다. 워싱턴에게는 친자식이 없었습니다. 어쩌면 보통 사람들이 누리는 소소한 즐거움과는 거리가 있는 삶이었는지도 모르겠습니다. 그 후의 이야기는 알링턴 국립묘지와 메이그스 장군의 이야기에서 이어집니다.

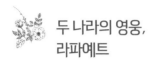

두 나라의 영웅, 라파예트

조지 워싱턴을 닮고 싶었던 인물이 있었습니다. '밸리 포지'에서 고통을 함께 나누었던 라파예트 후작입니다. 본명이 쥘베르 모티에 르인 그는 미국의 독립과 프랑스 혁명이라는 세계사를 바꾼 두 개의 대사건에 깊이 관련되어 있습니다. 그래서 그에게는 '두 세계의 영웅'이라는 명예가 주어졌습니다. '라파예트'라는 이름은 프랑스뿐 아니라 미국의 여러 도시, 학교, 함선, 건물 등에서 찾을 수 있습니다.

라파예트는 프랑스 남부의 귀족 출신이었습니다. 그러나 그는 두 살 때 아버지를 잃었습니다. 그의 부친은 대령의 계급으로 프랑스 육군에서 봉직하다가 전사했습니다. 열두 살 때 어머니와 할아버지를 잃고 고아가 되었지만, 그는 어린 나이에 막대한 유산을 물려받습니다. 게다가 열여섯 살에 부유한 귀족의 딸과 결혼하여 부러울 게 없었습니다.

그러나 그는 현실에 머물러 있지 않았습니다. 아메리카 대륙에서 벌어지고 있던 독립전쟁에 관한 소식을 접하고 스스로 배를 준비하고 10여 명의 장교들을 설득하여 1777년 4월 아메리카를 향하여 출항합니다. 가족과 국왕에게도 알리지 않은 출항이었습니다. 더구나 그의 아내는 임신 중이었습니다. "배는 새처럼 항해했다." 신대륙으로 향하는 그의 들뜬 마음을 알 것 같습니다. 그가 탄 배는 두 달 후 목적지에 상륙합니다.

아메리카의 복지는 인류의 행복과 밀접하게 관련되어 있소. 미덕, 고결함, 관용, 평등 그리고 평화스러운 자유를 지켜주는 훌륭하고 안전한 장소가 될 것이오.

그가 부인에게 보낸 편지에서 독립전쟁에 참가한 이유를 설명하는 부분입니다. 처음에는 명예를 좇는 프랑스의 야심가로 의심을 받기도 했지만 곧 의회로부터 소장으로 임명되어 조지 워싱턴 장군의 휘하에서 독립전쟁에 참가합니다. 그때 그의 나이 스무 살이 채 되지 않았습니다. 그는 브랜디와인, 글로스터, 로도스 아일랜드 전투에 참가하고 독립전쟁 최후의 결전, 요크타운 전투에서 영국군 주력 콘월리스 부대를 봉쇄하는 큰 공을 세웠습니다.

독립전쟁의 승리에는 프랑스의 참전과 군수 지원이 결정적이었고, 그것을 막후에서 움직인 사람이 라파예트였습니다. 의회의 승인을 얻어 다시 조국으로 돌아온 그는 백방의 노력 끝에 1780년 초 프랑스군의 참전 결정을 얻어 낼 수 있었습니다. 그 과정은 대륙군의 외교를 담당했던 토마스 제퍼슨과 라파예트 사이에 주고받은 편지에 잘 담겨 있습니다. 다시 전쟁터로 돌아온 라파예트는 요크타운에서 큰 힘을 보탰습니다.

라파예트와 워싱턴은 각별한 관계였습니다. 전쟁이 끝난 후 두 사람은 이별의 편지를 주고받습니다. 워싱턴은 독립전쟁에서 보인 그의 봉사에 대하여 깊은 감사의 마음을 보냈고, 라파예트는 그에 대한 변함없는 존경과 우정의 마음을 전했습니다. 두 사람은 부자와 같은 나이 차에도 불구하고 서로 아끼고 존경하며 예의를 다했습니다.

정부가 국민의 권리를 유린한다면 국민을 위한, 국민 각자의 몫을 보장받기 위한 저항은 가장 신성한 권리인 동시에 불가결한 의무입니다.

1890년 라파예트가 헌법의회에서 행한 연설의 일부입니다. 그는 혁명이 일어나자 삼부회의 소집을 주도하고 국민의회에 참여하여 인권선언문 초안을 만들고 국민방위군 사령관을 맡았습니다. 프랑스 인권선언문이 미국 독립선언서를 닮은 이유를 알 만합니다. 그는 지금의 프랑스 국기인 삼색기를 처음으로 제안한 사람이기도 합니다.

그는 바스티유 감옥을 점령한 후 감옥의 열쇠를 프랑스에 피신해 있던 토마스 페인을 통하여 워싱턴에게 보냈습니다. 열쇠는 전제주의를 상징하는 것으로서 그 후 '자유의 열쇠'라고 불리게 되었습니다. 그가 그렇게 한 이유는 미국의 혁명이 프랑스의 혁명을 열게 했음으로 열쇠가 있어야 할 곳은 바로 미국이라고 생각했기 때문입니다. 라파예트는 열쇠와 함께 이렇게 말합니다.

나의 사랑하는 장군님, 전제주의의 성 바스티유의 큰 열쇠를 선물로 보낼 수 있도록 허락해 주시기 바랍니다. 이것은 양부의 아들로서, 장군의 보조자로서, 자유의 사명으로서 제가 진 빚을 갚기 위한 공물입니다.

바스티유 감옥의 열쇠를 워싱턴에게 보내겠다고 생각한 것도 특별하지만, 그것을 보내는 마음이 참으로 공손합니다. 프랑스 혁명 초기에 온건 개혁파로서 입헌군주제를 신봉한 라파예트는 정정이 불안해지자 미국에 망명하려다가 오스트리아에서 체포되어 5년간 수감되기도 했습니다.

그는 혁명의 와중에 국왕을 지키기 위하여 마르스 광장에 모인 군중에게 발포 명령을 내려 수십 명의 사상자를 낸 학살자라는 오명을 남겼습니다. 귀족 출신이면서도 귀족의 특권을 폐지하고 국민의 자유를 확대하는 데 앞장섰지만 어디까지나 보수적 개혁의 입장에 서 있었습니다. 그러나 혁명의 불길은 그 같은 온건 지도자에게는 설 자리를 내주지 않았습니다.

당신과 함께 싸웠던
영광스런 아버지들은 잠들 것입니다
그러나 그 아들들은 감사의 기념비를
영원히 환하게 할 것입니다
우리는 고개를 숙이지도,

무릎을 꿇지도 않습니다

그러나 우리의 가슴에는, 라파예트,

우리는 당신에게 항복합니다

그는 1824년 미국 정부의 초청으로 '승리의 투어triumphal tour'에 올라 전국을 순회하면서 국민으로부터 열렬한 환영을 받았습니다. 그의 투어는 마치 전설적 '록 스타'의 귀환과 같았습니다. 미국인들은 많은 시와 노래로 칭송을 아끼지 않았습니다. 그는 마운트 버넌을 방문하여 조지 워싱턴의 묘를 참배하고 눈물을 흘렸습니다. 자신이 선물로 보냈던 열쇠가 걸려 있는 것을 보고 깊은 감회에 젖기도 했습니다. 그는 참으로 특이한 인물이었습니다. 아들의 이름조차도 조지 워싱턴이라 짓고 미국을 함께 순례했습니다. 워싱턴의 묘 앞에서 "제 아들 조지 워싱턴입니다"라 말하는 장면이 떠오릅니다.

그는 워싱턴이 초대 회장으로 있었던 신시네티협회의 창립 멤버였습니다. 킨키나투스의 길을 가고자 했지만, 세상은 그를 내버려 두지 않았습니다. '1830년 혁명'으로 극도의 혼란에 빠지자 일흔이 넘은 나이에 국민방위군을 맡아 질서를 회복하고 루이 필리프Louis Philippe를 왕으로 옹립하는 데 공을 세웠습니다. 그러나 국왕의 통치에 환멸을 느끼고 은퇴한 그는 파리 근교의 라그랑주에서 살다가 1834년 사망했습니다. 그가 살았던 라그랑주는 '프랑스의 마운트 버넌'으로 불렸습니다.

그가 죽었을 때 미국의 앤드루 잭슨Andrew Jackson 대통령은 조지 워싱턴과 같은 예우로 장례를 행하도록 했습니다. 그는 두 나라의 영웅이기도 하지만 미국의 시민권을 받은 두 나라의 국민이기도 했습니다. 그의 시신은 독립전쟁의 격전지 보스턴의 벙커힐에서 가져온 흙으로 덮였습니다. 그는 프랑스와 미국, 두 나라 국민의 애도 속에 잠들었습니다.

라파예트는 미국과 프랑스를 오가며 대단히 분주한 삶을 살았지만 지치거나 꺾이지 않았습니다. 그에게는 자유를 찾는 것 외에 다른 욕심이 없었습니다. 그렇기 때문에 그의 삶에서 불같은 열정과 낭만이 느껴집니다. 라파예트의 문장紋章은 '쿠르 논Cur Non', 즉 '해보지 그래Why Not'였습니다. 그것은 '용기와 자신감으로 위험에 맞서라. 지식과 능력 그리고 인간성으로 세상을 바꾸라'라며 스스로 격려하고 다짐하는 삶의 지표였습니다. 그는 자신의 모토처럼 안온을 위하여 위험을 피하지 않았습니다. 스무 살이 채 되지도 않는 나이에 꿈을 찾아 아메리카로 건너가 조지 워싱턴, 토마스 제퍼슨을 비롯한 독립전쟁 지도자들에게서 배우고 연마하여 자신을 바꾸고 세상을 바꾸는 지도자가 되었습니다.

미국에는 '쿠르 논'을 모토로 하고 있는 학교가 있습니다. 펜실베이니아의 라파예트 칼리지입니다. 1824년 그가 미국 독립 50주년을 기하여 미국을 순방했을 때, 그를 만나 감동을 받은 창설자 제임스 매디슨 포터에 의하여 이름 붙여진 학교입니다. 포터의 아버지 앤드루 포터는 브랜디와인 전투에서 라파예트와 함께 싸운 대륙군 장군이었습니다.

라파예트의 사랑에 보답하려는 마음에서였을까. 제1차 세계대전 때 200여 명의 미국인 조종사들이 프랑스 비행대에 자원했습니다. 그들에게는 '라파예트 비행대'라는 이름이 붙었습니다. 그리고 워싱턴 D. C.를 비롯한 많은 도시에 라파예트 광장이 만들어졌습니다. 라파예트는 2002년 미국 '명예시민'의 영예를 받았습니다.

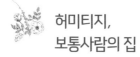

허미티지, 보통사람의 집

조지 워싱턴 이후 40여 년 만에 새로운 킨키나투스가 나타납니다. 제7대 대통령 앤드루 잭슨입니다. 워싱턴 D. C. 라파예트 광장에서 도약하는 모습으로 서 있는 기마상의 주인공이 바로 앤드루 잭슨입니다. 라파예트 광장은 백악관을 가운데 두고 반대편의 워싱턴 오벨리스크obelisk와 마주하고 있습니다. 라파예트와 앤드루 잭슨이 앞장서고 조지 워싱턴이 뒤에서 밀어주는 듯한 모습입니다. 워싱턴과 라파예트 그리고 잭슨은 이렇게 얽혀 있습니다.

앤드루 잭슨은 워싱턴과 같이 민병대 출신의 대통령이라는 공통점이 있습니다. 그는 최초의 서부 출신 대통령이었습니다. 그때까지만 해도 미국의 대통령은 모두 동부의 매사추세츠나 버지니아 출신이었습니다. '버지니아 왕정'이라는 비판의 소리가 나올 정도였습니다. 그래서 그에게는 그 두 지역 출신이 아닌 최초의 대통령이라는 또 다른 이름이 붙었습니다.

잭슨은 변호사, 정치인, 군인, 농장주 등 특이한 이력에다가 세 번이나 전쟁에 참가했던 열렬한 행동가였습니다. 그러나 잭슨은 매우 불행한 가족사를 가진 인물이었습니다. 그는 태어나기도 전에 사고로 아버지를 잃은 유복자였습니다. 그리고 어린 시절 어머니와 두 형을 잃고 고아로 자랐습니다.

잭슨 집안의 세 아들은 모두 독립전쟁에 참가했습니다. 먼저 전쟁에 나갔던 큰 형이 열병으로 죽자 남은 두 형제 역시 민병대를 따라나섰습니다. 잭슨은 고작 열세 살에 전령으로 활동하던 중 형과 함께 영국군에 체포되어 고초를 겪었습니다. 흙 묻은 군화를 닦으라는 영국군 장교의 명령을 거부하고 전쟁 포로로 처우해 줄 것을 요구하다가 칼자루에 얼굴을 맞아 평생의 상처가 되었습니다.

심한 병으로 고생하던 옥중의 두 형제는 포로 교환이 이루어져 집으로 돌아올 수 있었습니다. 그러나 형은 이틀 후 사망하였고, 잭슨은 몇 주가 더 흐른 후 겨우 기운을 차릴 수 있었습니다. 잭슨이 일어나자 그의 어머니는 찰스턴 항으로 달려가 부상병들을 간호하다가 콜레라에 걸려 병사했습니다. 그렇게 하여 전 가족이 죽고 막내인 잭슨만 홀로 남았습니다. 당시 그의 나이 불과 열네 살에 불과했습니다.

앤드루, 다시 너를 볼 수 없을 것 같다. 내가 이미 말했던 것들을 기억하고 소중하게 생각해 주기를 바란다. 이 세상에서 너는 너 자신의 길을 만들어 가야 할 것이다. (중략) 의무를 잊는 것이나 감사를 모르는 것은 원초적 범죄이다. 그것은 단순한 잘못이거나 죄악이 아니라 범죄이다. 남자들의 죄는 나중에라도 반드시 징벌을 받는다. 개인적 행동에 있어서 언제나 공손해야 하며 비굴해서는 안 된다. 네가 너 자신을 존중하는 것보다 더 너를 존중해 줄 사람은 아무도 없다.

어머니 엘리자베스 허친슨이 그에게 남긴 마지막 말입니다. 잭슨은 그것으로 어머니와 영원히 이별해야 했고, 생전에 어머니의 유해를 찾지도 못했습니다. 그의 부모는 아일랜드에서 미국으로 이주한 사람들이었습니다. 어머니는 아이들에게 아일랜드 독립운동에 참가한 할아버지의 이야기를 들려주며 영국에 대한 저항의지를 북돋았습니다. 그리고 아이들에게 민병대 참가를 격려할 정도로 당찼습니다.

졸지에 고아가 된 잭슨은 올드 히커리Old Hickory, 즉 '끈질긴 호두나무'라는 별명처럼 좌절하지 않고 견뎌냈습니다. 어린 나이에 고아가 되었다는 점에서는 라파예트와 다르지 않았지만 생활여건은 전혀 달랐습니다. 기댈 곳이 없었던 잭슨은 성경과 고전 그리고 신문을 끼고 살았습니다. 그리고 법률학을 공부하여 스무 살에 변호사 자격을 얻고 지방 검사로 활동하다가 테네시 주 하원 의원과 상원 의원을 지냈습니다. 그러나 그는 임기를 각각 1년 정도밖에 채우지 않았습니다. 의회 정치에 염증이 있었고 체질적으로도 맞지 않았다고 합니다.

잭슨은 테네시 주 내슈빌 근처 허미티지에 집을 짓고 약 425제곱미터에 달하는 땅에 면화를 재배했습니다. 1801년 잭슨은 테네시 주 민병대를 지휘하는 도전적인 삶을 선택합니다. 테네시 주 최고법원의 판사로 있을 때였습니다. 법률가와 정치인 그리고 재력가로 성공한 잭슨이 왜 민병대를 맡게 되었는지 궁금합니다.

미국은 1803년 제3대 토마스 제퍼슨 대통령 때 프랑스로부터 루이지애나를 사들임으로써 영토를 배로 늘리고 남서부의 무역 거점을 확보할 수 있었습니다. 그러나 나폴레옹 전쟁의 와중에 미국은 영국과 프랑스 양측으로부터 통상에 심각한 타격을 입습니다. 1812년 6월, 미국이 캐나다를 공격함으로써 미영전쟁이 발발합니다. 영국이 적극 대응하지 못했음에도 불구하고 미국은 몰리고 있었습니다. 그리고 1814년, 나폴레옹 전쟁을 종결지은 영국은 5천 명의 해군 병력을 투입하여 보복에 나섭니다. 제임스 매디슨 대통령을 비롯한 수뇌부가 피신한 뒤 워싱턴 D. C.는 점령되었고, 의사당과 백악관 그리고 정부기관 등이 불타는 참화를 입었습니다.

그때 혜성처럼 나타난 인물이 앤드루 잭슨입니다. 그는 미영전쟁이 발발하자 민병대를 이끌고 가는 곳마다 승리하여 정규군 장군에 올랐습니다. 그리고 1815년 1월, 뉴올리언스 항으로 들어온 60척의 군함과 1만여 명의 영국군을 맞아 대승을 거두고 전쟁을 종결지었습니다. 이 전투에서 영국군은 사령관 패케넘을 비롯하여 세 명의 장군이 전사하는 등 2천여 명의 사상자를 냈습니다. 그에 비하여 미국군의 피해는 70명에 불과했습니다.

잭슨은 1817년 플로리다 전쟁으로 불리는 제1차 세미놀 전쟁에서 인디언과 에스파냐 세력을 몰아내고 플로리다 군정 주지사를 맡습니다. 일약 전쟁 영웅으로 떠오른 잭슨은 연방 상원 의원에 진출하여 1824년 제6대 대통령 선거에 출마하지만 뜻을 이루지 못합니다. 그러나 그는 4년 후 재기에 성공하여 제7대 대통령에 당선되었고, 두 번의 임기를 마친 후 자신의 농장으로 돌아갔습니다.

그는 외롭고 고달픈 고아의 삶에서 미국이라는 거대한 국가를 경영하는 위치에 오르는 도전적인 삶을 살았습니다. 고금의 많은 입지전적 인물 가운데서도 단연 돋보입니다. 권력자의 특별한 신임이나 후원에 의한 것이 아니라 스스로 도전하여 성취한 것이기 때문입니다.

나약한 리더십에 실망하고 있던 미국 국민들은 잭슨을 제2의 조지 워싱턴으로 부르며 환호했습니다. '우리는 보통사람이다'라는 구호처럼 잭슨의 승리는 농민과 노동자를 비롯한 서민의 승리로, '보통사람의 대통령'으로 받아들여졌습니다. 그는 솔론이나 발레리우스와 같은 '평민의 친구'라 할 수 있습니다. 사람들은 통나무집에 살던 고아에서 대통령에 오른 입지전적인 인물, 이전의 대통령들과 달리 미국 사회의 주류나 명문가 출신이 아닌 보통사람, 테네시의 농부에 열광적 지지를 보냈습니다.

그는 귀족적 전통이 강하게 남아 있던 미국의 주류사회에 충격을 주었고 평등주의에 입각한 민주주의를 구현하는 데 힘썼습니다. 잭슨 이전과 이후로 나뉠 정도로 큰 변화를 가져왔습니다. 그는 은

행을 비롯한 독점적 지위를 누리는 기득권 세력과의 대결을 주저하지 않았습니다. 그러면서도 재임 중 미국을 빚이 없는 나라로 만든 유일한 대통령이라는 진기록을 남기기도 했습니다. '잭슨 민주주의'의 충격으로 미국의 정치는 민주당과 휘그당을 거쳐 18세기 중반에 이르러 민주당과 공화당의 양당 구조로 재편되어 오늘에 이르고 있습니다.

잭슨은 그가 살아온 역정만큼이나 특이한 인물이었습니다. '민주적 독재자' 혹은 '악한 성인'이라는 엇갈린 평가를 받고 있습니다. 대중의 강력한 지지를 바탕으로 의회를 경시하고 대립함으로써 연방주의에 대한 불신을 초래했다는 지적도 있습니다. 또한 미영전쟁과 세미놀 전쟁에서 인디언을 학살하였고 '보호구역'으로 내몰았다는 비판에서도 자유롭지 못합니다.

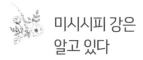

미시시피 강은 알고 있다

킨키나투스의 이름을 가진 법률가 부자父子가 있었습니다. 루시어스 퀸터스 신시나투스 라마 부자입니다. 아버지 루시어스 라마 1세는 변호사로 활동하였고 아들 라마 2세는 상원 의원과 하원 의원, 내무장관, 대법관을 역임했던 인물입니다. 삼촌 미라보 보나파르트 라마는 텍사스가 미국에 편입되기 전 텍사스공화국의 제2대 대통령을 역임했습니다. 그의 이름 역시 범상치 않습니다. 프랑스 혁명 지도자 미라보와 나폴레옹의 이름을 딴 것입니다.

라마 2세는 아홉 살에 아버지를 잃었지만 변호사로 성장하여 서른두 살에 하원 의원에 당선됩니다. 그러나 자신의 지역구인 미시시피 주가 남부 연합에 가담하자 의원직을 사퇴하고 고향으로 돌아옵니다. 이후 미시시피 보병연대에 입대하여 중령의 계급으로 부대를 지휘하다가 부상을 입고 제대합니다. 그리고 남부 대통령 제퍼슨 데이비스Jefferson Davis에 의하여 러시아 담당 장관, 프랑스와 영국 특명 공사로 임명되었습니다.

전쟁이 끝난 후 미시시피에서 지내던 그는 1872년 다시 하원에 진출하여 정계에 복귀했습니다. 더 이상 남부의 주민을 외면할 수 없었던 것입니다. 그러나 1887년 상원에 진출한 그는 유권자와 지역정서에 맞서는 행동을 서슴지 않았습니다. 남부와 북부의 관계가 정상적으로 회복하는 것이 중요하다고 여겼기 때문입니다. 국회의원은 선거구민의 종이 아니라 국가 전체의 이익을 대변하는 국민 모두의 대표자여야 한다는 것이 그의 일관된 신념이었습니다.

미시시피 주는 지금도 미국의 공식 현충일과 다른 별도의 현충일을 정하고 있을 정도로 연방에 대한 거부감이 컸던 곳입니다. 그런데도 지역 정서와 다른 행동을 보였다는 것은 대단한 용기였습니다. 그의 집안은 남북전쟁 때 남군에 가담했습니다. 열세 명이 중령 이상의 지휘관으로 참전하였고, 그 가운데 라마의 두 동생을 포함하여 일곱 명이 전사하는 희생을 입었습니다.

처음에는 배신자라는 낙인을 피할 수 없었고, 사람들은 정치 인생이 끝났다고 했습니다. 그 일이 있기 전에 그는 매우 지적이고 정중하며 헌신적인 인물로 평판이 높았습니다. 지역구 주민들의 큰 사랑을 받고 있던 그로서는 정치 생명을 건 일생일대의 도박이 아닐 수 없었습니다.

그러나 그의 용기와 진정성에 감동한 주민들은 다시 그에게 사랑을 보냈습니다. 정치인이라면, 정치에 뜻을 둔 사람이라면 반드시 곱씹어 보아야 할 대목입니다. 유권자의 지지가 떠나고 지탄을 받는 한이 있더라도 국가 전체의 이익을 위하여 용기 있게 행동한다면 머지않아 더 큰 사랑으로 되돌아온다는 것을 라마는 보여 주었습니다.

라마 2세는 뛰어난 웅변가이기도 했습니다. 기원전 4세기 그리스 정치가이자 최고의 웅변가로 꼽히는 데모스테네스가 떠오릅니다. 데모스테네스는 마케도니아의 지배에 저항하여 아테네의 자유를 수호하고자 했던 인물입니다. "사려 깊은 시민이라면 그가 권력을 행사하고 있을 때 조국의 명예와 융성이 그의 일관된 목표임을 보여 주어야 한다." 유명한 연설 '왕관에 대하여'에 나오는 내용입니다. 라마의 신념도 그와 다르지 않았습니다.

라마는 양원 의원과 각료 그리고 대법관을 역임한 첫 인물로서 미시시피가 낳은 최고의 인물이라는 평가를 받고 있습니다. 누구도 도달하기 어려운 그의 명예로운 경력보다 더 돋보이는 것은 미국의 통합을 위하여 온갖 비난과 오명을 감수하고 싸웠던 그 '미친 용기'

입니다. 그는 존 F. 케네디가 쓴 1957년 퓰리처상을 받은 저서 《용기 있는 사람들》에 나오는 여덟 명의 상원 의원 가운데 한 사람으로 등장합니다.

국가 전체의 끝없는 번영과 미래의 이익을 생각할 때, 공인public men 이 글자 그대로 진정한 의미의 국민의 대표자가 되는 대신에 단순히 선거구 유권자의 명령만을 좇는 종이 된다면 이 나라의 자유와 위대한 이익은 결코 안전할 수 없을 것이다.

케네디가 라마로부터 배운 공인의 책임을 말하는 부분입니다. 《용기 있는 사람들》에서 라마는 '나는 오늘 진실과 거짓 중 하나를 선택해야 한다'라는 제목으로 소개됩니다. 라마는 공인의 품격이 무엇인지를 보여 주었습니다. 그것은 바로 거짓과 비겁을 물리치는 용기입니다. "높은 위치에서 멀리 바라다볼 수 있는 우리는 잘 알고 있다. 다만 외면하고 있을 뿐이다." 정치인들에게 던지는 그의 외침입니다. 라마는 내무부 장관을 역임하고 대법관으로 있던 중 심장마비로 사망했습니다. 그의 주검이 묻힐 때 오른손에 헌법이 놓였습니다. 헌법의 가치를 지키기 위하여 헌신했던 그에 대한 존경의 표시였습니다.

그는 자신의 길 앞에 개인적인 적대감으로부터, 곳곳의 음모로부터, 그리고 대중의 기만으로 놓인 함정이 있다는 것을 잘 알고 있습니다.

그러나 그는 지금까지 결코 본 적이 없었던 국민의 편익을 위하여 그의 편안함, 그의 안전, 그의 이익, 그의 권력, 심지어 달콤한 인기까지도 위험에 빠지도록 내버려 두었습니다. (중략) 그는 비방이 참된 영광의 구성에 필요한 성분임을 기억할 것입니다. (중략) 비방과 욕설이 승리의 본질적 일부임을 기억할 것입니다. (중략) 그는 지금 대단히 유명합니다. 인류의 눈이 그에게 쏠려 있습니다. 그가 오래 산다면 그는 더 많은 일을 할지 모릅니다. 그러나 여기가 정상입니다. 그는 결코 그가 오늘 한 일을 넘어설 수 없습니다.

라마보다 조금 앞선 시기에 영국 의회에는 찰스 폭스가 있었습니다. 1783년 휘그당 소속의 하원 의원이었던 폭스는 동인도회사에 의하여 자행되는 강압적 식민 통치를 반대하고 그에 대한 정부의 통제를 강화하기 위하여 '동인도 법안'을 제출합니다. 그때 동료 의원 에드먼드 버크는 장문의 연설로 폭스의 용기를 칭송합니다. 버크의 메시지는 아주 단호합니다. '비방을 두려워하지 마라.' 신시나투스 라마야말로 버크가 말한 그 같은 정치인의 전형이었습니다.

6 | 쿵타토르
어떻게든 국가는 지켜져야 한다

미국 펜실베이니아에 있는 게티즈버그 국립군사공원은 남북전쟁 당시의 전투 현장을 그대로 보존하고 있습니다. 5천 에이커가 넘는 방대한 면적에 국립묘지, 20여 개소의 기념관, 1천여 개의 기념비가 곳곳에 들어서 있습니다. '악마의 소굴'이라 불리는 '데빌스 덴'을 비롯한 격전지마다 목책이 서 있고 대포가 배치되어 있습니다. 1863년 7월, 전쟁의 승패가 걸렸던 단 3일간의 전투에서 양측은 각각 5만여 명의 사상자를 냈습니다. 그러나 연패하던 북군은 이 전투의 승리로 반전의 계기를 마련할 수 있었습니다.

공원에 들어서면 커다란 바위에 부착된 동판을 볼 수 있습니다. 링컨 대통령의 유명한 연설을 새겨 놓은 것입니다. 링컨이 이곳에서 연설을 하게 된 경위는 이렇습니다. 당시 전쟁에서 워낙 많은 전사자가 발생하다 보니 국립묘지를 세워야 한다는 여론이 높았습니다. 1863년 11월, 국립묘지 봉헌식에 참석한 링컨 대통령은 이렇게 말합니다. "위대한 싸움터가 우리를 만나게 했습니다. 우리는 이 나라를 살리기 위하여 목숨을 바친 사람들의 마지막 안식처가 될 수 있도록 싸움터의 땅 한 뙈기를 헌납하고자 왔습니다."

그리고 링컨은 연설의 마지막 부분에서 네 가지 위대한 과업에 대하여 말합니다. "명예스런 전사자들이 마지막까지 모든 힘을 다한 그 헌신을 이어받아 우리가 더욱 헌신해야 한다는 것, 그들의 죽음이 헛되지 않도록 이 자리에서 굳게 다짐하는 것, 하느님의 뜻으로 이 나라를 새로운 자유의 나라로 탄생시키는 것, 그리고 국민의, 국민에 의한, 국민을 위한 정부가 지구 상에서 사라지지 않도록 하는 것입니다."

이렇게 하여 국립묘지가 마련되었지만 국립공원은 국가가 나서서 조성한 것은 아니었습니다. 1864년 지역 주민들이 기념협회를 발족하여 기금을 마련하고 땅을 매입하여 전적지를 보존해 오다가 1895년 연방 정부에 양도함으로써 국립공원으로 승격되었습니다. 링컨 대통령이 연설에서 말했듯이 연방 정부는 땅 한 뙈기만 내놓았을 뿐 주민들 스스로 해낸 것입니다. 링컨이 국립묘지 봉헌식에 참석하게 된 것도 이 지역에서 변호사로 활동하고 있던 데이비드 월스의 노력이 있었습니다. 변변한 호텔조차 없었던 시절이라서 링컨은 월스의 집에 묵으면서 연설문을 썼다고 합니다.

남북전쟁 초기 수도를 포함한 동부전선을 책임지는 포토맥 연합군을 지휘한 인물은 조지 맥클레런이었습니다. 서른여섯 살, 워낙 젊은 사령관이어서 그는 부하들에게 '영 맥'이라 불리며 인기가 많앗습니다. 그렇지만 그는 남군의 움직임에 너무 신경을 써서 링컨 대통령이 "군대를 사용하지 않으려면 내가 잠시 동안 빌려 쓰고 싶소"라는 내용의 편지를 보내 독려했을 정도로 소극적이었습니다. 그는 1862년 9월, 메릴랜드 샤프스버그에서 벌어진 앤티텀 전투를 끝으로 사령관에서 물러났습니다.

북군 8만7천 명, 남군 4만5천 명이 맞붙은 단 하루의 전투에서 양측을 포함하여 총 2만3천여 명에 달하는 사상자가 발생했습니다. 북군은 이 전투에서 로버트 리가 지휘하는 남군의 진격을 저지하고 노예 해방을 선언하는 계기를 만들 수 있었습니다. 그러나 맥클레런은 지나치게 신중한 나머지 절반 이상의 병력을 투입하지 않고 남겨둠으로써 전쟁의 종지부를 찍을 수 있었던 기회를 놓쳤다는 비판을 받아야 했습니다. 게다가 남군을 추격하라는 상부의 명령을 거부했습니다. 해임된 그는 다음 선거에서 링컨의 경쟁자로 나섰다가 패배했습니다.

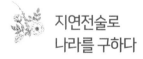

지연전술로 나라를 구하다

카르타고의 한니발이 이탈리아 반도로 쳐들어왔을 때 로마군 총사령관 파비우스 막시무스의 전술은 지연작전이었습니다. 파비우스 막시무스의 풀 네임은 '킨투스 파비우스 막시무스 베루코수스

쿵타토르'입니다. 쿵타토르는 느림보나 굼벵이를 뜻하는 말로서 그의 전술은 뒷날 '파비우스 전술' 또는 '게릴라 전술'로 불리게 되었습니다. 미국 독립전쟁 초기 조지 워싱턴이 영국군을 상대로 구사했던 전술 역시 '파비우스 전술'이었습니다. 그가 '아메리카의 파비우스'로 불리게 된 것도 그런 이유에서였습니다. 파비우스는 또한 19세기 점진적 사회주의를 표방한 영국의 페비언협회의 이름이 되기도 했습니다.

다섯 번의 집정관과 두 차례의 독재관을 역임한 뛰어난 정치가이자 장군이었던 그에게 굼벵이라는 명예롭지 못한 별명이 붙은 이유는 이렇습니다. 로마는 지중해의 패권을 놓고 카르타고와 일전을 겨루게 됩니다. 기원전 218년 카르타고의 한니발은 바닷길을 버리고 아무도 예상하지 못했던 길, 알프스 산길을 돌아서 이탈리아 반도로 내려옵니다. 이때 파비우스는 그의 명성에 맞지 않게 적극적으로 싸움에 나서지 않고 지연작전으로 대응합니다. 그는 긴 길을 돌아서 들어온 한니발의 약점을 간파하고 있었습니다. 길어진 병참선으로 인하여 시간이 지나면 군사들은 지칠 것이고, 식량은 바닥날 것으로 판단했습니다. 그래서 높은 산 위에 진지를 구축하고 적의 움직임에 따라서 적당한 거리를 유지하면서 공격하는가 하면 또 물러나는 이른바 게릴라 전법으로 맞섰습니다.

다시 남북전쟁 당시 맥클레런의 이야기로 돌아가 보면, 남군의 로버트 리 장군은 전쟁이 장기화되면 물자가 풍부한 북군이 승리할 것으로 예상했습니다. 실제 북부는 남부에 비해 두 배나 많은 인구를 가지고 있는 데다가 생산량이나 제조업 종사자 수에서 열 배나 차이가 날 정도로 훨씬 우세했습니다. 그 때문에 남군 사령관 로버트 리 장군은 신속하게 수도 워싱턴을 고립시킨 뒤 협상을 통하여 사태를 해결하려고 했습니다.

맥클레런의 소극적 전술에는 나름대로 이유가 있었다는 평가가 없지 않습니다. 그러나 링컨의 정치적 판단은 달랐습니다. 빨리 승기를 잡지 못하면 연방 편에 섰던 주들의 향배가 달라질 뿐만 아니라 외세의 개입을 초래할 수 있었고, 대통령 선거에 중대한 영향을 미칠 수 있었습니다. 정치적 판단과 군사적 판단은 다를 수 있습니다.

로마의 정치가들 역시 동맹국의 향배에 촉각을 곤두세우지 않을 수 없었습니다. 파비우스의 상대는 한니발뿐만이 아니었습니다. 원로원에도 있었고 그의 군대에도 있었습니다. 그는 시민들의 비웃음거리가 되었고 심지어 한니발의 시종이라는 비난까지 들어야 했습니다. 산꼭대기에 진을 친 것을 두고 부하인 기병대장조차도 이렇게 비아냥거립니다. "조국이 불타고 파괴되는 것을 구경하려는가 봅니다. 아니면 병사들을 데리고 하늘로 올라가거나 구름 속에 감추려는가 봅니다." 원로원에서도 그의 지휘능력을 의심합니다. 그를 걱정하는 사람들이 빨리 싸움에 나가 모욕을 씻으라고 하자 나라의 안전을 위해서라면 두려워하는 것도 수치가 아니라며 전술을 바꾸지 않습니다.

만약 욕을 먹는 것이 두려워 나의 신념을 포기한다면 나는 이제까지 들어온 것보다도 더한 겁쟁이가 될 것이오. 사람들의 여론과 비난 그리고 잘못된 말 때문에 방향을 바꾸는 것만큼 조국의 안전을 위협하는 것도 없다오.

국가의 굴욕을 피하기 위해서라면 그 자신에 대한 비난과 불명예는 얼마든지 감수할 수 있다는 것입니다. 여러 가지 방법으로 파비우스를 싸움터로 불러내려고 했지만 여의치 않자 한니발은 그의 땅만 남기고 로마 귀족들의 땅을 태워 버립니다. 파비우스와 귀족들 사이를 떼어놓기 위한 술책이었습니다. 그는 즉시 자신의 땅을 나라에 내놓았습니다. 파비우스는 그렇게 하여 리더십을 유지할 수 있었습니다.

그러나 조급하고 강경한 사람이 있기 마련입니다. 그는 군대를 반으로 나누어 젊은 기병대장에게 지휘권을 넘겨줍니다. 그러나 의욕이 앞섰던 기병대장은 한니발의 유인에 걸려 대패하고 파비우스에 의하여 간신히 구출되었습니다. 이 장면에서 두 사람은 대단히 감동적인 모습을 연출합니다. 기병대장은 부하들 앞에서 파비우스에게 복종하겠다는 연설을 한 뒤 그의 앞으로 나아가 부대의 깃발을 내던지고 큰 소리로 '아버지'라고 부릅니다. "아버지로부터 받은 것은 저 한 사람의 생명이지만, 당신으로부터 받은 것은 저뿐만 아니라 제 휘하 모든 병사들의 생명이었습니다." 두 사람은 서로 부둥켜안고 감동을 나눕니다. 양쪽의 병사들도 마찬가지였습니다.

한 사람이 지연작전으로 우리에게 조국을 되찾아 주었노라

군중들의 갈채보다 조국의 안전을 중히 여겼으니,

지금 그의 영광은 더욱 빛을 발하고 있노라

기원전 2세기 경 라틴문학의 아버지라 불리는 퀸투스 엔니우스가 남긴 글입니다. 굼벵이라는 불명예를 얻었지만 그는 로마를 사수할 수 있었습니다. 마키아벨리는 "치욕이든 영광이든 조국은 방어되어야 한다. 그리고 방법이 무엇이든 방어했다면 그것은 잘한 것이다"라 했습니다. 그에게 딱 들어맞는 말입니다.

로마가 번영할 때 그는 지나치게 조심하고 겁이 많다는 평을 들었지만 시민 모두가 실의와 혼란에 빠져 있을 때 오직 그 한 사람만이 자신 있고 평온한 얼굴로 거리를 다니며 동료 시민들을 만났고, 울부짖는 여인들을 달래 주었으며, 슬픔에 싸인 사람들은 위로해 주었다. 원로원을 소집하여 관리들에게 용기를 주었다. 그리고 모든 시민들이 믿고 의지하는 삶의 버팀목이 되었다.

지도자의 첫 번째 덕목은 사심이 없어야 한다는 것입니다. 국난에 처해 있을 때는 무엇보다 먼저 지도층이 헌신하는 모습을 보여주어야 합니다. 당장 해결해 주지 못한다 할지라도 국민의 눈물을 닦아주고 그 마음을 헤아릴 수 있어야 합니다. 파비우스는 쏟아지는 비난을 피하지 않고 온몸으로 맞아 그 마음을 받아줌으로써 로마의

생로를 열 수 있었습니다.

그 후에도 로마는 결정적인 위기를 넘겨야 했습니다. 한니발이 로마를 압박해 들어가던 중 최후의 전투, 즉 기원전 216년 8월 칸나이 평원에서 벌어진 단 하루의 전투에서 로마와 동맹군 7만여 명이 전사했습니다. 그 가운데 파울루스, 게미누스, 레굴루스 등 전·현직 집정관 셋을 비롯하여 고위 지휘관과 참모 30여 명, 원로원 의원 80여 명이 포함되어 있었습니다. 로마의 원로원 의원은 최대 900명에 이르렀지만 그 당시 숫자는 300명 정도였습니다.

칸나이의 패배에도 불구하고 로마 시민들은 군사들이 돌아왔을 때 연도에 나가 환영으로 맞이했습니다. 전투에 패하고 도망쳤던 집정관 테렌티우스 바로가 돌아오자 나라를 위해 다시 돌아왔다며 성문까지 나와 맞아주었습니다. 로마 시민들의 놀라운 관용의 모습입니다. 바로에게만 특별히 그랬던 것은 아닌 것 같습니다. 로마에서는 지휘관에게 실수가 있었을지라도 심하게 처벌하지 않는 것이 관례였습니다.

칸나이 전투를 포함하여 기원전 218년에서 기원전 202년까지 계속된 한니발 전쟁에서 모두 열세 명의 전·현직 집정관이 전사했습니다. 이 가운데 플라미니우스, 파울루스, 마르켈루스, 크리스피누스 등 네 사람은 현직 집정관이었습니다. '로마의 칼'로 이름을 떨쳤던 마르켈루스는 다섯 번이나 집정관에 올랐던 인물로 기원전 208년 공동 집정관 크리스피누스와 함께 전사했습니다. 집정관의 자리에 오른다는 것은 나라가 필요로 할 때면 언제든지 자신을 바칠 준비가 되어 있다는 뜻입니다. 황제도 예외가 아니었습니다. 251년 고트족이 도나우 강을 건너 침입해 오자 데키우스 황제는 직접 군대를 이끌고 나가 현재의 불가리아에서 벌어진 아브리투스 전투에서 아들과 함께 전사했습니다.

칸나이 전투의 승리에도 불구하고 한니발은 당장 로마를 공략하지 않았습니다. 성벽을 공략할 장비가 없었던 한니발군은 그리스인들이 많이 거주하는 남쪽으로 내려가 로마 동맹에 균열이 올 때를 기다리고 있었습니다. 그러나 동맹은 약화되지 않았고, 전열을 정비한 로마군은 뒷날 아프리카누스라고 불리게 되는 스키피오를 앞세워 자마 전투에서 한니발을 패퇴시키고 지중해를 장악합니다.

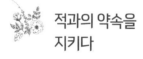

적과의 약속을 지키다

자신의 명예보다 국가의 안위를 우선했던 사람이 또 있습니다. 제1차 포에니 전쟁이 한창이던 기원전 255년, 로마의 집정관 마르쿠스 레굴루스는 카르타고의 포로가 되는 치욕을 겪습니다. 레굴루스는 두 번째 집정관에 올라 전쟁을 지휘하고 있던 중 한니발의 아버지 하밀카르가 지휘하는 카르타고군의 유인에 걸려 포로가 됩니다.

그러나 카르타고는 로마군의 포로가 된 장군들을 구하기 위해 레굴루스를 풀어 줍니다. 물론 조건 없이 풀어 주지는 않았습니다. 로마가 카르타고 장군들을 석방하지 않으면 다시 돌아오겠다는 맹세를 한 후 돌아가게 했습니다. 로마로 돌아온 레굴루스는 원로원에 나가 포로들을 풀어 주면 안된다고 말합니다. 그리고 약속대로 카르타고로 돌아가 태연히 죽음을 맞이합니다.

레굴루스가 그렇게 행동할 수 있었던 것은, 두말할 것도 없이 개인의 이익보다 국가의 이익이 더 중요하다고 여겼기 때문입니다. 로마로 돌아온 그는 잠시 생각을 해보았습니다. 되돌아가지 않을 때 얻을 수 있는 이익은 조국에 남는 것, 가족과 함께 집에서 사는 것, 자신의 신분을 유지하는 것 등이었지만 조국의 안위에 비하면 그것은 아주 작은 것이었습니다. 늙고 쇠약한 자신의 목숨을 보전하기 위하여 젊고 유능한 적군의 지휘관을 내줄 수 없었습니다. 그는 국가의 안전을 지켰고 적과의 약속도 저버리지 않았습니다. 잃은 것은 불명예스러운 노년의 삶이지만 남은 것은 훌륭한 인품과 빛나는 미덕입니다.

그 같은 레굴루스의 처신은 자신의 생명이나 명예보다 조국의 안전이 우선이라는 로마 시민의 덕성을 잘 보여 주는 모범적 사례로 꼽히고 있습니다. 레굴루스는 비록 적의 유인에 말려들어 포로가 되는 굴욕을 겪었지만 자신의 실수를 만회함으로써 자신의 두 아들이 집정관에 올라 가문의 명예를 지킬 수 있었습니다. 가이우스는 기원전 225년 집정관에 있을 때 켈트족과의 전투에서, 마르쿠스는 기원전 216년 칸나이 전투에서 전사했습니다. 레굴루스의 집안은 부친과 자신의 형제 그리고 아들 형제에 이르기까지 다섯 명의 집정관을 배출하였을 뿐만 아니라, 세 부자가 나라를 위하여 목숨까지 내놓은 훌륭한 가문으로 이름을 남길 수 있었습니다.

정의로써 평화를 얻다

그보다 앞선 기원전 5세기, 아테네에는 '의인義人'이라는 별명이 붙었던 사람이 있었습니다. 바로 아리스티데스로, 그는 매사에 공명정대하고 청렴하였으며 페르시아 전쟁을 승리로 이끈 인물이었습니다. 그는 전쟁 중에도 힘이나 권위가 아니라 반듯한 예의와 지혜로 동맹국 장군들의 존경을 받았습니다. 전쟁이 끝나자 동맹국들의 부담금을 공평하게 정해줌으로써 두고두고 칭송을 들었습니다.

플루타르코스의 《영웅전》에는 이런 얘기가 전하고 있습니다. 전쟁이 끝난 후 테미스토클레스가 그리스 연합군의 군함을 모두 태워버리자고 하자 아리스티데스는 아테네에 유리하기는 하지만 옳은 일이 아니라며 반대합니다. 동맹국들의 해군이 몰락하면 그 이익은 고스란히 아테네에게로 돌아올 것이라는 판단에서 나온 계책이었지만 아리스티데스는 달랐습니다. 정의롭지 못한 일일 뿐만 아니라 폴리스 사이의 평화를 깨뜨리는 것으로 아테네의 국익에 도움이 되지 않는다고 생각했던 것입니다.

아테네에서 가장 정의로운 사람이라는 명예가 주어졌지만 그에게도 반대파는 있었습니다. 정의에 대한 환호와 박수의 뒤에는 그것을 불편해하고 시기하는 사람이 있기 마련입니다. 그는 마라톤 전투가 끝난 후 도편 추방을 당합니다. 페르시아가 다시 침공해 오자 도편 추방제는 폐지되었고 그는 3년 만에 돌아올 수 있었습니다. 그러나 그는 자신을 추방에 이르게 한 정적과 협력하여 플라타이아이 전투에서 승리하고 동맹국들의 협력을 끌어내어 아테네를 패자의 위치에 올려놓았습니다.

그는 돈이나 명예 때문에 나라를 섬기는 것은 옳지 못한 일이라고 했습니다. 국가와 시민에게 이익이 되는 일이라면 반대파와도 협력하였고 군대의 지휘권을 양보하기도 했습니다. 공적에도 불구하고 청빈하게 살았고 심지어 그것을 영광과 즐거움으로 여겼습니다. 그가 죽었을 때 장례식 비용조차 충당할 수 없을 정도로 남은 재산은 거의 없었습니다. 플라톤은 아리스티데스가 정치를 덕의 경지로까지 끌어올렸다면서 테미스토클레스, 키몬 그리고 페리클레스보다도 더 높이 평가했습니다. 고대 그리스의 역사가 헤로도토스 역시 그를 아테네 최고의 영예로운 인물에 올려놓았습니다.

명예인가, 국익인가?

다시 남북전쟁으로 돌아가면, 링컨 대통령은 로버트 리 장군에게 연방군 사령관을 맡아 달라고 부탁합니다. 개인적 신망과 영향력 그리고 조지 워싱턴의 후광까지 고려한 것입니다. 리 장군은 버지니아 귀족 출신으로 자존심이 매우 강한 인물이었습니다. 멋있는 풍모와 고결한 인품으로 주위 사람들의 존경을 받았습니다. 그는 고민 끝에 링컨의 제안을 거절합니다. 버지니아가 끝까지 연방에 남을 것인지가 불확실했기 때문입니다. 1861년 버지니아가 연방의 탈퇴를 결정하자 남군에 가담합니다.

연방을 지지하고 노예제도에 거부감을 가졌던 그가 남부 연합을 위하여 싸웠던 이유가 궁금하지 않을 수 없습니다. 그는 "연방을 지키기 위해서라면 어떠한 개인적 희생도 마다하지 않을 것이지만 명예는 예외다"라고 말합니다. 그가 말한 명예의 핵심은 자치를 선호하는 버지니아의 전통을 지키는 것이었습니다. 그러나 개인적 명예와 자존심 때문에 국가적 이익을 소홀히 한 것은 아닌지 의문이 남습니다.

미국 건국 초기에 하원 의원으로 활동했던 프리드릭 머렌버그의 행동에 주의를 기울일 필요가 있습니다. '포플리콜라' 편에 나왔던 제이 조약의 통과에 결정적으로 기여한 정치인입니다. 피셔 에임스의 감동적 연설에도 불구하고 표결 결과는 가부 동수로 나타났습니다. 결정권은 회의를 주재하던 전원위원회 의장 프리드릭 머렌버그에게 돌아갔고, 그가 찬성표를 던짐으로써 1년 반이나 끌어오던 조약은 어렵게 비준될 수 있었습니다.

그의 선택은 조약을 격렬히 반대하던 공화파를 경악하게 했습니다. 그는 공화파에 속한 사람이었습니다. 더구나 그의 지역구는 독일계 이민자가 많아 영국에 대한 적대의식이 강했던 펜실베이니아였습니다. 그 같은 상황에서 찬성표를 던진다는 것은 정치를 포기하는 것을 의미했습니다. 실제로 그는 다음번 선거에 출마하지 않았습니다.

자신이 속한 정파나 자신을 뽑아준 선거구의 이익과 국가 전체의 이익에 엇갈리는 상황에서 자신의 지지 기반이 무너지고 불명예가 온다고 할지라도 대의를 선택하는 것이 정치인의 진정한 용기임을 머랜버그는 보여 주었습니다. 어떤 의미에서 그는 정파와 지역구의 이해와 상반된 행동을 보인 첫 정치인이라 할 수 있습니다. 공익을 위해서라면 '승리'가 아니라 '진실'을 선택하는 것이 바로 진정한 용기입니다. 그 같은 리더십에 목말라 있는 것이 작금의 세계적 현실입니다.

7 | 베테라누스
끝없는 봉사자들

워싱턴 D. C. 웨스트포토맥 공원에는 한국전 참전을 기념하기 위해 조성된 메모리얼이 있습니다. 판초를 입고 전진하는 병사의 모습을 묘사한 열아홉 개 조각상이 매우 인상적인 이 메모리얼은 둥근 모양의 '기억의 연못'을 꼭짓점으로 하여 양쪽으로 퍼진 삼각형 구조로 되어 있습니다. 왼쪽은 링컨기념관을 향하여 열린 모습이고, 오른쪽에는 50미터의 검은 화강암 벽이 설치되어 있습니다. 그 벽면에는 기록화 이미지 방식으로 2500여 명의 병사들의 모습이 새겨져 있습니다. 그리고 삼각형 안쪽에는 완전 군장을 한 열아홉 명의 병사들이 성조기를 향하여 전진하는 모습으로 서 있습니다. 그 모습이 오른쪽 벽면에 비치면 서른여덟, 즉 삼팔선을 상징합니다.

그런데 그들이 입은 군장은 찢어지고 해진 모습입니다. 고지를 뺏고 뺏기는 처절한 산악전에서 겪은 고통을 보여 주는 것입니다.

벽면의 끝 지점에는 '자유는 거저 얻어지지 않는다'라는 글이 은색으로 새겨져 있고, 성조기 아래에는 '조국은 그들이 전혀 알지도 못하는 나라와 한 번도 만나본 적이 없는 사람들을 지키기 위해 조국의 부름에 응한 아들과 딸들에게 경의를 표한다'라고 쓰여 있습니다. 그리고 북쪽 유엔의 벽에는 참전 22개국의 이름이, '기억의 연못' 주변의 화강암에는 전사, 부상, 실종, 포로의 숫자가 새겨져 있습니다.

우리나라에서 가장 오래된 서구식 공원이 인천에 있는 자유공원이라는 사실을 아는 사람은 많지 않습니다. 근대 초 개항과 함께 청국과 일본을 비롯한 5개국이 조계를 설치하고 각국공원을 조성했습니다. 그 후 인천상륙작전의 성공을 기념하기 위하여 맥아더 장군의 동상이 세워지면서 자유공원이라는 이름을 갖게 되었습니다.

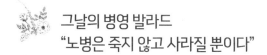

그날의 병영 발라드
"노병은 죽지 않고 사라질 뿐이다"

더글러스 맥아더Douglas MacArthur 장군은 잘 알려진 대로 1937년에 퇴역했지만 1941년 예순한 살의 나이에 다시 현역에 복귀하여 태평양 전쟁을 승리로 이끈 인물입니다. 북한의 남침으로 6·25전쟁이 발발하자, 그는 일흔 살에 유엔군 최고 사령관을 맡아 전쟁을 지휘했습니다. 그리고 "노병은 죽지 않는다. 다만 사라질 뿐이다"라는 유명한 말을 남기고 퇴역했습니다.

더글러스 맥아더의 조부는 법률가이며 정치가로서 위스콘신 주지사를 역임하였고, 부친은 남북전쟁 때 열일곱의 나이에 북군에 자원하여 1863년 미쇼너리 릿지 전투에서 큰 공을 세웠습니다. 이때부터 그에게는 '소년 대령'이라는 명예가 따라다녔습니다. 남북전쟁이 끝나고 고향으로 돌아온 그는 1866년 미 육군 소위 계급장을 달고 군인의 길을 걸었습니다. 제로니모 인디언 전쟁에 종군한 후 미국-에스파냐 전쟁과 필리핀 전쟁에 참전하여 마닐라 전투를 승리로 이끌고 필리핀 총독이 되었습니다. 러일전쟁이 일어나자 러시아와 일본을 중재하는 역할을 맡기도 했습니다. 중국 여순 항의 영어 이름인 '포터 아서Port Arthur'는 그의 이름을 따서 붙인 것입니다. 그는 중장의 계급에 태평양지구사령관을 끝으로 퇴임했습니다.

슬하에 아들 셋을 두었지만 둘째를 어린 나이에 잃었고 장남은 해군 대위로 복무하던 중 병사했습니다. 막내이자 유일한 아들이 바로 더글러스 맥아더입니다. 맥아더 부자는 공통점이 많습니다. 두 사람 모두 최고 군사 지도자의 반열에 올랐고, 태평양 지역에서 활동하였으며 점령국의 군정 책임을 맡았습니다. 한반도와의 인연도 각별합니다. 아서 맥아더는 러일전쟁의 마지막 무대였던 만주지방을 돌아보던 길에 고종 황제로부터 향로를 하사받았습니다. 맥아더 장군이 늘 가지고 다닐 정도로 아꼈는데 일본군의 침공으로 필리핀을 급히 탈출하던 중 잃어버렸습니다. 그 같은 사실을 알게 된 이승만 대통령은 1948년 정부 수립 축하식에 참석한 맥아더 장군에게 같은 향로를 선물했습니다.

더글러스 맥아더는 1, 2차 세계대전과 한국전쟁을 지휘한 탁월한 군사 지도자였습니다. 1903년 웨스트포인트 육군사관학교를 수석으로 졸업하고 제1차 세계대전에 참전한 그는 일곱 개의 은성무공훈장을 받았을 정도로 뛰어난 능력을 보여 주었습니다. 그가 받은 훈장은 미국 최고의 명예훈장을 비롯하여 모두 100개가 넘습니다. 그는 1918년 서른여덟 살에 장군으로 진급하여 1925년 최연소 소장에, 1930년 대장에 올라 최연소 육군 참모총장이 되었습니다.

더글러스 맥아더는 그 당시 대공황의 여파로 국방비를 줄여야 하는 어려운 여건에도 불구하고 육군을 재편성하고 장교 양성 체계를 개편함으로써 군사력을 보존하고 대규모 동원 체제를 확립했다는 평가를 받고 있습니다. 그는 1935년 육군 참모총장의 임기를 마치고 한때 부친이 총독으로 있었던 필리핀 정부의 최고 군사 고문을 맡고 있다가 필리핀 육군 원수를 끝으로 퇴역했습니다.

일본군의 공격에 대비하여 필리핀 방위군을 조직하고 있던 맥아더는 태평양 전쟁이 발발하자 국가의 부름을 받고 1941년 7월 현역에 복귀하여 소장의 계급으로 극동군 사령관을 맡습니다. 이미 대장의 계급에 참모총장까지 지낸 사람이지만 규정상 새 직책에 합당한 계급을 받을 수밖에 없었습니다. 지금 같으면 계급을 낮추어 예전의 부하 밑에 들어가 그의 지휘를 받는다는 것은 상상하기 어려운 일입니다.

로마의 집정관들은 임기가 끝나면 후임 집정관의 지휘를 받으며 전쟁에 참가했습니다. 이것을 두고 마키아벨리는 《로마사 논고》에서 상급직에 있다가 하급직으로 내려와 소임을 다하는 관행은 공익에 유익한 일이라고 했습니다. 국가가 자신을 필요로 한다면 계급과 무관하게 자신의 역할을 다하는 행위는 개인적 명예보다 국가의 이익을 앞세운 것으로서 존경받아야 합니다.

맥아더는 필리핀의 작은 섬에 고립되어 큰 고통을 겪었습니다. 1941년 12월 24일, 일본군은 크리스마스 전야에 필리핀의 수도가 있는 루손 섬에 상륙합니다. 일본군의 기습 상륙을 예상하지 못했던 맥아더는 아내와 세 살 난 아들을 데리고 급히 코레히도르 섬으로 피신합니다. 코레히도르는 루손 섬의 아래쪽 끝에 매달린 바탄 반도와 접한 작은 바위섬으로 마닐라에서 35킬로미터 정도 떨어진 곳입니다.

코레히도르 섬마저 위험해지자 프랭클린 루스벨트Franklin Roosevelt 대통령은 맥아더에게 섬을 떠나 호주의 멜버른으로 가서 부대를 지휘하라는 명령을 내립니다. 그러나 그는 움직일 수 없었습니다. 미군과 필리핀군을 포함하여 7만6천여 명의 병력이 고립되어 있는 상황에서 그렇게 할 수 없었던 것입니다. 장교의 지위를 반납하고 병사로 남겠다고 선언하지만 참모들의 끈질긴 설득으로 그는 결국 탈출을 결심합니다.

맥아더와 가족을 태운 어뢰정은 일본군의 집요한 추격을 따돌리고 필리핀 군도의 최남단 민다나오 섬으로 탈출에 성공합니다. 그리고 항공기를 이용하여 목적지 호주에 도착합니다. 그 자리에서 맥아더는 돌아가기 위하여 왔다고 선언합니다. 그리고 태평양 연합군 총사령관으로서 반격전에 나선 끝에 약속했던 대로 1944년 필리핀에 상륙합니다. 그해 말 5성 장군으로 진급한 그는 다음 해 7월, 필리핀을 완전히 탈환합니다.

전쟁이 끝난 후 일본 점령군 최고 사령관을 맡고 있던 그는 한국전이 발발하자 유엔군 사령관을 맡아 인천상륙작전을 감행합니다. 군 수뇌부의 반대가 있었지만 맥아더는 작전상 취약점이 바로 선택의 포인트가 될 수 있다는 역발상으로 보기 좋게 성공하였고, 북진하여 통일을 목전에 두었습니다. 그러나 중공군의 개입으로 전황은 급변하였고 유엔군은 후퇴를 거듭해야 했습니다.

그에게는 전황을 오판했다는 비판이 따르고 있습니다. 그러나 미국기록보존소NARA가 공개한 자료에 의하면 1950년 11월 중공군이 언제든지 국경을 넘어 들어올 수 있다고 판단한 맥아더는 압록강 철교 폭파 작전의 승인을 요청하는 한편, 공습 준비를 지시한 것으로 나타나 있습니다. 그의 요청은 워싱턴 당국에 의하여 거부되었습니다.

같은 자료에 의하면 당시 미국은 한반도에서 전면 철수하는 방안을 고려하고 있었음을 알 수 있습니다. 1급 비밀로 분류되었던 미국 합동참모본부의 보고서에 의하면 한국 정부 요인을 비롯한 75만 명을 미국 본토와 하와이, 필리핀, 오키나와, 제주도 등지로 소개하는 방안을 검토했지만, 모두 적절하지 않다는 결론을 내렸던 것으로 나타나 있습니다. 대한민국이 지도에서 사라질 수 있었던 급박한 상황이었습니다. 그 후 맥아더는 만주 폭격과 연안 봉쇄를 주장하는 등 트루먼 대통령과의 갈등 끝에 1951년 4월 전격적으로 해임되었습니다. 그리고 며칠 후 의회 상하원 합동회의에서 유명한 연설을 남기고 군을 떠났습니다. 연설의 마지막 부분입니다.

저는 52년간 군인으로서의 복무를 마치려고 합니다. (중략) '노병은 죽지 않는다. 사라질 뿐이다'라고 자랑스럽게 외쳤던 그날의 가장 인기 있는 발라드의 후렴을 여전히 기억합니다. 그리고 발라드의 노병처럼 저는 이제 군인으로서 생애를 마감하고 사라지려 합니다. 하나님이 그의 의무를 살피라고 준 빛으로 그의 의무를 다하고자 했던 노병으로서···. 안녕히 계십시오.

"노병은 죽지 않는다. 사라질 뿐이다." 맥아더를 전설적 인물로 만든 말입니다. 그런데 이 말은 원래 제1차 세계대전 때 영국군 병사들이 불렀던 '노병은 죽지 않는다'라는 병영 발라드를 인용한 것이라고 합니다. 그의 고별 연설은 많은 국민이 눈물을 흘렸을 정도로 감동을 자아냈습니다. 일흔한 살, 오래 전에 은퇴하여 손자들의 재롱을 볼 그 나이에 비로소 전장에서 돌아온 노병에게 경외심과 존경심을 갖지 않을 수 없었습니다. 그가 집으로 가는 환송 길에는 수백만 명의 시민이 함께했습니다.

의무, 명예, 조국 - 이 신성한 세 단어는 그대들이 되어야 할 것, 될 수 있는 것, 될 것을 경건하게 가리키고 있습니다. 그것들은 용기가 꺾일 때 용기를 북돋워 주고, 신념의 근거가 약해질 때 신념을 다시 일으켜 세워 주고, 희망이 버려졌을 때 희망을 갖게 해주는 재출발의 포인트입니다. (중략) 그것들은 정직한 실패에 있어서는 꺾이지 않는 자부심을, 그러나 성공에 있어서는 겸손하고 온유할 것을, 행동을 말로 대신해서는 안 된다는 것을, 편안한 길이 아니라 역경과 시련의 고통과 압력에 맞설 것을, 폭풍우 속에서도 꿋꿋이 서 있도록 배우는 것을, 그러나 실패한 사람에게는 연민을 갖는 것을, 남을 다스리기에 앞서 자기 자신을 다스릴 것을 가르쳐 줍니다.

1962년 5월 그의 나이 여든두 살, 웨스트포인트 육군사관학교에서 행한 마지막 연설의 앞부분입니다. 그것은 그 자신의 표현대로 생도들에 대한 마지막 '점호'였습니다. 그리고 그것은 미국의 미래를 위한 '점호'이기도 했습니다. 그로부터 두 해가 지난 1964년 4월, 맥아더는 영원한 노병으로서 생을 마감했습니다. "추억의 끝에서 저는 언제나 웨스트포인트로 돌아옵니다. 그곳에는 언제나 메아리치고 또 메아리치는 의무, 명예, 조국이 있습니다." 진한 감동을 자아내는 연설의 마지막 부분입니다.

청춘이란 두려움을 물리치는 불굴의 용기,
안이함을 뿌리치는 모험심을 의미한다
스무 살 청년보다 예순 살 노인이 더 청춘일 수 있다

단순히 나이를 먹는다고 늙는 것은 아니다
우리의 이상을 잃어버릴 때 비로소 늙는 것이다

그는 늘 청년이기를 원했습니다. 일본 점령군 최고 사령관으로 있을 때 새뮤얼 울만의 〈청춘〉을 특별히 좋아하여 사무실 벽에 붙여놓고 수시로 읽었다고 합니다. 당시 울만은 유대인 박해를 피하여 일본에 체류하고 있었습니다. 맥아더 장군은 고희를 바라보는 나이였지만 언제나 '청춘'이기를 원했습니다. 젊은이와 같은 용기와 모험심 그리고 열정이 있을 때 '노병'의 명예가 주어진다는 것을 맥아더 장군을 통하여 확인할 수 있습니다.

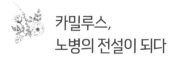

카밀루스, 노병의 전설이 되다

이탈리아 반도 중서부에 위치한 토스카나 지방은 르네상스의 발상지 피렌체, 피사 등의 유서 깊은 도시가 있는 곳입니다. 이곳은 로마보다 더 오래된 문명으로 알려진 에트루리아의 근거지였습니다. 기원전 9세기 경 남부 지방이 그리스 문명권에 있었다면 북부 지방은 에트루리아 문명권에 속했습니다. 에트루리아는 기원전 6세기 중반에 이르러 북부 지방 전역을 아우르는 큰 세력으로 발전하여 한때 로마를 지배하기도 했지만 로마의 발흥과 더불어 점차 세력이 축소되어 그에 흡수되고 말았습니다. 그러나 그들은 토기, 청동 주조물, 금 세공품, 고분 벽화 등의 수준 높은 유물을 남겼을 정도로 예술적, 문화적 능력이 뛰어났습니다. 로마의 유명한 토목·건축물들도 대개 그들의 기술로 만들어졌거나 그들의 영향을 받았습니다.

로마는 이탈리아 반도의 지배권을 놓고 에트루리아와 치열하게 경쟁했습니다. 에트루리아는 로마의 적대국 카르타고와 동맹 관계에 있었습니다. 이때 중요한 역할을 한 인물이 마르쿠스 푸리우스 카밀루스입니다. 로마 역사를 통틀어 최고의 '노병'이었다고 할 수 있습니다. 기원전 4세기 집정관 권한을 가진 사령관을 여섯 번, 독재관을 다섯 번 역임하고 로마 제2의 건국자로 평가받았습니다. 이 시기 로마는 그의 끝없는 노고로 지켜졌다고 해도 지나치지 않을 것입니다.

독재관에 임명된 카밀루스는 10년간의 포위공격 끝에 기원전 396년 베이이를 함락시킵니다. 건국 후 358년 만에 정복 전쟁에서 얻은 첫 승리였습니다. 베이이는 에트루리아 동맹 가운데 로마에서 가장 가까운 곳에 있었기 때문에 충돌이 잦았습니다. 견고한 성벽으로 둘러싸인 베이이를 공략하는 것은 쉬운 일이 아니었습니다. 성벽 밑으로 굴을 파고 들어가서야 겨우 베이이를 함락시킬 수 있었습니다. 로마군은 그동안의 노고를 보상받으려는 듯이 약탈을 자행합니다. 그 같은 모습을 목격한 카밀루스는 두 손을 높이 쳐들고 이렇게 기도합니다.

거룩하신 유피테르시여, 선과 악을 가려 주셨으니, 불의하고 사악한 원수들의 도시를 점령한 것은 정당한 일임을 아실 것입니다. 그러나 만일 영고성쇠의 법칙에 따라 이 승리의 기쁨에 대한 액화가 주어진다면 로마나 로마의 군대로 향하게 하시지 마시고 제 머리 위로 내려주십시오.

기원전 390년 로마는 켈트족의 침략으로 건국 후 360년 만에 처음으로 이민족에게 점령을 당합니다. 그러나 귀족을 비롯하여 높은 신분의 노인들은 죽기를 각오하고 피난을 가지 않았습니다. 켈트족이 로마를 침략한 이유가 재미있습니다. 지금의 프랑스 남부 지방에 거주하던 켈트족이 이탈리아 반도에서 나는 포도주 맛을 본 뒤 그 맛에 반해 쳐들어왔다는 것입니다.

원로원은 카밀루스를 불러 다시 독재관에 임명합니다. 당시 카밀루스는 전리품을 횡령했다는 혐의를 받자 모욕을 참지 못하고 로마를 떠나 있었습니다. 그는 망명지에서 모은 동맹군과 로마군으로 켈트족의 군대를 전멸시키고 7개월간 점령되었던 로마를 탈환할 수 있었습니다.

여든 살이 다 되도록 그에게는 쉴 틈이 없었습니다. 기원전 367년 다시 켈트족이 침공해 오자 다섯 번째로 독재관에 올라 로마를 지켜냈습니다. 그는 강력한 권력을 가지고 있었음에도 불구하고 권력을 나누어 행사하기를 좋아했습니다. 두 명의 집정관 가운데 한 명을 평민 중에서 선출하자는 시민들의 요구를 받아들였습니다. 이로써 평민이 최고 통치자의 반열에 오를 수 있었고, 평민의 지위는 더 향상되었습니다.

북유럽의 노병, 만네르헤임

더글러스 맥아더 장군과 같은 시기에 북유럽에도 노병이 있었습니다. 핀란드의 칼 구스타프 만네르헤임 장군입니다. 핀란드가 1, 2차 세계대전의 위기를 극복하고 주권을 유지할 수 있었던 것은 그의 헌신적 노력에 힘입은 바가 컸습니다. 그는 1차 세계대전과 2차 세계대전에서 총사령관을 맡았던 유일한 군사 지도자였습니다. 핀란드 역사상 처음으로, 그리고 지금까지 유일하게 원수의 계급에 오른 인물이기도 합니다.

그대들은 나를 알고 나는 그대들을 안다. 그리고 모든 병사들은 죽을 때까지 그의 임무를 다할 준비가 되어 있다는 것을 안다. 이 전쟁은 독립전쟁의 연장인 동시에 최종전에 다름없다. 우리는 우리의 가정, 우리의 신념, 우리의 조국을 위해 싸울 것이다.

1939년 12월, 총사령관에 임명된 후 행한 연설의 일부입니다. '병사들이 그의 조국을 지키는 것은 그 자신이라는 것을 알지 못한다면 요새도, 대포도, 외국의 도움도 소용이 없을 것이다'라며 그는 정신력을 강조했습니다. "장교들은 뛰어다녀서는 안 된다. 사병들이나 그렇게 하는 것이다." 사관학교 훈육 교관들이 자주 하는 이 말 역시 그에게서 비롯된 것으로 알려지고 있습니다.

만네르헤임 장군의 일생은 핀란드의 역사만큼이나 파란만장합니다. 그는 귀족 가문에 속한 사람이었지만 어린 시절 친척집에 의탁하여 살았습니다. 파산한 아버지는 다른 여인을 데리고 파리로 떠났고 어머니는 일곱 명의 아이들을 남기고 죽었습니다. 삼촌의 도움으로 성장한 그는 러시아 상트페테르부르크의 기병학교를 졸업하고 1887년부터 1917년까지 러시아군에 몸담았습니다. 그리고 1904년 러일전쟁에 자원하여 만주 봉천 전투에서 큰 공을 세워 대령으로 진급하였고, 전쟁이 끝난 후 첩보장교가 되어 사마르칸트를 거쳐 중국, 몽골, 일본 등지를 탐사하는 임무를 수행했습니다. 그리고 제1차 세계대전이 끝날 때까지 기병 연대장, 여단장, 사단장, 군단장 등을 거치면서 중장에 올랐습니다.

1917년 러시아 혁명이 발생하자 핀란드로 돌아온 그는 핀란드 총사령관에 임명되어 내전을 수습하고 독일과 소련, 그리고 연합국의 이해가 얽힌 복잡한 정세 속에서 핀란드의 독립을 인정받는 데 헌신했습니다. 그러나 1919년 7월, 핀란드 공화국 초대 대통령 선거에서 의외로 패배했습니다. 의회의 간접 투표에 의한 선출이었기 때문에 확고한 반공주의의 입장에 서 있었던 것이 불리하게 작용한 것 같습니다. 그 후 적십자사 총재를 비롯하여 여러 사회활동에 참여하던 그는 1931년 국방위원회 의장을 맡아 다시 공직에 복귀합니다. 그러다가 1939년 10월, 소련의 침공이 있기 직전에 고령을 이유로 사임합니다. 그러나 복귀 요청을 뿌리치지 못하고 그해 11월 30일, 일흔두 살의 나이에 다시 총사령관직을 맡아 전쟁을 지휘합니다.

1944년 8월, 리스토 뤼티 대통령은 후임자로 하여금 독일과 맺은 협정을 파기할 수 있도록 하기 위해 사임합니다. 국익을 위해서였지만 대권을 내려놓는다는 것은 쉽지 않은 결심이었습니다. 대통령의 사임으로 의회는 만네르헤임에게 대통령의 권한을 부여하는 법률을 통과시킵니다. 대통령에 오른 만네르헤임은 전후 처리가 마무리 단계에 이르자 정식 대통령을 맡아달라는 요청에도 불구하고 1946년 3월 사임합니다. 그때 그의 나이 일흔아홉이었습니다. 신병으로 고생하다가 1951년 사망한 그는 소련과 독일의 틈바구니에서 주권을 보호하고 핀란드 공화국을 탄생시킨 국부로 존경받고 있습니다. 20세기의 카밀루스라고 해도 조금도 부족함이 없습니다.

런던 시내 중심부에는 내셔널 갤러리와 함께 트라팔가르 광장이 있습니다. 광장에는 '넬슨의 칼럼'이라 불리는 트라팔가르 해전을 기념하는 메모리얼이 있습니다. 넬슨의 동상은 50미터가 넘는 거대한 기둥의 꼭대기에 있습니다. 기단의 사방에 네 마리의 검은 사자상이 설치되어 있어 마치 넬슨을 보호하고 있는 것처럼 보입니다. 너무 높아서 그렇게 보일 수 있지만 호레이쇼 넬슨Horatio Nelson의 체구는 참 작습니다.

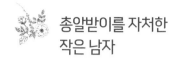

총알받이를 자처한
작은 남자

넬슨은 타고난 약골에다가 키가 162센티미터에 불과할 정도로 왜소했습니다. 게다가 심장병, 괴혈병, 류머티즘 등 갖가지 질병을 가지고 있었습니다. 그런 넬슨이지만 해군 함장이던 외삼촌의 덕으로 열두 살에 승선하여 해군장교 후보생이 되었고 열아홉 살에 임관하여 다양한 경험을 쌓았습니다. 그러나 열병에 걸려 4년 동안이나 휴직한 적이 있었고, 수차례 부상을 입고 성한 곳이 거의 없는 병자의 몸이었습니다. 게다가 1794년 코르시카 섬 상륙전에서 오른쪽 눈을 잃었고, 1797년 카나리아 제도에서의 전투에서 오른팔을 잃었습니다.

트라팔가르 해전은 1805년 10월, 에스파냐의 트라팔가르 서쪽 해역에서 넬슨이 이끄는 33척의 영국 함대와 41척의 프랑스-에스파냐 연합함대가 맞붙은 단 하루의 전투였습니다. 넬슨은 일자진으로 펼쳐진 적의 함대를 맞아 몇 개의 전열로 나누어 파상 공격을 전개함으로써 대승을 거둘 수 있었습니다. 1666명의 사상자를 낸 넬슨의 함대에 비하여 프랑스-에스파냐 연합함대는 1만3781명을 잃었습니다. 그야말로 충격적인 패배였습니다.

넬슨은 매우 특이한 인물이었습니다. 항상 부하들 가운데 들어가 소통하고 호흡했던 친구 같은 소탈한 지휘관이었습니다. 로마의 대 카토가 병장기를 직접 가지고 다니며 부하들과 음식과 잠자리를 같이할 정도로 소탈했다고 하지만 넬슨의 경우는 훨씬 더 했습니다. 그것은 '넬슨의 터치'라 불리는 그만의 독특한 리더십이었습니다. 요즘 각광 받는 서번트 리더십servant leadership의 원조라 할 만합니다.

기원전 5세기 소크라테스와 함께 종군했던 아름다운 청년 알키비아데스가 그랬던 것처럼 번쩍번쩍 빛나는 장식을 단 요란한 복장으로 전투를 지휘한 것으로 유명합니다. 그러나 사내다움을 과시하기 위해 그랬던 알키비아데스와 달리 넬슨은 총알받이를 자처하기 위한 것이었습니다.

앞에서 보았던 대로 트로이 전쟁 때 리키아의 왕 사르페돈은 높은 지위에서 좋은 음식을 취하면서 선두에 서지 않는다면 부하들이 그것을 받아들이겠는가 하고 말하고 선두에 서서 분투하다가 전사했습니다. 넬슨도 다르지 않았습니다.

'넬슨의 피'라는 신화 같은 이야기도 전해지고 있습니다. 전쟁이 거의 승리로 끝나는 순간 넬슨은 적군의 총에 맞아 치명적인 부상을 입고 전사합니다. "조국은 모든 병사들이 그의 의무를 다해 주기를 기대하고 있다"라는 말로서 전투를 시작한 넬슨은 "임무를 완수하게 해준 하나님께 감사한다"라는 말로써 생을 마감했습니다. 병사들과 함께 명예롭게 죽겠다던 그의 소망이 이루어진 것일까. 넬슨은 평소 그가 말했던 대로 죽음까지도 병사들과 함께했습니다.

그런데 에스파냐에서 런던까지 항해하는 동안 시신의 부패를 막는 것이 문제였습니다. 그래서 관 속에 럼주를 가득 채웠는데, 나중에 관을 열었을 때 술이 남아 있지 않았습니다. 넬슨을 닮고 싶었던 병사들이 구멍을 내 술을 **빼내** 마셨다는 믿기 어려운 이야기가 전해지고 있습니다. 심지어 영국의 럼주 회사는 '넬슨의 피'라는 상표를 넣어 해군에 납품하기도 했습니다.

오른팔을 잃은 후 자신보다 더 유능한 사람이 국가를 섬기도록 자리를 내주어야 한다면서 넬슨이 은퇴를 청했던 적이 있었습니다. 불편한 몸으로 임무를 계속 맡기보다 시골집으로 돌아가는 것이 나라를 위한 예의라고 여겼기 때문입니다. 그러나 그에게 은퇴는 없었습니다. 죽는 순간까지도 그는 임무를 수행하였습니다.

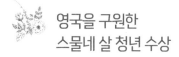

영국을 구원한 스물네 살 청년 수상

영국이 제해권을 장악하고 대영제국으로 발돋움하는 데는 윌리엄 피트William Pitt 부자가 있었습니다. 그들은 넬슨으로 상징되는 최강의 영국 해군을 만든 인물입니다. 대 피트라 불리는 아버지 윌리엄 피트는 평민 출신으로 백작에 오른 '위대한 평민'입니다. 피트는 기병 장교로 있던 중 스물일곱의 나이에 하원 의원이 되어 무역과 식민지 주민의 이익 보호를 내걸고 대외 강경책을 주창함으로서 유력한 정치 지도자로 부상했습니다.

영국은 1756년 5월, 프렌치-인디언 전쟁으로 불리는 '7년 전쟁' 초기 큰 타격을 받았습니다. 피트는 '나만이 나라를 구할 수 있다'

는 강한 자부심과 책임감으로 전시 내각을 맡아 국민의 결속을 꾀하고 재정을 집중적으로 투입하여 해군을 재조직함으로써 전쟁을 승리로 이끌 수 있었습니다. '7년 전쟁'은 영국, 프로이센, 하노버, 헤세-카젤 등의 연합국과 프랑스, 오스트리아, 러시아, 스웨덴 등의 동맹군이 유럽뿐만 아니라 아메리카, 북아프리카, 인도 등지에서 격돌한 식민지 전쟁이었습니다. 이 전쟁의 승리로 영국은 프랑스로부터 북아메리카, 인도, 세네갈 등의 식민지를 빼앗고 대영제국의 기초를 놓을 수 있었습니다. 전시 내각을 이끈 피트의 탁월한 리더십은 제2차 세계대전 때 전시 내각을 이끈 윈스턴 처칠의 전범이 되었다는 평가를 받고 있습니다. 미국 펜실베이니아의 대도시 피츠버그는 1758년 영국군이 프랑스군과의 격전 끝에 요새를 점령한 기념으로 피트의 이름이 붙여진 곳입니다.

하느님의 이름으로, 평화 혹은 전쟁을 선언하는 것이 절대적으로 필요하다면, 그리고 평화가 명예스럽게 보존될 수 없다면 지체 없이 전쟁이 시작되어야 하지 않겠습니까? 고백하건대, 저는 영국의 자원에 관하여 잘 알지 못하지만 그것이 정의로운 권리를 유지하는 데 있어서 여전히 충분하다고 믿습니다. 그러나 상원 의원 여러분, 어떤 상태도 절망보다는 낫습니다. 적어도 하나의 노력은 해봅시다. 그리고 우리가 죽어야 한다면 백성들과 함께합시다.

죽음을 한 달 앞둔 1778년 4월, 병든 몸을 이끌고 상원에 나가 진정한 평화를 위하여 전쟁을 결심할 것을 주장하는 연설의 마지막 부분입니다. 기원전 3세기 말 거동조차 어려운 몸으로 원로원에 들어가 로마인들의 분발을 촉구한 아피우스 클라우디스를 떠올리게 하는 장면입니다.

그의 둘째 아들 소 피트는 영국 역사상 최연소로 수상에 올라 두 번째로 오랜 기간 재임한 인물로 기록되고 있습니다. 더구나 두 부자는 같은 시대, 조지 3세의 치세에 수상으로 봉직했습니다. 대 피트가 물러난 후 영국은 아메리카 식민지를 잃었고, 그것은 큰 상처와 후유증을 남겼습니다. 왕실과 내각의 권위는 실추되었고 국민의 반감은 높아졌습니다. 게다가 뒤이어 일어난 프랑스 혁명의 불길은 영국을 향하고 있었습니다. 이 같은 위기로부터 영국을 지켜낸 인물이 바로 소 피트입니다. 스물한 살에 하원 의원이 되어 정계에 진출한 그는 재무 장관을 거쳐 1783년 말, 수상에 임명되었습니다. 당시 그의 나이 고작 스물네 살이었습니다. 그는 다음 해 토리당을 이끌고 총선에서 승리함으로써 국왕의 권위를 회복하고 안정적 집권 기반을 구축할 수 있었습니다.

소 피트는 새로운 토리주의를 표방하면서 아메리카 식민지와의 전쟁으로 피폐해진 재정을 바로잡고 산업을 발전시키는 한편, 의회 제도의 개혁을 추진하고 아일랜드를 합병하는 성과를 거두었습니다. 그는 영국 최초로 소득세를 도입하고 관세를 단순화하는 방법으로 공공 재정을 확충했습니다. 그러나 그가 추진하는 개혁의 앞에는 두 가지 큰 장애가 있었습니다. 휘그당의 제임스 폭스를 비롯한 급진주의자들이 그를 국왕의 꼭두각시로 비난하면서 프랑스 혁명을 공공연하게 지지하였고, 게다가 정신 질환이 있고 왕권에 집착이 강한 국왕을 설득하는 것도 어려운 문제였습니다. 피트는 의회 내의 급진주의자들을 제어하는 동시에 국왕의 개입을 적절히 조절하면서 프랑스의 침공에 대비해야 했습니다. 1801년 아일랜드 종교 문제로 국왕과 갈등을 겪은 끝에 사임한 것이 그 단적인 예입니다. 프랑스에 대항하기 위하여 아일랜드의 가톨릭을 해방시키고자 했던 것이지만, 국왕은 자치권을 내주는 것이라면서 받아들이지 않았습니다.

그는 프랑스와 타협을 주장하는 사람들에게 굴복하지 않았습니다. 1793년 프랑스가 선전포고를 해오자 그에게는 더 큰 비난이 퍼부어졌습니다. 그렇지만 그는 프로이센, 네덜란드와 삼국동맹을 결성하여 전쟁에 대응했습니다. 넬슨 제독이 트라팔가르 해전에서 승리한 것도 이때였습니다. 그는 또한 미국과 '우호통상 및 항해 조약', 이른바 제이 조약을 체결하여 프랑스의 대외 관계를 제어하고자 했습니다.

그러나 나폴레옹의 침공은 본격적으로 개시되었고 제2, 3차의 대불동맹을 체결하여 대응에 나섰지만 나폴레옹의 기세를 꺾지 못했습니다. 그러다가 1805년 유럽 중부 독일의 울름 전투에 이어 오스트리아의 아우스터리츠 전투에서 동맹군이 패배했다는 소식을 접하고 건강이 급격히 악화되어 1806년 숨졌습니다.

소 피트는 영국이 안팎으로 어려웠던 시기, 25년의 의회활동 가운데 19년간 수상으로 재임하면서 아메리카 식민지의 상실로 패배감에 빠져 있던 나라를 재정비하고 프랑스 혁명의 불길로부터 나라를 보호했습니다. 피트는 보수주의를 기반으로 개혁을 이루어낸 인물로 평가를 받고 있습니다. 그는 휘그당의 가치도 필요하면 수용했습니다. 현실 인식을 바탕으로 융통성 있게 정국을 이끌었습니다. 의회의 개혁을 완성하지는 못했지만 죽기 전까지 윌리엄 윌버포스 William Wilberforce와 함께 추진했던 노예제도의 폐지는 그가 죽은 후 1년 뒤 빛을 볼 수 있었습니다. 윌리엄 피트와 윌버포스는 캠브리지 출신의 친구로서 나이도 같았습니다. 복음주의 기독교 신자였던 윌버포스는 무소속 의원의 자리를 끝까지 지키며 노예제도의 폐지를 위하여 헌신한 신념의 정치인이었습니다.

선천적으로 약골이었던 데다가 병적이라 할 정도로 수줍은 성격이었던 그는 늘 엄숙하고 냉정한 척했지만 뛰어난 집중력의 소유자였습니다. 영국이 가장 어려웠던 시기에 20대 초반의 어린 나이로 막중한 책임을 부여받고 40대 중반까지 쉬는 날이 없이 헌신했습니다. "오 나의 조국, 어떻게 내가 조국을 떠날 수 있는가?" 그의 마지막 말이 보여 주듯이 그는 죽는 순간에도 조국의 안위를 걱정했습니다.

그러나 그는 개인적으로는 불행한 사람이었습니다. 차갑고 엄격한 성격 탓에 가까운 친구가 거의 없었으며 결혼도 하지 않았던 데다가 많은 빚에 늘 힘겨워했습니다. 보다 못해 국왕과 주변 사람들이 도우려 했지만 정치적인 오해를 사지 않기 위해 그마저 거절했다

고 합니다. 그가 죽었을 때 나라가 장례를 치러 주고 빚을 대신 갚
아 주었다고 합니다. 그는 작위도 없이 눈을 감았습니다. 형에게 양
보했기 때문이라고 합니다. 그에게는 그 같은 명예가 중요하지 않
았습니다.

웅변가였던 아버지 피트와 마찬가지로 그는 많은 연설을 남겼습
니다. 죽음을 두 달여 앞둔 1805년 11월, 런던의 길드홀에서 가진
마지막 연설에서 "영국이 스스로 노력으로 구원된 것과 마찬가지로
유럽 각국은 그 스스로 자신을 구해야 한다"라는 말을 남겼습니다.
그의 바람대로 영국을 비롯한 유럽 제국은 1815년 워털루 전투에서
승리함으로써 나폴레옹 전쟁의 종지부를 찍을 수 있었습니다. 영국
의 구원자가 된 아버지와 아들은 그 길드홀에서 아름다운 조형물의
주인공으로 마주하고 있습니다.

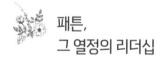

패튼,
그 열정의 리더십

호레이쇼 넬슨을 닮은 사람이 있습니다. 제2차 세계대전 때 전
차군단을 이끈 조지 패튼 장군입니다. 그는 탁월한 용기와 열정의
소유자였습니다. 전투에 임하는 그의 모습은 넬슨을 닮은 데가 있
습니다. 그는 내부를 선홍색으로 칠한 지프 앞에 커다란 별을 붙인
이상한 모양으로 부하들을 지휘했습니다. 또한 그는 상륙정이 해안

에 닿기도 전에 가장 먼저 뛰어내릴 정도로 위험을 두려워하지 않 았습니다.

패튼은 직설적이고 때로는 거칠고 무례한 언동으로 부하들을 몰 아붙이면서도 또한 부하를 끔찍이 아끼는 인간적인 매력이 있는 지 휘관이었습니다. 부대원들은 '드라이버 패튼'이라 부르며 믿고 따랐 습니다. 이중적 의미를 갖는 이 별명은 직접 트럭을 몰며 물자를 나 르고 고장 난 탱크 밑에 들어가 기름투성이가 되었던 그의 소탈한 성격에서 나온 것입니다. '넬슨의 터치'를 이은 '패튼의 터치'라고 해 도 좋을 만합니다.

그대들이 전쟁이 끝나 집으로 돌아갈 때 말할 수 있는 한 가지가 있 다. 지금부터 30년 후 손자를 무릎 위에 앉히고 난롯가에 앉아 있을 때, "할아버지는 2차 세계대전 때 무엇을 하셨어요?" 하고 손자가 물 으면, "글쎄, 할아비는 루이지애나에서 삽으로 소똥을 치우고 있었 지"라고 헛기침을 하면서 말하지 않아도 된다는 것이다. 그대들은 손 자의 눈을 똑바로 쳐다보면서, "애야, 할아비는 육군 3군 그리고 조 지 패튼이라는 개자식과 함께 있었단다" 하고 말하기 바란다. 좋아, 이 개자식들아, 그대들은 내 감정을 잘 알고 있지. 나는 언제 어디서 고 그대들과 같이 멋있는 친구들과 전투에 참가하는 것이 자랑스럽 다. 이상 끝.

1944년 6월, 노르망디 상륙을 앞두고 미군 장병들에게 한 연설의 마지막 부분입니다. 흔히 '패튼의 연설'로 알려진 유명한 연설입니다. 국가가 필요로 할 때 그 대열에 서지 않고는 손자 앞에서 할아버지 구실도 제대로 할 수 없다는 것을 강조하고 있습니다. 연설의 하단에서 볼 수 있듯 패튼은 그만의 독특한 '터치'로 전투력을 극대화할 수 있었습니다.

패튼 장군은 버지니아의 군인 집안 출신이었습니다. 증조부는 독립전쟁 때 대륙군의 장군으로, 조부는 남북전쟁 때 남군의 중령으로 참전하여 전사했습니다. 패튼은 육군사관학교를 졸업하고 멕시코 '판초 빌라' 원정을 시작으로 1, 2차 세계대전에 참전했습니다. 그는 미국 탱크부대의 역사와 함께한 인물입니다. 제2차 세계대전 때 기갑사단을 지휘하여 북아프리카에서 시칠리아를 거쳐 노르망디 상륙작전에서 주력 부대로 활약했습니다. 그리고 발지 전투에서 포위된 미군 부대를 구출하고 독일에 선두로 입성하여 전쟁을 종결짓고 바이에른 점령군 총독을 맡았습니다. 그러나 1945년 12월, 귀국을 앞두고 교통사고로 중상을 입고 사망했습니다. 이후에도 패튼 집안의 군인 전통은 이어졌습니다. 아들 조지 패튼 4세는 한국전과 베트남전에 참전하고 육군 소장으로 예편했으며, 사위 존 K. 워터스는 제2차 세계대전과 한국전에 참전하고 육군 대장을 지냈습니다.

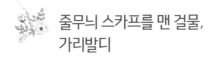

줄무늬 스카프를 맨 걸물, 가리발디

이탈리아는 화려함 속에 슬픈 역사를 간직하고 있는 나라입니다. 서로마 멸망 후 1400년 동안 이탈리아는 통일된 국가를 갖지 못했습니다. 19세기 초반까지도 사르데냐 왕국을 비롯하여 롬바르디아, 베네치아, 토스카나, 시칠리아 등 여러 소국으로 분열되어 주변 강국들의 지배를 받고 있었습니다. 그러다가 프랑스 대혁명과 민족주의에 자극을 받고 일어난 '리소르지멘토risorgimento'라 불리는 통일운동으로 1861년 국가 통일을 이룰 수 있었습니다.

이탈리아 곳곳에는 이탈리아 통일을 기리는 기념물이 즐비합니다. 로마 중심부 베네치아 광장과 카피토리네 언덕 사이의 비토리아노는 대표적 기념물입니다. 분열된 이탈리아 반도를 통일하고 첫 번째 왕위에 오른 비토리오 에마누엘레 2세를 기리기 위한 기념관입니다. 비토리오 에마누엘레 2세의 기마상 아래에는 '조국의 제단'이라는 뜻의 '알타레 델라 파트리아Altare Della Patria'가 자리하고 있습니다. 거기에는 1921년 10월, 제1차 세계대전에서 전사한 무명용사의 유해를 국내로 봉환하여 '무명용사의 묘'를 만들고 좌우에 '꺼지지 않는 불꽃'을 설치해 놓았습니다. '꺼지지 않는 불꽃'은 고대 로마 베스타 신전의 영생의 불을 재현한 것으로 이탈리아의 불멸성을 상징하는 것입니다.

광장이 내려다보이는 로마 시내 자니콜로 언덕에는 통일의 주역인 주세페 가리발디Giuseppe Garibaldi의 기마상이 있습니다. 밀라노, 피렌체, 나폴리는 물론이고 지금은 프랑스 땅이지만 그가 태어난 니스와 남미의 우루과이에도 있습니다. 그가 잠시 살았던 미국에는 가리발디의 이름이 붙은 도시와 기념관이 있습니다. 이런 것들은 가리발디의 활동 반경이 대단히 넓었다는 증거이기도 합니다. 그런데 기마상의 가리발디는 고개를 옆으로 돌려 먼 곳을 바라다보고 있습니다. 사연을 알고 나면 참으로 가슴이 찡합니다.

주세페 가리발디는 19세기 혁명적 자유주의의 대표적 인물로서 통일운동에 참가하여 시칠리아와 나폴리를 정복하고 남부 이탈리아를 사르데냐 왕국의 비토리오 에마누엘레 2세에게 바침으로써 이탈리아의 독립과 통일을 달성하는 데 결정적으로 기여한 인물입니다. 1820년 시칠리아에서 카르보나리당에 의한 혁명운동이 일어났지만 실패합니다. 1830년에 또다시 혁명운동이 일어났지만 혁명 지도자들이 대거 체포됨으로써 실패로 돌아갑니다. 마치니의 '라 조비네 이탈리아', 즉 청년이탈리아당에 참여하고 있던 가리발디는 1836년 남미로 건너가 거기서 만난 아내 아니타와 함께 브라질과 우루과이의 독립투쟁에 동참합니다. 아니타 가리발디는 열렬한 혁명투사였습니다.

1848년 다시 혁명운동이 일어났다는 소식을 들은 가리발디와 아니타는 귀국합니다. 1849년 2월에 로마공화국이 선포되고 마치니가 수상으로 취임하면서 혁명은 성공한 듯했습니다. 그러나 프랑스와 오스트리아가 무력 진압에 나섭니다. 로마 방어전에 나섰던 가리발디는 부상을 입고 약 4천 명의 대원과 함께 후퇴를 합니다. "우리가 어디에 있든 그곳이 로마가 될 것이다"라 선언하고 오스트리아의 지배에 저항하고 있던 북동부의 베네치아를 향하여 이동합니다.

그때 임신 중이던 아내가 말라리아에 감염되어 베네치아에 가지 못하고 작은 마을 코마치오 근처의 한 농장에서 사망합니다. 비가 쏟아지는 가운데, 그는 죽은 아내를 급히 매장하고 떠날 수밖에 없었습니다. 나중에 아내의 시신이 땅 위로 드러나 개에 의해 파헤쳐졌다는 것을 알고 몹시 슬퍼했습니다. 가리발디가 늘 남미 회색 판초 위에 부인의 줄무늬 스카프를 매고 있었던 것도 아내를 잊지 못했기 때문입니다. 지금도 가리발디는 기마상에서 아내가 묻힌 곳을 바라보고 있습니다.

가리발디는 7월 말, 산마리노에 도착하여 임시 거처를 마련했지만 더 이상 독립투쟁을 계속하기 어려워지자 다음 해 뉴욕으로 망명합니다. 그가 미국으로 건너간 이유는 혁명운동에 나섰다가 박해를 피하여 망명한 친구들이 그곳에 있었기 때문입니다. 당시 미국은 약소국 독립투사들의 피난처인 동시에 해외 기지였습니다. 잠시 양초 공장에서 일하다가 무역선을 타게 된 그는 5년간의 유랑을 끝내고 1854년 조국으로 돌아옵니다.

형에게서 물려받은 유산으로 사르데냐 북쪽의 작은 섬 카프레라 섬의 절반을 매입하여 농사일을 하려 했지만 세상은 그를 내버려 두지 않았습니다. 1859년 제2차 독립전쟁이 일어나자 중장에 임명되어 '알프스의 사냥꾼'이라는 의용대를 조직하고 오스트리아군을 격파합니다. 이것은 가리발디의 독립투쟁사에 큰 전환점이 되었습니다. 그는 공화주의의 이상을 포기하고 사르데냐 왕국이 주도하는 통일을 받아들였습니다. 그러나 전쟁의 결과는 가리발디에게 큰 실망을 안겨 주었습니다. 그의 고향 니스의 관할권이 전쟁을 지원해 준 프랑스에 넘어갔기 때문입니다.

1860년은 이탈리아 독립전쟁의 최대 분수령이었습니다. 가리발디는 '붉은 셔츠'라 불리는 2만4천여 명의 의용대를 조직하여 프랑스가 지배하고 있던 시칠리아에 이어 에스파냐가 지배하고 있던 나폴리를 점령합니다. 시민들이 몰려나와 "모두 앞으로! 모두 앞으로! 모두 전투 앞으로! 나팔이 울리고 있다!"로 시작되는 '가리발디 찬가'를 부르며 해방의 기쁨을 노래했습니다. 가리발디는 영웅이 되어 있었습니다. 그러나 그는 남부 이탈리아를 사르데냐의 왕 비토리오 에마누엘레 2세에게 바쳤습니다. 그 같은 모습은 좀처럼 찾아보기 어려운 예지만 가리발디가 처음은 아니었습니다. 11세기 에스파냐의 엘시드에서도 발견할 수 있습니다. 이름이 로드리고 디아스 데 비바르인 그는 무어인으로부터 발렌시아를 되찾아 카스티야 왕국의 알폰소 6세에게 바쳤습니다. 그의 활약상은 12세기 무훈시 《엘시드의 노래》로 되살아나 기독교 신앙과 민족의식을 고양함으로써 15세기 말 국가 통일의 밑거름이 되었습니다.

무기를 드십시오. 그대들이여, 그대들이여! 그러면 강력한 압제자와 권력자도 먼지처럼 사라질 것입니다. (중략) 나는 가슴 깊은 곳에서 우러나오는 깊은 애정으로 이 말씀을 드립니다. 오늘 저는 은퇴해야 합니다. 그러나 단지 며칠에 불과할 것입니다. 이탈리아 해방의 주역인 그대들과 함께 전투에서 다시 만날 것입니다.

헌신에 대한 보답을 마다하고 카프레라 섬으로 돌아간 가리발디는 1866년 오스트리아-프로이센 전쟁이 발발하자 다짐했던 대로 또다시 총을 들고 대열에 합류합니다. 부상을 입고 체포되어 고초를 겪기도 했습니다.

신흥 강국 프로이센에 줄을 선 이탈리아 왕국은 베네치아에서 오스트리아의 지배를 종식시키고 로마를 제외한 이탈리아 전역에 대한 지배권을 확립합니다. 그리고 보불전쟁에서 프로이센을 지원함으로써 교황령과 로마를 수복하여 1870년 완전한 통일을 이룰 수 있었습니다. 가리발디는 '내 역할은 통일까지'라는 말대로 카프레라 섬에서 여생을 보냈습니다. 조용하게 눈을 감고 싶었던 그의 희망과 달리 1882년 6월, 국장으로 치러진 장례식에는 1만여 명의 국민이 모여 그의 죽음을 애도했습니다.

근대 이탈리아에는 이른바 건국 삼걸이 있었습니다. 가리발디는 민족주의자이자 철저한 공화주의자로서 청년이탈리아당을 조직했던 마치니나 사르데냐 왕국의 수상 카부르에 비하여 지적으로나 정치적으로나 뛰어난 인물은 아니었습니다. 그렇지만 그는 지칠 줄 모르는 정열적인 사람이었습니다.

1861년 미국 남북전쟁이 발발하자 자원 의사를 보내기도 했습니다. 링컨 대통령으로부터 연방군의 중장을 맡아달라는 제의를 받았지만 로마 원정군 지휘 때문에 받아들이지 못했습니다. 노예제도 폐지 선언을 조건으로 참가하겠다는 의사를 밝혔지만 당시 미국의 사정이 여의치 않아 성사되지 못했다는 다른 이야기도 있습니다. 그러나 가리발디 휘하에 있었던 많은 장교들은 연방군에 가담하여 큰 공을 세웠습니다. 미국은 그것을 기념하여 제39뉴욕보병연대에 '가리발디 방위군'이라는 이름을 붙여 주었습니다.

그는 남부 이탈리아를 바친 후에도 통일이 늦어지자 참지 못하고 다시 병사를 모아 뛰쳐나온 사람입니다. 자신의 이상이나 조국의 독립을 위해서는 자신을 돌보지 않았지만 현실적인 권력에는 무관심한 순수한 사람이었습니다. 남부 이탈리아를 손에 넣은 가리발디가 다른 생각을 했더라면 상황은 전혀 다른 방향으로 전개되었을 것입니다. 그가 공화주의의 이상을 포기하고 사르데냐 왕국을 받아들인 것은 국가의 통일이 더 시급하다고 생각했기 때문입니다. 그로 인하여 가리발디는 혁명 동지들과 지지자들의 비난을 감수해야만 했습니다.

그의 열정은 그에 그치지 않았습니다. 조국 이탈리아를 비롯하여 남미, 미국, 프랑스에 이르기까지 그의 활동 반경은 매우 넓었습니다. 그는 세계사에 매우 보기 드문 인물입니다. 가리발디의 숨길 수 없는 열정과 불굴의 투쟁정신은 혈통으로 이어졌습니다. 아들 메노티는 자원병을 이끌고 폴란드 독립전쟁에 참가하였고, 리치오티는 이탈리아 통일전쟁에 이어 보불전쟁, 그리스-오스만 전쟁, 제1차 발칸전쟁에서 '붉은 셔츠' 부대를 이끌었습니다. 가리발디의 손자들 또한 다르지 않았습니다. 그 가운데 주세페 가리발디 2세는 조부처럼 활동 반경이 대단히 넓었습니다. 그리스-오스만 전쟁과 보어 전쟁에 이어 멕시코 혁명에 참가하고, 제1차 세계대전 때 프랑스 육군에서 가리발디 군단을 지휘했습니다.

가리발디는 공로에 대한 보답을 원하지 않고 오두막으로 돌아간 킨키나투스와 같은 사람입니다. 그에게는 사심이 없었습니다. 그는 이탈리아 국민뿐 아니라 많은 약소국가들에 희망을 주었습니다. 일제 강점기를 전후하여 애국지사들은 외세를 물리치고 독립과 통일을 성취한 이탈리아인의 투쟁사에 큰 감명을 받았습니다. 1907년 단재 신채호 선생이 《이태리 건국 삼걸전》을 역술한 것도 그런 이유에서였습니다.

나는 그대들에게 아무것도 줄 것이 없다. 내가 줄 수 있는 것은 굶주림과 목마름, 고된 행군, 전투, 그리고 죽음뿐이다. 조국을 사랑하는 사람들은 나를 따르라.

가리발디가 로마를 탈출할 때 부하들 앞에서 했다는 말입니다. 1940년 5월, 영국의 윈스턴 처칠 수상이 하원에서 행한 연설 중에 '피와 노고, 눈물과 땀밖에 내놓을 것이 없습니다'라는 유명한 구절이 있습니다. 가리발디의 연설에서 영감을 얻은 것이라고도 합니다. 일제 강점기 의병 그리고 만주에서 풍찬노숙하기를 마다않은 독립군 용사들의 모습이 연상됩니다. 1895년 명성황후가 시해된 을미사변을 계기로 일어난 의병투쟁은 1915년까지 20년간 계속되었습니다. 의병은 만주나 러시아 국경 등지로 건너가 독립군으로 전환하여 독립투쟁을 계속했습니다. 가리발디의 말을 빌린다면 독립군은 '우리가 어디에 있던 우리가 있는 곳이 바로 조국이다'라는 정신으로 일관했던 사람들입니다.

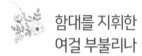

함대를 지휘한
여걸 부불리나

이탈리아 통일운동에 큰 영향을 미쳤던 그리스 독립전쟁으로 가보겠습니다. 그리스는 약 400년간 오스만 제국의 지배를 받고 있었습니다. 그리스의 독립은 오랜 기간 오스만 제국의 지배에 저항해온 무장 반군의 토대가 있었기에 가능했습니다. 그리스 독립전쟁에는 대단한 여성 지도자가 있었습니다. 펠로폰네소스 반도의 라스칼리나 부불리나입니다. 독립전쟁 초기 해군을 지휘하여 오스만 군대를 몰아냄으로써 그리스 독립에 크게 공헌하였고, 죽은 후에는 러시아 해군 제독의 명예를 얻은 여걸입니다. 제독의 명예를 얻은 유일한 여성으로 알려져 있습니다.

부불리나는 이스탄불의 감옥에서 태어났습니다. 그녀가 태어나기 전 어머니는 오스만 제국에 저항하다 투옥된 아버지를 찾아갔다가 붙잡혀 옥중에 있었습니다. 선장이었던 그녀의 아버지는 풀려나자마자 사망했고, 옥중에서 태어난 그녀는 어머니를 따라서 펠로폰네소스 반도 동쪽의 스페체스 섬으로 들어가 어린 시절을 보냈습니다.

선주이자 무역업자인 사람과 결혼했지만 얼마 후 남편은 알제리 해적과의 싸움에서 사망하고 말았습니다. 많은 재산과 무역 거래를 승계한 그녀는 세 척의 선박을 건조하기 시작합니다. 그 가운데 한 척이 그리스 해군의 최고의 전함, '아가멤논'입니다. 아가멤논은 열여덟 문의 대포로 중무장할 정도로 큰 함선이었습니다. 아가멤논은 트로이 전쟁 때 그리스 연합군 총사령관이자 미케네의 왕이었습니다. 아가멤논이라는 이름을 붙인 이유를 알 것 같습니다.

오스만 당국은 보고만 있지 않았습니다. 남편이 터키-러시아 전쟁에서 러시아 함대의 일원으로 참가했다는 이유로 재산을 몰수하려고 합니다. 그녀는 오스만 터키의 수도 콘스탄티노플로 황급히 달려가 러시아 대사의 보호를 받아 위기를 모면할 수 있었습니다. 거기서 비밀결사 필리키 에테리아, 즉 우호협회에 가입하여 독립전쟁 지도자들과 연계를 갖습니다.

집으로 돌아온 그녀는 비밀리에 무기를 구입하여 숨겨두고 무장 부대를 조직합니다. 그리고 1821년 3월, 함선에 자신이 만든 깃발을 달고 독립전쟁을 개시합니다. 아가멤논을 주축으로 전투에 나선 부불리나의 함대는 비오듯 쏟아지는 총탄 속을 뚫고 나플리오 항을 점령하는 데 성공하지만 그 과정에서 장남을 잃는 불행을 겪습니다.

그해 9월, 데오도로스 콜로코트로니스가 지휘하는 그리스군은 트리폴리사 포위전과 데르베나키아 전투에서 대승을 거둡니다. 콜로코트로니스는 영국군 소령으로 있다가 돌아와 비정규군 연맹을 조직하여 펠로폰네소스 반도를 수복한 독립전쟁의 영웅입니다. 그리스는 독립이 눈앞에 보이자 내란의 소용돌이에 빠져듭니다. 육지와 섬, 섬과 섬 사이에도 생각이 달랐습니다. 군사 세력을 대표하던 콜로코트로니스 장군은 임시정부에 의하여 구금되었고, 부불리나의 사위이기도 한 그의 장남은 살해되었습니다.

부불리나는 자신의 근거지 스페체스로 돌아옵니다. 임시정부에서 조사를 받은 후 추방되었다고도 하고 콜로코트로니스의 구금에 대한 항의의 표시였다고도 전해집니다. 재산은 이미 소진되었고 남은 게 없었습니다. 그리고 얼마 후 독립을 보지도 못하고 사망했습니다. 재력가로서, 일곱 명의 자식을 둔 어머니로서 얼마든지 안전한 삶을 구할 수 있었지만 그녀는 그렇게 하지 않았습니다. 내란이 외환보다 무서웠던지, 그리스는 사랑하는 가족을 잃고 전 재산을 내놓은 여걸마저 외면했습니다.

9 | 황금 독수리 깃발
조국의 패스파인더가 되리라

프랑스의 대문호 빅토르 위고는 우리에게 《노트르담 드 파리》나 《레미제라블》과 같은 불후의 명작을 남긴 소설가로 알려져 있습니다. 위고는 인도주의 사상가로서, 또 상원 의원과 입법 의원을 역임한 공화주의 정치가로서 새로운 사회를 열망한 인물이었습니다. 또한 그는 '유럽공화국'을 주창한 유럽연합의 선구자였습니다. 그리고 루이 나폴레옹Louis Napoléon의 반동적 강압 통치에 저항하다가 20년간 영국에서 망명 생활을 겪기도 했습니다. 나폴레옹 전쟁 때 피히테가 '독일 국민에게 고함'이라는 연설을 통하여 독일 국민의 분발을 촉구했던 것처럼, 그 역시 보불전쟁 때 전국을 돌며 국민의 단결과 전쟁에 참가할 것을 호소하기도 했습니다.

오, 민족이여! 나는 불같은 시

나는 모세를 비추었고 또 단테를 비추었다

사자 같은 바다는 나의 연인

내가 당도하리니. 일어나라, 덕, 용기, 믿음이여!

사상가여, 정신이여, 탑 위로 오르라, 파수꾼이여!

눈을 뜨라. 눈동자에 불을 켜라

대지여, 밭고랑을 뒤흔들라, 생명이여, 소리를 깨워라,

잠든 그대들이여, 일어나라! – 나를 따르는 자,

나를 맨 앞으로 내보내는 자,

자유의 천사, 빛의 거인!

빅토르 위고의 시 〈별stella〉의 끝부분입니다. 1853년에 발표한 《징벌시집》에 수록된 시로서 혁명적 공화사상을 표현하고 있습니다. '노도와 같이 일어나라! 깨어 있는 자만이 세상을 바꿀 수 있다.' 마치 민중을 일으켜 세우고 희망의 세계로 이끌고 가는 성자의 외침을 듣는 것 같습니다. 여기서 별은 어둠을 헤치고 밝은 빛을 찾아가게 하는 해방자로, 자유의 수호자로, 그리고 새로운 세상의 도래를 알리는 선지자로 그려지고 있습니다.

역사를 돌이켜보면 고상한 이상과 지칠 줄 모르는 열정을 가진 사람만이 세상을 바꿀 수 있었습니다. 불굴의 신념과 탁월한 의무감이 있었기에 가능한 일이었습니다. 그들에게는 세상을 바꾼 사람, 나라를 구한 영웅이라는 영광이 주어졌지만 한편으로 비운의 주인

공이 되기도 했습니다. 역사적 공간을 좁혀 보면 고대 로마의 세 사람이 떠오릅니다. 각기 혈통이 달랐던 그들은 로마의 융성과 쇠망 그리고 게르만의 발흥을 극적으로 보여 주었던 사람들입니다. 먼저 떠오르는 인물이 로마의 위기를 극복하고 팍스 로마나 시대를 열게 한 로마인 스키피오입니다. 그는 카르타고로 날아갔습니다. 그리고 귀족으로서의 품격과 고상함을 보여준 인물로 남았습니다. 그 다음으로 강력한 로마 제국에 일격을 가한 게르만의 헤르만이 있습니다. 그는 게르마니아의 숲 속으로 날아갔습니다. 그리고 게르만 민족정신의 상징이 되었습니다. 쓰러져 가는 로마를 지키고자 했던 혼혈인 스틸리코도 있습니다. 그는 제국의 수호자가 되려다가 날개가 꺾이고 말았습니다. 그렇지만 그는 끝까지 로마인으로서의 의무를 다했습니다.

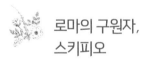

로마의 구원자, 스키피오

그대들 스스로 거둔 승리들을 가슴에 새기고, 그대들의 명성과 조국에 부끄럽지 않은 용감한 사나이임을 증명하라. (중략) 과거의 경험에서 배워라! 지금 운명의 여신은 가장 영광스러운 승리의 대가를 우리 앞에 보내고 있다. 그런데도 가장 영광스러운 선택을 포기한다면, 하찮은 삶에 집착하여 가장 불행한 선택을 한다면 우리는 단번에 가장 천박하고 바보스런 사람이 되지 않겠는가? 이제 승리 아니면 죽음뿐이라는 단단한 결의로 적과 싸워라. 목숨을 버릴 각오로 전투에 나가면 반드시 승리한다.

그리스 태생의 로마의 역사가 폴리비오스의 《히스토리아》에 나오는 대 스키피오의 연설 일부입니다. 폴리비오스는 대 스키피오 Scipio Africanus의 손자 소 스키피오 Scipio Aemilianus Africanus Numantiuns를 가르친 적이 있었고, 카르타고 원정에 종군하기도 했습니다. 기원전 201년, 대 스키피오는 카르타고의 자마에서 한니발과의 마지막 일전을 앞두고 말을 타고 사열하면서 부하들에게 이렇게 연설하였습니다. 백마를 타고 좌우로 달리면서 열변을 토하는 청년 장군의 모습이 연상됩니다. 그의 말대로 로마군은 자마 전투에서 한니발을 패퇴시키고 카르타고의 항복을 받았습니다.

기원전 3세기 초 로마는 건국 500여 년이 지나 최대의 위기를 맞이하고 있었습니다. 지중해의 패권을 놓고 북아프리카의 카르타고와 전쟁이 계속되고 있었습니다. 이른바 포에니 전쟁입니다. 그때 나타난 로마의 영웅이 '대 스키피오' 또는 '스키피오 아프리카누스'라 불리는 푸브리우스 코르넬리우스 스키피오입니다. 스키피오가 속한 코르넬리 가문은 당시 로마의 대 귀족의 하나로서 포에니 전쟁이 끝날 때까지 가장 큰 공헌을 했습니다. 증조부로부터 스키피오 형제에 이르기까지 4대에 걸쳐 일곱 명의 집정관을 배출한 명문가였습니다.

스키피오 가의 이야기는 기원전 264년에 시작되어 기원전 146년 카르타고의 멸망으로 끝나는 포에니 전쟁과 같이합니다. 포에니 전쟁은 로마의 스키피오 가와 카르타고의 한니발 가의 전쟁이기도 했습니다. 스키피오의 조부는 제1차 포에니 전쟁 때 로마 해군 최초의 사령관이었고 한니발의 아버지는 전쟁 말기 카르타고군 사령관이었습니다.

스키피오와 한니발의 대결은 제2차 포에니 전쟁으로부터 시작됩니다. 집정관으로 있던 스키피오의 아버지는 알프스를 넘어 북이탈리아로 진격해 온 한니발 군대와 맞선 티치노 전투에서 대패하고 그 자신도 부상을 입었습니다. 그때 열일곱 살이던 스키피오는 아버지를 따라 전쟁에 나갔다가 위험에 처한 아버지를 구출했을 정도로 매우 용맹했습니다.

한니발은 연이어 승리하고 이탈리아 남동부 아풀리아 지방까지 내려옵니다. 여기까지 내려오는 데 2년이나 걸렸습니다. 그것은 앞서 이야기했던 파비우스 막시무스의 지연전술 때문이었습니다. 그러나 로마군은 기원전 216년 8월, 이탈리아 중부에서 벌어진 칸나이 평원의 전투에서 치욕적인 패배를 당하고 붕괴 직전까지 몰렸습니다.

당시 카르타고는 히스파니아에 교두보를 세우고 로마와 지배권을 다투고 있었습니다. 그곳의 부족들은 힘의 향배에 따라 유리한 쪽에 줄을 서는 상황이었습니다. 카르타고는 대부분의 보병이 히스파니아인으로 구성되었을 정도로 부족들과 관계가 밀접했습니다. 로마는 카르타고를 견제하기 위하여 스키피오의 아버지를 사령관으로 하는 원정군을 보냈지만 전사하고 맙니다. 스키피오의 삼촌 역시 전사합니다. 그러나 아무도 후임 사령관을 맡으려 하지 않았습니다. 그때 출정을 자청한 사람은 스물네 살의 청년 스키피오였습니다.

스키피오는 젊은 나이에도 대단히 신중하고 자제심이 뛰어났습니다. 플루타르코스의 《모랄리아》에 나오는 이야기입니다. 병사들이 아름다운 처녀를 발견하고 바치자, 사적인 지위에 있다면 이보다 더 좋은 선물은 없을 것이지만 사령관의 신분으로서는 이보다 달갑지 않은 것이 없다고 하며 사양합니다. 그렇지만 병사들에게 고마움을 표시하며 마음을 헤아려 줍니다. 처녀의 아버지가 감사의 선물을 바치자 그마저 지참금에 보태라며 돌려줍니다. 그런 일이 있은 후 켈트의 한 젊은 족장이 군사들을 이끌고 로마군에 합류합니다. 그는 처녀의 약혼자였습니다. 그 뒤 스키피오의 인품에 매료된 히스파니아의 부족들이 하나둘씩 로마의 편으로 돌아서게 됩니다. 스키피오는 공과 사를 분명히 함으로써 사령관으로서 위엄을 지키고, 많은 부족들을 자신의 편으로 끌어들일 수 있었습니다.

세상의 큰 이익은 사심 없는 사람에게로 돌아간다는 것을 잘 보여 주는 사례입니다.

뒷날의 일이지만 스키피오의 그 같은 리더십은 한니발과의 마지막 회전, 자마 전투에서도 엿볼 수 있습니다. 그는 싸움에 앞서 칸나이 전투에서의 굴욕적 패배라는 멍에에서 벗어나지 못하고 있던 병사들의 마음을 위로해 주었습니다. 사기가 오른 그들은 죽기를 각오하고 싸웠습니다. 주류가 아닌 사람들, 소외된 사람들, 불만이 있는 사람들이 큰 자산이 될 수 있다는 것을 일깨워 줍니다.

스키피오는 한니발의 동생 바르카가 이끄는 카르타고 군대를 몰아내고 히스파니아 전역을 수중에 넣습니다. 영웅으로 떠오른 그에게는 왕의 호칭이 오르내립니다. 젊은 나이에 엄청난 성공을 거두고 우쭐할 만하지만 신중하게 처신합니다. 로마로 돌아올 때 관례적으로 행해졌던 개선식도 없이 조용히 입성했습니다.

로마로 돌아온 스키피오는 다음 해 집정관으로 선출됩니다. 그리고 그의 창끝은 아프리카의 카르타고를 향합니다. 그러나 로마의 원로원과 귀족들은 스키피오를 견제하기 시작합니다. 그들은 이탈리아 반도 남부에 주둔하고 있는 한니발을 남겨둔 채 아프리카로 전선을 확대하는 것은 위험한 일이라면서 반대합니다. 그러나 스키피오의 생각은 달랐습니다. 로마군이 카르타고의 심장부로 향하면 한니발은 이탈리아 반도에서 물러날 수밖에 없다고 판단했습니다.

스키피오는 파비우스 막시무스를 비롯한 원로들의 격렬한 반대를 이겨내고 결국 아프리카 원정길에 오릅니다. 그 젊은 나이에도 반대를 무릅쓰고 신념을 관철했습니다. 스스로 전함을 건조하고 지원병을 모집하여 아프리카로 향합니다. 그러자 그가 예상했던 대로 카르타고는 공포에 휩싸였고, 한니발은 급히 본국으로 달려옵니다. 기원전 201년 스키피오는 자마 전투에서 카르타고의 항복을 받고 평화조약을 체결합니다. 로마로 개선한 그는 아프리카 정복자 '아프리카누스'의 칭호를 받습니다. 이것으로 17년간 계속된 제2차 포에 니 전쟁, 즉 한니발 전쟁은 막을 내립니다.

스키피오는 자신을 종신 독재관에 추대하고 동상을 세우려는 움직임이 있자 즉시 중단시킵니다. 그에 대한 보답으로 원로원이 국고에서 일정액의 돈을 지급하도록 결정하자 금고를 열어야 할 재무관들이 스키피오를 쳐다보며 어쩔 줄 몰라 합니다. 스키피오는 이렇게 말합니다. "더 이상 채울 수 없을 정도로 금고가 차면 내가 직접 열 것이다." 그만큼 그는 사려 깊은 인물이었습니다.

스키피오 아프리카누스는 감찰관을 지낸 후 기원전 192년 두 번째 집정관에 오릅니다. 집정관 임기를 끝내고 시민으로 돌아간 그는 기원전 190년, 시리아의 안티오코스 3세가 알렉산드로스를 꿈꾸며 도전해 오자 사령관인 동생을 따라 아시아 원정에 참가합니다. 승리하고 개선한 그의 동생 루키우스에게는 아시아를 정복한 사람, 즉 '아시아티쿠스'라는 칭호가 주어졌습니다.

로마는 카르타고에서 밀려나 안티오코스 3세에게 의탁하고 있던 한니발을 자신들에게 보내라고 요구합니다. 다시 코린트로 망명한 한니발은 기원전 183년 숨을 거둡니다. 아홉 살에 조국을 떠나 36년간 전쟁터를 전전하다가 조국에 돌아왔지만 자마 전투에서 스키피오에게 패하고 평화조약이 체결되자 그가 설 자리는 없었습니다. 고금을 막론하고 정치의 세계는 참으로 냉혹합니다. 아무리 훌륭한 비전이 있다고 하더라도 국민이 피로해지면 언제든지 폐기될 수 있습니다. 스키피오 아프리카누스 역시 같은 해 망명지에서 숨을 거둡니다. 동시대에서 활약했던 걸출한 두 영웅은 그렇게 하여 조국으로부터 버림받고 생을 마감했습니다.

스키피오가 망명지에서 최후를 맞이하게 된 이유는 이렇습니다. 배상금을 횡령했다는 혐의로 원정군 사령관 루키우스가 고발되자 스키피오는 강하게 반발합니다. 자신에 대한 모욕인 동시에 자신을 몰아내기 위한 음모라고 생각했기 때문입니다.

"감사할 줄 모르는 조국이여! 그대는 내 뼈마저 가지지 못할 것이다." 조국을 떠나 망명지에서 죽은 그는 로마가 자신의 장례를 치르는 것마저 원하지 않았습니다.

스키피오는 로마의 이름이 지워질 뻔한 절체절명의 위기에서 나라를 구한 자신에게 횡령 혐의를 씌워 몰아낸 데 대한 강한 배신감에서 벗어나지 못했습니다. 병이 깊어 신중함이 무뎌졌다고도 하지만 영웅의 처신으로서는 아쉬움이 남습니다. 그의 유언이 지켜졌던 것일까. 로마에 있는 스키피오 가문의 묘지에는 스키피오의 묘가 들어 있지 않습니다.

스키피오 아프리카누스가 죽은 뒤 2년이 지나 횡령 혐의를 벗을 수 있었습니다. 배상금은 전쟁에 동원된 병사들을 위하여 사용되었다는 것이 밝혀졌습니다. 스키피오는 플루타르코스의 《영웅전》에서조차도 사라진 슬픈 영웅입니다. 《영웅전》 가운데 그리스 테베의 장군 에파미논다스와 대비 열전으로 함께 들어 있었고, 《스키피오 아프리카누스 전기》라는 책도 있었지만 모두 실전되었다고 합니다.

스키피오를 열심히 변호한 인물이 있었습니다. 젊은 의원 티베리우스 크라쿠스입니다. 그는 위대한 업적으로 존엄의 경지에 오른 스키피오가 광장의 연단 밑에 끌려나와 모욕을 받는 것은 로마의 치욕이 될 것이라며 탄핵에 반대합니다. 더구나 스키피오는 자신의 정적이었습니다. 그는 칸나이 전투에서 전사한 집정관 크라쿠스 장군의 아들로 공공의 이익을 수호하는 데 앞장서 '공공의 선'으로 불렸던 인물입니다. 그 후 그는 스키피오의 딸 코르넬리아와 결혼하였고, 그 자식들이 뒷날 로마의 개혁을 추진했던 크라쿠스 형제입니다.

카르타고가 다시 일어설 때까지 50여 년간 지중해는 평화가 유지됩니다. 그리고 기원전 149년 제3차 포에니 전쟁이 발발합니다. 이 전쟁은 스키피오의 손자 소 스키피오의 손으로 종결됩니다. 집정관에 있던 소 스키피오는 총사령관을 맡아 기원전 146년 카르타고를 완전히 격파하고 속주屬州로 삼음으로써 포에니 전쟁의 종지부를 찍었습니다.

로마가 지중해 일대의 지배권을 확립하고 '팍스 로마나' 시대를 여는 데 있어서 스키피오 가문의 기여는 절대적이었습니다. 한 가문에 '아프리카누스', '아시아티쿠스', '누만티우스'라는 칭호가 거듭 주어졌다는 것만 보아도 알 수 있습니다.

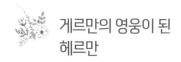

게르만의 영웅이 된 헤르만

로마 군단은 그 용맹과 위엄의 상징으로 깃봉에 비상하는 모습의 황금 독수리Aquila 조각을 꽂은 군기를 사용했습니다. 그 후 독수리 문장은 신성로마제국으로 이어져 독일과 오스트리아를 거쳐 폴란드, 러시아, 에스파냐, 미국 등 많은 국가로 확산되었습니다. 동로마제국을 비롯한 발칸 국가들은 쌍두 독수리 문장을 사용하기도 했습니다. 미국에서는 고대 로마의 인명이나 지명을 흔히 발견할 수 있습니다. 미국의 건국자들은 로마의 정치체제를 선망했습니다. 문장紋章도 마찬가지입니다. 국장Great Seal을 비롯하여 정부기관, 여권, 우표 등에서 독수리 문장이 광범위하게 사용되고 있습니다. 독수리는 미국의 국조國鳥이기도 합니다.

로마 군단의 상징인 황금 독수리 깃발을 야만인에게 빼앗기는 치욕을 당한 적이 있습니다. 그러나 서기 90년을 전후하여 《게르마니아》를 쓴 속주 출신의 로마 역사가 타키투스에 의하면 게르만은 야만인이 아니었습니다. 그들은 기독교를 믿었고 부족의 법과 문화를 지니고 있었습니다. 기원전 58년부터 9년간에 걸친 카이사르의 갈리아 원정으로 로마는 지중해를 벗어나 유럽 내륙으로 그 지배 영역을 확장할 수 있었습니다. 카이사르의 갈리아 원정 때 라인 강을 건너 동쪽으로 진격했던 적이 있었지만 라인 강과 엘바 강 사이의 게르마니아에는 로마의 지배가 미치지 못했습니다. 로마는 카이사르의 집권과 피살, 그리고 내란으로 더 이상 게르마니아에 신경을 쓸 여유가 없었습니다.

카이사르의 후계자 아우구스투스는 내란을 수습한 뒤 게르마니아에 원정군을 보냅니다. 그런데 정복이 거의 끝나가던 무렵 게르만족에게 괴멸되는 이변이 발생합니다. 서기 9년, 1만여 명의 게르만족은 현재의 독일 북동부 지역에서 벌어진 '토이토부르크 숲의 전투'에서 퀸틸리우스 바루스가 지휘하는 3개 군단 3만여 명의 로마군에게 참혹한 패배를 안겨 주었습니다. 사령관 바루스를 포함하여 대부분 지휘관들이 그 자리에서 자결하는 치욕적인 패배였습니다. 게다가 로마 군단을 상징하는 독수리 군기 세 개를 빼앗겼습니다.

최강의 로마 군단을 숲 속으로 유인하여 괴멸시킨 게르만의 지도자는 케루스키족의 족장 헤르만이었습니다. 헤르만의 로마 이름은 아르미니우스입니다. 족장의 아들로 태어났지만, 그는 인질로 로마에서 성장했습니다. 다른 속주의 자제들처럼 로마 군단의 보조병이었지만 뛰어난 활약으로 기병 지휘관이 되어 기사 계급에 오를 수 있었습니다.

기원전 7년 경 북부 게르마니아로 돌아온 헤르만은 로마에 대항하기 위하여 여러 부족 사이의 결맹을 통하여 강력한 연합 세력을 구축했습니다. 그리고 자신에 대한 바루스의 신뢰를 이용하여 거짓 정보를 흘림으로써 로마군의 전력을 분산시킨 뒤 미리 병력을 매복해 놓은 숲 속으로 유인하여 괴멸하였습니다.

이 전투의 패배로 로마는 라인 강을 경계로 국경선을 지키는 방어적 정책으로 전환하게 됩니다. 아우구스투스는 죽기 전에 북으로 라인 강과 도나우 강, 동으로 유프라테스 강, 남으로 아프리카까지의 경계선을 지키라는 말을 남겼습니다. 그러나 그 뒤에도 로마는 확장의 유혹을 견디지 못하고 확대된 국경선을 지키느라 힘을 소진했습니다.

서기 14년, 아우구스투스가 죽은 후 로마는 게르마니쿠스를 사령관에 임명하여 설욕에 나섭니다. 두 차례 전투에서 빼앗겼던 군기 가운데 두 개를 회수하고 전사자의 유골을 수습하여 매장할 수 있었습니다. 그러나 아우구스투스의 뒤를 이은 티베리우스는 1년만이라도 전투를 계속할 수 있게 해달라는 게르마니쿠스의 간청에도 불구하고 그를 소환하여 아시아 총독으로 보내 버렸습니다. 그에 대한 견제이기도 했지만 원정을 계속하기 어려운 재정적인 이유도 있었습니다.

이로써 로마군은 게르마니아에서 완전히 철수하고 라인 강 동쪽의 땅을 포기합니다. 굴종보다는 자유를 택했던 헤르만의 일격으로 게르만은 로마의 지배를 피하고 민족적 정체성을 유지할 수 있었습니다. 타키투스의 《게르마니아》에 의하면 이 지역에는 많은 부족이 있었습니다. 그들은 평온한 것보다는 위험 속에서 명성을 얻는 것을 좋아하여 싸움터를 찾아다니기도 했습니다. 게르만은 상무의 기풍이 넘친 사람들이었기 때문에 자신들을 지켜낼 수 있었습니다.

아르미니우스와 금발의 무리, 험한 길이 없었더라면

독일의 자유는 없었으리라

우리는 라틴어를 주고받으며,

우리의 조국은 로마의 지배를 받았으리라

1806년 나폴레옹에 의하여 신성로마제국이 해체되는 상처를 입은 독일인들은 《니벨룽겐의 노래》와 같은 시가를 통하여 원초적 민족성을 찾고, 그것을 교육의 원천으로 삼으려는 움직임이 있었습니다. 위의 시는 독일 시인 하인리히 하이네Heinrich Heine의 《독일 겨울동화》 제11부 중 한 대목입니다. 총 27부에 달하는 이 장편 서사시는 하이네가 1848년 독일인의 민족정신을 고무하기 위하여 발표한 것입니다. 시에서 보는 바와 같이 헤르만의 전쟁은 게르만의 자의식을 형성하는 좋은 소재가 되었습니다.

헤르만의 민족적 가치를 가장 먼저 발견한 것은 신성로마제국의 영방領邦의 하나였던 바이에른 왕국의 2대왕 루트비히 1세였습니다. 그는 '백조의 성'이라 불리는 독일 남부 퓌센의 아름다운 궁전, 노이슈반슈타인 성의 주인공이기도 합니다. 루트비히 1세는 왕국의 수도 뮌헨의 동북쪽에 위치한 레겐스부르크의 도나우 강변 언덕에 파르테논 신전을 닮은 영웅의 집, 발할라Walhalla를 세워 헤르만을 비롯한 50명의 위대한 인물의 흉상 또는 명판을 세워 그들의 위훈을 기리게 했습니다.

헤르만의 신화는 그 후에도 계속되었습니다. 1871년 보불전쟁의 승리로 최초의 통일국가 독일제국을 선포한 프로이센은 1875년 '토이토부르크 숲'의 남쪽에 높이 50미터가 넘는 헤르만의 거대한 입상을 세웠습니다. 헤르만이 프랑스 방향으로 들고 있는 칼에는 황금색 빛나는 글씨로 '독일 사람의 단결은 나의 힘, 나의 힘은 독일의 힘'이라고 새겨져 있습니다. 그것은 헤르만을 독일의 첫 영웅, 독일인의 왕으로 내세움으로써 게르만의 단결을 도모하기 위한 것이었습니다.

독일인들이 가장 사랑하는 수목은 참나무robur입니다. 다른 나라의 나라꽃과 같은 것입니다. 우리나라 공원의 느티나무처럼 독일의 공원 어디에서 만날 수 있는 것이 참나무입니다. '강함'이나 '굳셈'과 같은 뜻을 가진 참나무는 독일인의 상징으로 자리 잡았습니다. 게르만은 숲에 태어났고 또 그 속에서 살았습니다. 헤르만의 전쟁은 잠자고 있던 게르만의 자의식을 일깨워 주었고, '토이토부르크 숲'의 참나무는 정체성의 일부가 되었습니다.

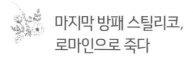

마지막 방패 스틸리코, 로마인으로 죽다

유럽의 북쪽 습지대에 거주하던 게르만의 남하가 시작된 직접적 원인은 훈족의 이동에 있었습니다. 여러 가지 설이 있지만 훈족은 대체로 북방의 흉노족으로 간주되고 있습니다. 중원에서 흉노족을 몰아낸 인물은 당시 스무 살에 불과한 청년 장군 곽거병이었습니다. 그는 열여덟 살에 흉노 정벌에 참가하였고 스물한 살에 표기장군驃騎將軍에 올라 기원전 120년 흉노를 격멸하고 스물네 살에 요절한 전설적 영웅입니다. 북방에서 밀려난 훈족은 유럽 내륙으로 들어가 고트족을 제압하고 근거지를 마련합니다. 훈족에게 생활 터전을 내주고 남쪽으로 이동한 서고트족을 규합하여 로마로 쳐들어간 인물이 알라리크입니다. 그리고 로마를 지키고자 했던 인물은 스틸리코였습니다.

헤르만의 전쟁이 있고 약 400년 뒤 로마군에는 게르만계 사령관이 등장합니다. 플라비우스 스틸리코는 반달족 혈통의 혼혈인으로 서로마의 제국 호노리우스 치세의 중심에 있었던 장군이자 집정관이었습니다. 그는 기울어 가는 로마 제국의 마지막 방패였습니다. 재위 중 무려 열여섯 해를 전쟁터에서 보냈던 테오도시우스 황제에게 발탁된 스틸리코는 스물세 살에 황제 근위대장에 오른 입지전적인 인물이었습니다. 테오도시우스는 조카딸을 자신의 양녀로 들여 스틸리코에게 시집보냈을 정도로 그를 깊이 신뢰했습니다. 테오도시우스는 죽기 전 장남에게 동쪽의 로마를, 차남에게 서쪽의 로마를 맡기고 스틸리코를 총사령관으로 임명하여 황실과 로마를 보호하도록 했습니다.

그러던 중 395년 도나우 강 하류에 거주하던 서고트족이 동로마를 침공합니다. 서고트족의 족장 알라리크는 도나우 강의 방벽을 무너뜨리고 지금의 불가리아에 해당하는 트라키아 남부로 내려와 콘스탄티노플을 압박합니다. 이때 동로마는 변변히 싸워 보지도 못하고 항복합니다. 알라리크는 아테네를 거쳐 그리스 남부까지 장악합니다. 동로마는 '300전사'의 신화를 간직한 테르모필레에서 저지할 수 있는 기회가 있었지만 그렇게 하지 못했습니다.

서로마의 스틸리코가 펠로폰네소스 반도에 상륙하자 알라리크는 포위망을 뚫고 북쪽으로 달아납니다. 퇴각하던 그는 동로마와 비밀리에 동맹을 맺고 일리리쿰 사령관으로 임명됩니다. 그처럼 상황이 전개된 것은 동로마가 서로마를 경계의 대상으로 여겼기 때문입니다. 알라리크의 속셈도 다르지 않았습니다. 서로마와 동로마 사이의 완충지대에 자리를 잡아 기회를 엿보려 했습니다. '발칸은 유럽의 화약고다'라는 말에는 깊은 뿌리가 있는 것 같습니다.

일리리쿰은 지금의 크로아티아 남부에 위치한 스플리트 근처에 있었습니다. 크로아티아는 이탈리아 반도와 발칸 반도 사이의 바다, 즉 아드리아 해의 동쪽 해안에 접한 발칸 국가입니다. 1700킬로미터가 넘는 아름다운 해안선과 거기에 접한 붉은 지붕의 집들, 궁전과 성벽 그리고 사원 등으로 수많은 관광객들로 붐비는 곳입니다. 그러나 크로아티아를 포함한 발칸 반도는 오랜 기간 평화롭지 않았습니다. 동로마, 오스만 터키, 오스트리아 등 주변 강국의 지배를 피할 수 없었고 소련의 위성국이 되기도 했고 내전을 겪기도 했습니다.

스틸리코는 서기 400년 이탈리아를 침공한 알라리크를 토리노 동남쪽 폴렌티아에서 격퇴하고 수만 명의 포로들을 해방시킵니다.

그러나 절체절명의 위기에서 황제와 나라를 구한 공로에도 불구하고 원로원으로부터 적군을 포위하고도 달아나게 했다는 비난을 피할 수 없었습니다. 그 같은 상황에서 스틸리코는 알라리크와 동맹을 맺고 일리리쿰의 로마군 사령관에 임명합니다. 그런 일에는 보상이 따르기 마련이어서 스틸리코는 원로원을 설득하여 봉사의 대가로 황금 4천 파운드를 지불했습니다.

스틸리코가 알라리크에게 황금을 제공했다는 사실이 알려지자 시민들은 로마가 돈으로 평화를 샀다고 비난합니다. 정적들도 가만히 있지 않았습니다. 그들은 스틸리코가 알라리크와 내통하여 황제를 시해하고 자신의 아들을 제위에 올리려 한다고 음해합니다. 궁전이 유약한 관리들로 채워져 있을 때 전쟁에서 공을 세운 장군은 위험에 처한다는 말은 진리에 가깝습니다.

서기 408년 황제의 묵인 아래 반대파는 군사들을 동원하여 스틸리코의 사람들을 대거 살해합니다. '파비아의 학살'이라 불리는 사건입니다. 스틸리코의 사람들은 복수를 결의하지만 스틸리코는 끝까지 움직이지 않습니다. 자기 사람들을 믿기 어려웠다고 하지만 그것보다는 이민족의 침공이 걱정되었기 때문입니다. 로마인 어머니 밑에서 로마인으로 살았던 그로서는 다른 선택을 생각할 수 없었습니다. 혈통이 다른 자신을 발탁하여 아들처럼 키워 준 테오도시우스 황제에 대한 신의를 지키는 것이기도 했습니다.

스틸리코는 역적과 살인자의 오명을 피할 수 없음에도 불구하고 상황을 담담하게 받아들였다. 자신을 보호하려는 부하들의 시도를 막았다. 그리고 마지막 로마의 장군으로서 품위를 지키기 위하여 헤라클리우스의 칼에 목을 내밀었다.

에드워드 기번이 서술한 스틸리코의 마지막 모습입니다. 스틸리코는 반대파에 의하여 장악된 수도 라벤나로 들어가 교회로 피신합니다. 그리고 황제의 명을 받고 달려온 군사들에게 체포되어 반역죄로 즉시 처형됩니다. 그는 체포되는 순간에도 함께 있던 부하들에게 자신을 보호하지 말라는 부탁을 남겼습니다. 자신의 명예를 지키고 부하들의 목숨을 살리기 위한 고육지책이었습니다. 부하들은 잔혹한 고문으로 자백을 강요받았지만 끝까지 견뎌냈습니다.

그의 최후에 대해서는 약간 다른 얘기도 있습니다. 황제에게 전령을 보내 알현을 요청합니다. 황궁에 들어간 그의 앞에는 황제가 아니라 반대파의 총수 올림피우스가 나타납니다. 그리고 황제의 사형 명령서를 읽은 후 즉시 참수형에 처합니다. 아무런 반론의 기회도 주어지지 않은 죽음이었습니다. 수차례 로마를 위기에서 구해냈던 영웅의 최후치고는 허무한 결말이 아닐 수 없습니다. 그의 실수라면 황제 곁에 너무 가까이 있었다는 점입니다. '너무 멀리 떨어져 있으면 얼어 죽고 너무 가까이 있으면 불에 타서 죽는다'라는 말이 틀리지 않습니다.

그렇게 하여 로마의 방패는 사라졌습니다. 410년 알라리크는 로마를 점령하고 도시를 파괴합니다. 로마는 기원전 390년 켈트족에

이어 두 번째로 이민족에 점령되는 비운을 맞습니다. 스틸리코의 반대파 올림피우스에 의하여 장악된 로마는 내분으로 제대로 힘을 쓸 수 없었습니다. 그 후 로마는 점점 쇠락하여 476년 게르만 용병대장 오도아케르에 의하여 1229년간의 역사를 마감했습니다. 그리고 얼마 후 동고트족이 들어와 라벤나를 수도로 삼고 이탈리아 반도를 장악했습니다.

역사가들은 그때 스틸리코가 죽지 않았다면 로마는 무너지지 않았을 것이라 말합니다. 로마 제국의 쇠망 요인으로 정정의 불안, 도덕성과 시민정신 타락, 경계선의 확대, 기독교 전파와 같은 여러 가지 것들이 꼽히지만, 로마의 강점이었던 포용력을 잃은 것이 더 큰 문제였다는 분석이 좀 더 설득력을 얻고 있습니다. 그런 점에서 혼혈인 스틸리코는 로마의 흥망성쇠를 극적으로 보여준 인물이라고 할 수 있습니다.

10 | 마지막 황제
그들은 고결함을 잃지 않았다

서로마 제국이 멸망한 후 그 자리에는 고트족, 반달족 등 이민족들의 왕국이 세워졌습니다. 그로부터 1세기가 지난 후 유스티니아누스 황제의 동로마 제국은 이민족을 몰아내고 지중해 일원의 옛 로마 제국의 영토를 거의 수복할 수 있었습니다. 이로써 동로마 제국은 북아프리카, 이탈리아 반도 그리고 히스파니아를 포함하는 최대의 판도를 갖게 되었습니다. 유스티니아누스는 38년간의 치세를 통하여 영토를 확장하고 법전을 편찬하였으며 소피아 성당을 건설하여 신앙의 기초를 놓음으로써 제국을 반석에 올려놓았습니다.

동로마에는 플라비우스 벨리사리우스라는 젊은 장군이 있었습니다. 그는 콘스탄티노플의 시민들이 압제에 저항하여 일으킨 '니카의 반란'을 제압함으로써 유스티니아누스의 통치 기반을 공고히 하는 데 큰 공을 세웠습니다. 치세의 안정과 함께 그는 정복 전쟁에 앞장섭니다. 530년 사산조 페르시아 대군과 맞붙은 다라 전투에서 승리한 데 이어 북아프리카로 건너가 반달족의 수도 카르타고를 공격하여 항복을 받습니다. 그리고 이탈리아 반도로 옮겨 시칠리아, 나폴리 그리고 로마를 차례로 수복한 뒤 북상하여 동고트족 왕국의 수도 라벤나를 점령합니다. 그리고 559년 훈족의 후예 자베르간의 침공으로부터 수도의 안전을 지켜냅니다. 그에게는 '고대 로마 문명의 가치를 구현한 사람', '마지막 로마인'이라는 명예로운 이름이 붙었습니다.

장려했느니 그 최후, 콘스탄티누스 11세

제국의 초기 유스티니아누스와 벨리사리우스에 의하여 큰 융성을 이룬 동로마는 11세기가 지나면서 점차 그 세력이 약화됩니다. 1453년 오스만 제국이 침공해 왔을 때 수도 콘스탄티노플과 펠로폰네소스 반도 그리고 몇몇 섬만 남은 허울뿐인 제국이었습니다. 술탄 메흐메드 2세는 즉위하자마자 보스포루스 해협 가운데 가장 좁은 곳에 성채를 쌓고 통행세를 강요하면서 동로마를 압박하기 시작합니다. 보스포루스 해협에서 가장 먼저 눈에 들어오는 어둡고 칙칙한 느낌이 나는 성채가 바로 그때 만든 루멜리 히사리입니다.

오스만 제국이 정예군단 예니체리를 포함하여 17만여 명의 병력을 동원하여 콘스탄티노플을 침공해 왔을 때 동로마의 병력은 용병 2천 명을 포함하여 7천 명에 불과했습니다. 동로마는 급히 베네치아 등 이웃 나라에 도움을 청했지만 구원병은 오지 않았습니다. 발칸이나 서유럽 국가들 역시 마찬가지였습니다.

당시 콘스탄티노플은 골든 혼Golden Horn을 중심으로 좌우로 나누어져 있었습니다. 왕궁이 자리 잡고 있는 서쪽 지역에는 테오도시우스 성벽을 포함하여 총 21킬로미터에 달하는 아주 견고한 성벽이 둘러쳐 있었습니다. 동로마는 오스만 터키 해군이 몰려오자 골든 혼 입구를 쇠줄로 봉쇄하여 선박의 진입을 차단합니다.

그렇다면 오스만 터키 해군은 어떤 행동을 했을까. 배가 산으로 가는 일이 실제로 있어났습니다. 약 16킬로미터의 산길을 내고 하룻밤 사이에 배를 내해로 옮겼던 것입니다. 에드워드 기번의 《로마제국 쇠망사》에 의하면 갤리선 80척과 쌍돛대 범선이었습니다. 그러나 67척 또는 79척이었다는 다른 자료도 있습니다. 기상천외한 작전으로 오스만 해군은 내해로 진입할 수 있었고, 전황은 동로마에 비관적으로 변하고 맙니다.

동로마군은 최후의 결전을 벌였지만 결국 성벽이 뚫렸고 성은 함락되었습니다. 성벽을 깨트리는 데 사용했던 오스만 군대의 주력 무기는 구경 63센티미터의 석환石丸을 장전하여 쏘는 거대한 대포였습니다. 우르반이라는 헝가리 기술자를 초빙하여 만들었다는 이 대포는 길이 518센티미터, 무게가 16.8톤에 최대 1.6킬로미터까지 석환을 날려 보낼 수 있었고, 1.25킬로미터 거리의 목표물에 직경 2미터의 구멍을 낼 정도로 가공할 만한 위력이 있었습니다.

그 후 유럽 제국은 고성능 대포의 개발에 열을 올렸습니다. 제1차 세계대전 때는 '디케 베르타Dicke Bertha'라는 독일제 곡사포가 있었습니다. 영어로 '빅 버사Big Bertha'라 불리는 이 곡사포는 820킬로그램의 포탄을 최대 15킬로미터까지 쏘아 보낼 수 있는 가공할 무기였지만, 47톤에 달하는 무게 때문에 몇 번 사용하지 못하고 제작이 중단되었습니다.

57일간의 포위 공격에 저항한 끝에 동로마 제국은 1123년의 역사를 뒤로하고 막을 내립니다. 여기에 이르기까지에는 몇 차례의 중흥의 기회가 있었지만 쇠잔의 길을 피하지 못했습니다. 그렇지만 콘스탄티누스 11세는 용감한 군주였습니다. 비잔틴 최후의 날을 지켜보았던 그리스 역사가 게오르기오스 스프란체스의 연대기에 나오는 마지막 연설의 한 부분입니다. 황제는 최후의 일전을 앞두고 군사들 앞에서 이렇게 말합니다.

나의 형제들이여, 그대들이 잘 알다시피 우리는 네 가지 공동의 의무가 있습니다. 첫째 우리의 신앙심, 둘째 우리의 조국, 셋째 주님의 부름을 받은 황제, 넷째 우리의 친척과 친구들에 대한 의무를 지키기 위해서라도 우리는 생존보다는 죽음을 선택할 수밖에 없습니다. (중략) 나의 형제들 그리고 전우들이여, 우리의 죽음, 기억, 명성 그리고 자유가 영원히 기념될 수 있도록 합시다.

이에 앞서 황제는 소피아 성당에서 장례미사를 올린 후 궁전으로 돌아와 신하들과 하인들에게 재임 중 자신의 잘못에 대하여 용서를 구합니다. 당시 현장을 목격하고 기록으로 남긴 우베르티노 푸스쿨루스에 의하면 황제는 내벽과 외벽 사이 위험한 위치에 막사를 세우고 전투를 지휘했습니다. 그리고 말을 타고 성벽 안을 달리면서 병사들을 독려한 다음에 싸움에 뛰어들었습니다.

시체 더미 아래서 쌍두 황금 독수리가 수놓인 신발이 발견되었다. 그리스 사람들은 눈물을 흘리며 황제의 시신임을 확인했다.

황제의 최후에 관한 에드워드 기번의 묘사입니다. 이교도의 손에 죽는 불명예를 안고 싶지 않았던 황제는 입고 있던 자주색 토가를 벗어 던져 버리고 싸웠습니다. 황제의 최후에 대한 안타까움에서 나온 것일까. 메흐메드 2세가 황제의 시신을 효수한 후 예를 갖추어 장례를 치러 주었다고도 하고, 시민들이 몰래 시신을 거두어 묻어 주었다고도 합니다.

쌍두 황금 독수리 문장은 동로마의 국장이었고, 자주색은 황제를 상징하는 것이었습니다. 그것은 황제가 전투 중에 전사했음을 증명하기 충분했습니다. 황제는 제국과 함께 명예롭게 생을 마감함으로써 로마의 정신을 보여 주었습니다. 그는 비록 위기를 막지는 못했지만 책임의 무게를 알았던 고결한 정신의 소유자였습니다. 그에게는 자신의 안전을 도모할 수 있는 길이 있었지만 연설의 한 대목처럼 죽음을 피하지 않았습니다.

그는 항복을 권하는 신하들을 뿌리치고 콘스탄티노플과 운명을 같이했습니다. 그리스 남부의 펠로폰네소스 반도로 피신할 수도 있었지만 그렇게 하지 않았습니다. 더욱이 황제는 정탐을 나갔다가 돌아온 선장과 선원들을 통해 이웃 기독교 국가들이 구원병을 보내지 않았다는 것을 알고 있었습니다. 그렇지만 그는 시민들을 버리고 도망간 황제로 남을 수는 없었습니다. 그는 로마인으로서 고결함을 보여 주었습니다.

콘스탄티누스 11세의 처신은 그로부터 약 140년 후 임진왜란 때 조선의 국왕의 모습과 비교됩니다. 선조는 조정의 반대에도 불구하고 서울을 버리고 서둘러 피신했습니다. 그것도 모자라 압록강을 건너자고 신하들을 재촉했습니다. 그리고 논공행상에서는 싸움터에서 공을 세운 장병보다 피난길에 수발을 들어준 신하를 더 챙겼습니다. 호성공신扈聖功臣 86명, 선무공신宣武功臣 18명, 노블레스 오블리주의 관념이 생겨날 여지가 없었습니다.

당신은 기도를 올리고, 많은 사람들과 함께 도시를 돕니다
많은 사람들이 죄를 짓고 있다는 것을 기억해야 합니다
콘스탄티누스, 자신의 두 손으로, 당신의 트로이에서 뛰어내리세요
로마의 군기를 높이 들어 그 옛날 트로이인의 쇼를 만들면서
탑 위에는 독수리 깃발 대신에 붉은 휘장이 펄럭입니다
당신은 성벽 주위의 적들에게 분노했습니다

야만인, 그리고 철의 도시를 파괴하는 자들에게

치욕스런 시민들을 내보내 결사적으로 싸우세요

당신은 악의 범접을 허락하지 않을 것입니다

도시의 아버지, 그리고 도시의 창조자로서

우베르티노 푸스쿨루스의 장편 서사시 《콘스탄티노폴리스》의 한 부분입니다. 콘스탄티노플의 함락을 트로이의 그것에 비교하면서 쓴 호메로스풍의 시입니다. 그는 이탈리아 반도에 살았던 학자였습니다. 그리스 문명을 찾아 콘스탄티노플을 여행하던 중 전쟁에 휩쓸려 포로가 되었지만 큰 대가를 치르고 돌아올 수 있었습니다.

그러나 콘스탄티노플의 귀족들은 황제처럼 고결하지 못했습니다. 전쟁이 닥쳐왔음에도 불구하고 재산을 내놓지 않았습니다. 심지어 너도나도 굴을 파서 황금을 숨기기에 급급했을 뿐만 아니라, 적을 앞에 두고 내분을 일으키기도 했습니다. 《로마제국 쇠망사》에는 포로가 된 동로마 제국의 귀족이 메흐메드 2세에게 금은보화를 바치자 "왜 그대의 황제와 나라를 위하여 내놓지 않았는가?"라며 힐난하는 장면이 나옵니다. 메흐메드 2세는 마지막 공격에 앞서 승리에 대한 보답으로 병사들에게 2일간 약탈을 허용하겠다고 약속하며 사기를 높였습니다. 콘스탄티노플의 귀족들이 숨긴 보물과 재산은 결국 적군의 몫이 되고 말았습니다.

위의 시에 나오는 '독수리 깃발'은 동로마 제국의 문장을 의미합니다. 결국 독수리 깃발은 떨어지고 성채에는 오스만의 붉은 깃발이 걸렸습니다. 동로마 제국이 멸망하자 러시아는 잽싸게 동방 기독교의 정통을 자임하면서 쌍두 독수리를 국장國章으로 삼고 세 번째 로마 제국을 자처했습니다.

이웃 나라들이 동로마를 지원하지 않은 이유는 종교적 불화 때문이었습니다. 로마 가톨릭과 그리스 정교의 화해를 위한 노력이 없지 않았지만 성공하지 못했습니다. 옛날 트로이가 위기에 처했을 때에는 여러 나라가 달려왔지만 콘스탄티노플을 지킬 때에는 그렇지 못했습니다. 동로마의 패망을 외면했던 이탈리아와 발칸 반도의 나라들은 오스만 세력의 서진을 저지하는 과정에서 쇠퇴를 피할 수 없었습니다.

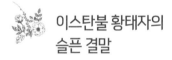

이스탄불 황태자의 슬픈 결말

한 가지는 기뻤고 또 한 가지는 슬펐다. 기뻤던 것은 전쟁으로 폐허가 되었던 대한민국이 놀라울 정도로 발전했다는 점이다. 그러나 그동안 우리는 무엇을 했던가? 그것을 생각하면 슬펐다.

2002년 월드컵 때 우리나라를 방문했던 터키군 총사령관의 소회입니다. 오스만의 영광을 이어 가지 못하고 있다는 안타까움의 표현입니다. 터키는 6·25전쟁 때 미국과 영국 다음으로 많은 병력을 파견해 준 나라입니다. '토이기'라고 불린 그들은 오스만 제국의 예니체리처럼 매우 용감했습니다. 당시 터키가 그렇게 많은 병력을 파견한 이유는 그들이 겪은 역사적 아픔 때문이었습니다. 터키는 제1차 세계대전의 패전으로 제2차 세계대전에서 아무런 역할을 하지 못했습니다. 그들에게 있어서 한국전 참전은 전후 세계질서에 적극적으로 참여하는 새로운 출발을 의미했습니다.

터키 사람들은 한국을 형제의 나라로 여길 만큼 특별한 애정을 가지고 있습니다. 양국 사이의 경제적, 군사적, 문화적 협력도 매우 활발합니다. 이스탄불의 보스포루스 해협에는 아시아와 유럽, 대륙과 대륙을 연결하는 두 개의 다리가 세워져 있습니다. 영국, 독일, 일본의 기술로 건설된 것입니다. 그러나 2016년에 완공된 보스포루스 제3대교는 우리나라 건설업체의 작품입니다. 유럽과 아시아 대륙을 연결하는 유라시아 해저 터널 역시 같은 해 우리 업체에 의하여 건설되었습니다.

강력한 해군력을 바탕으로 강대국의 반열에 올랐던 오스만 제국은 17세기 술레이만 1세 이후 점차 쇠락하여 그리스와 세르비아 그리고 이집트에 대한 지배권을 상실했습니다. 뿐만 아니라 크림, 발칸 등 연이은 전쟁으로 세력이 위축되었고 제1차 세계대전 때는 독일 편에 섰다가 국가 해체의 위기를 맞이했습니다. 이때 오스만 황실은 연합국의 압력에 굴복하여 이스탄불과 본토 외의 모든 지배권을 내놓는 조건으로 강화에 동의했습니다. 강화 조건들 가운데서도 자신들의 지배를 받았던 그리스가 터키 본토 서쪽의 요지 이즈미르를 5년간 통치한다는 조건은 치욕적인 것이었습니다.

이후 민족적 자존심에 상처를 입은 국민들의 불만이 고조됩니다. 위기감을 느낀 술탄이 군대와 민족주의 단체를 해산하자 무스타파 케말이 주도하는 민족주의 세력은 앙카라에서 국민의회를 소집하여 1921년 1월, 헌법을 제정하고 터키 공화국을 수립합니다. 케말은 이탈리아-오스만 전쟁과 발칸 전쟁에 참가하고 제1차 세계대전 때 총사령관을 맡아 전쟁을 지휘한 인물입니다. 이로써 오스만 제국은 이스탄불의 술탄정부와 앙카라의 의회정부가 병립하는 혼란에 빠집니다.

그리스는 기회를 놓치지 않았습니다. 영토의 서쪽, 이즈미르를 장악하고 있던 그리스군은 앙카라로 진격을 개시합니다. 그로부터 3년 후 터키군은 그리스군을 완전히 축출하고 영국군과 전쟁을 개시합니다. 더 이상의 전쟁에 부담을 느낀 영국이 협상을 선택함으로써 터키 공화국은 지금의 영토에 대한 주권을 인정받을 수 있었습니다. 위기에 처한 나라를 구하고 공화국을 세운 무스타파 케말에게는 터키의 국부國父, 즉 아타튀르크의 칭호가 주어졌습니다.

터키 공화국의 수립과 함께 통치권이 박탈된 술탄 메흐메드 6세와 그 일행은 1922년 11월, 돌마바흐체 궁전을 빠져나가 영국 전함을 타고 망명길에 올랐습니다. 술탄은 그 후 4년이 채 안되어 이탈리아 북서부 연안의 산레모에서 사망했습니다. 1924년 의회는 칼리프 기구를 해체하고 황실 사람들을 추방하는 안건을 통과시켰습니다. 메흐메드 6세의 후임으로 선출되었던 칼리프 압둘 메지트와 그의 직계 가족 일행은 그날 밤 오리엔트 특급열차에 올라야 했습니다. 그리고 열흘 후 나머지 황실 가족 116명에게 추방 명령이 내려졌습니다. 그들은 모든 재산을 남겨둔 채 24시간 이내에 떠나야 했고 50년간 입국이 금지되었습니다.

추방된 왕자들 가운데 메흐메드 오르한이 있었습니다. 그는 오스만 제국의 술탄 압둘 하미드 2세의 손자이며 압둘 카디르의 아들입니다. 흔히 오스만 제국의 마지막 황태자로 알려져 있지만 정확히 말하면 마지막 황태자는 숙부 메흐메드 부르하네딘이었습니다. 오르한은 연장자가 승계하도록 되어 있는 오스만 황실의 관례에 따라 1983년에 가서야 비로소 제42대 오스만 황실의 수장에 오를 수 있었습니다. 비록 술탄이 존재하지 않는 세상이 되었지만 그때부터 오스만의 마지막 황태자로 불리게 됩니다.

어느 날 오후 늦게 학교에서 돌아왔을 때 두 명의 경찰관이 찾아왔습니다. 그들은 울면서 종이 위에 서명하게 했습니다. 나는 열네 살이었습니다. 거기에 무슨 말이 쓰여 있는지 보지도 않고 서명했습니다. 나는 서둘러 자전거를 타려고 했습니다. 분명히, 24시간 내에 터키 영토를 떠나겠다는 확인을 해주었는데….

그는 고등학교를 졸업하고 육군사관학교에 다니다가 추방 명령을 받고 조국을 떠났습니다. 당시 그의 나이 열네 살이었습니다. 사관학교 제복을 입고 찍은 사진을 보면 아주 단아하고 귀여운 모습입니다. 고귀한 혈통을 타고난 그에게 운명은 가혹했습니다. 가족들과 헤어져 헝가리에서 유랑 생활을 시작한 그는 레바논, 이집트, 일본, 미국, 브라질, 알바니아, 프랑스 등의 여러 도시를 떠돌며 택시 기사, 선박 공장 노동자, 사진사 등 밑바닥 생활을 전전했습니다. 파리의 미군 묘지 안내원을 끝으로 은퇴한 그는 미국으로부터 받는 매월 160달러의 연금으로 프랑스 남부 니스의 방 한 칸짜리 아파트에서 어렵게 살았습니다.

터키 역사가 무라트 바르다치에 의하면 중동에 머물고 있던 오르한은 1930년 사촌과 함께 인도와 싱가포르를 거쳐 일본에 수개월 머무른 적이 있었습니다. 그들이 극동까지 오게 된 것은 일본이 그들을 이용하려 했기 때문입니다. 세계를 전전했던 그에게도 한 번의 기회가 있었습니다. 제2차 세계대전 직전, 알바니아 국왕 조구 1세의 도움으로 공군 대위가 되어 조종사로 복무할 수 있었지만 그것도 잠시였습니다. 1939년 4월, 파시즘 이탈리아의 침공으로 그의 후원자였던 국왕이 물러나고 곧이어 제2차 세계대전이 발발하자 알바니아에서의 새로운 생활도 끝나고 말았습니다.

드디어 1974년, 기다려 왔던 50년의 입국 제한이 풀렸지만 그는 귀국할 수 없었습니다. 터키 정부로부터 입국 허가를 받지 못했기 때문입니다. 그 후 18년이 지나 1992년 여든셋의 고령에 조국 땅을 밟게 됩니다. 입국 직전인 1991년에 비로소 국적을 회복한 그는 무국적자로서의 삶에 마침표를 찍을 수 있었습니다. 1992년 7월 22일자《인디펜던트》지는 그의 첫 조국 방문을 이렇게 전하고 있습니다.

다른 세상이었다면, 술탄 오르한 2세가 되었을지도 모르는 한 남자가 주머니 속에 2천 파운드만 지닌 채 추방 길에 오른 지 68년 만에 복잡한 감정으로 첫 번째 터키 여권을 꺼내 들었다.

오르한은 박물관으로 변한 돌마바흐체 궁전에 들어가 이곳저곳을 돌아보고 나옵니다. 영화 〈마지막 황제〉에서 15년간의 수감 생활에서 풀려나 정원사로 있던 청나라 마지막 황제 푸이溥儀가 자금성에 들어가 어좌를 바라보던 모습이 연상되는 장면입니다.

돌마바흐체 궁전은 서구화 정책에 따라 베르사유 궁전과 같은 유럽의 궁전을 본떠 만든 것으로서 1856년에 완공되었습니다. 문을 열고 나오면 바로 보스포루스로 통하는 해변에 세워진 이 아름다운 궁전에는 언제나 수많은 관광객으로 북적입니다. 외관뿐 아니라 내부에는 수정으로 된 난간과 영국 빅토리아 여왕이 선사했다는 세계 최대의 수정 샹들리에를 비롯하여 보물들이 즐비합니다. 궁전 내벽의 도색을 위하여 황금 14톤과 은 40톤이 들어갔습니다. 화려함의 극치를 자랑하는 이 궁전은 황궁으로는 고작 70년밖에 사용되지 못했습니다. '큰 공사를 벌이면 나라가 기운다'라는 옛말이 틀린 말은 아닌 것 같습니다. 이 궁전은 터키 공화국의 국부 무스타파 케말 파샤가 사용하다가 그의 사후 박물관으로 사용되고 있습니다. 박물관 안에 걸려 있는 시계는 모두 하나같이 9시 5분을 가리키고 있습니다. 1938년 11월 10일 오전 9시 5분에 사망한 그를 추모하기 위한 것입니다.

이스탄불의 이곳저곳을 돌아본 오르한은 출국하기 전 택시를 타고 보스포루스 다리 위에 오릅니다. 그러다 바람을 쐬겠다며 잠시 차를 세웁니다. 주차 단속을 위하여 다가온 경찰관이 뒷좌석에 앉은 오르한을 알아보고 "조국에 오신 것을 환영합니다. 프랑스로 돌아간다는 기사를 읽었습니다. 여기는 당신의 조국입니다. 여기서 사세요"라 말합니다. 오르한은 갑자기 눈물을 흘리기 시작합니다. 뒤이어 다가온 두 경찰관 역시 "조국에 오신 것을 환영합니다"라며 인사합니다. 그리고 모두 함께 울었습니다.

"참 이상한 일이야…. 68년 전 그때도 그들은 울면서 내게 명령을 전했는데…." 오르한은 추방 명령을 받았던 당시 상황을 떠올렸습니다. "또다시 눈물 속에 조국을 떠나야 하다니…." 보스포루스 다리 난간에 서서 흐르는 눈물을 애써 감추려는 듯 먼 하늘을 바라보는 황태자의 모습은 터키 국민들의 심금을 울렸습니다. 국민들은 그가 조국에 남기를 원했고, 정부에서도 거처를 주선해 주었습니다.

그러나 그는 편안한 삶을 원하지 않았습니다. "터키를 위해 한 푼의 세금도 낸 적이 없기 때문에 이 땅에 남을 수 없습니다"라는 말을 남기고 프랑스로 돌아갔습니다. 그것이 책임감의 일단인지 한의 표현이지는 분간하기 어렵습니다. 그러나 옛 황실의 최고 어른으로서 명예와 자존심을 지키고자 했던 것은 분명해 보입니다. 그는 자신의 귀국을 허락하지 않은 것에 대해 불만이 없지 않았지만 품위를 잃지 않았습니다. 황실과 자신을 그렇게 만든 케말 파샤에 대한 반감이 있었을 만하지만 그는 나라를 구한 것보다 더 훌륭한 일이 어디 있겠냐며 괘념치 않았습니다.

그는 1994년 프랑스 니스의 아홉 평짜리 조그마한 아파트에서 혼자 살다가 사망했습니다. 생전에 그는 무려 9개국의 언어를 구사할 수 있었습니다. 미국에 살았던 또 다른 왕자도 여러 나라의 언어에 밝았다고 하는 점에 비추어 보면 오스만 황실은 어릴 때부터 언어 습득에 특별히 신경을 썼던 것 같습니다. 그런 것은 당시 유럽 상류사회 전반의 흐름이기도 했습니다. 그렇다고 해도 오르한의 언어능력은 놀랍습니다. 여러 나라를 전전할 수밖에 없었던 유랑의 행로와 무관하지 않아 보입니다.

슬픈 이야기는 또 있습니다. 침대 옆에 터키의 흙 한 줌을 끼고 살았을 정도로 조국에 묻히고 싶었던 그였지만 죽은 후 한 줌의 재조차 남기지 못했습니다. 그의 주검은 죽은 지 이틀 후에야 발견되어 니스 근교의 공동묘지에 묻혔지만 연간 200유로의 관리비를 내주는 사람이 없어 해체되었고 유골이 다른 집단 매장지로 보내져 뒤섞여 버렸습니다. 황실의 후예로서 죽는 날까지 품위를 지키려고 했던 그에게 남은 것은 아무것도 없었습니다.

11 | 세 도시의 시민들
그곳은 공기마저 달랐다

영국과 프랑스는 도버 해협을 사이에 두고 마주하고 있습니다. 지금은 해저터널을 통하여 유로스타가 오가는 곳이지만 두 나라 사이에는 크고 작은 충돌이 잦았습니다. 영국은 대륙으로부터 불과 35.4킬로미터밖에 되지 않는 가까운 거리에 있어서 대륙의 영향을 받기 쉬웠습니다. 흔히 영국의 지정학적 위치를 일본의 그것과 비교합니다. 제러드 다이아몬드는 《총·균·쇠》에서 일본의 위치가 영국에 비하여 훨씬 유리했다고 말합니다. 가장 가까운 한국에서 177킬로미터, 러시아에서 290킬로미터나 떨어져 있어서 대륙의 침략이 거의 없었고, 때문에 독립성을 유지하기가 용이했다는 것입니다.

고요하고 평화로운 아름다운 저녁,

성스러운 시간은 예배로 숨을 멈춘

수녀마냥 조용하다

커다란 해는 정적 속으로 가라앉고

하늘은 바다를 부드럽게 품는다

들어라! 위대한 존재로 깨어나

그의 영원한 운동으로

천둥 같은 소리를 울린다 - 끊임없이

'아름다운 저녁'이라는 부제가 붙은 윌리엄 워즈워스William Words-worth의 시 〈칼레 해변의 저녁에〉의 일부입니다. 그러나 칼레는 조용하지 않았습니다. 프랑스 최북단의 항구도시 칼레는 요새를 의미하는 그 이름처럼 뺏고 뺏기기를 거듭한 전략적 요충지였습니다. 칼레는 프랑스에서 영국으로, 또 에스파냐에서 다시 프랑스로 여러 번 주인이 바뀌는 수난을 겪었습니다. 그리고 제2차 세계대전 때 독일군의 주된 공격로가 됨으로써 도시 전체가 포위 공격을 받기도 했습니다. 칼레는 그 수난만큼이나 많은 이야기를 간직하고 있습니다.

칼레의 시민

14세기 백년전쟁에서 칼레의 시민들이 보여준 명예로운 처신은 노블레스 오블리주의 전형으로 칭송받고 있습니다. 오귀스트 로댕 Auguste Rodin은 '칼레의 시민' 조각상을 만들었고, 게오르크 카이저 Georg Kaiser는《칼레의 시민》이라는 희곡을 썼습니다. 사형장으로 향하는 고뇌에 찬 시민 대표들의 모습을 표현하고 있는 로댕의 '칼레의 시민'은 모두 열두 개가 만들어져 칼레를 비롯하여 파리, 런던, 워싱턴 D. C. 등 여러 도시에서 시민정신의 상징이 되고 있습니다. 그중 하나가 서울에 있습니다.

널리 알려진 대로 칼레의 이야기는 이렇습니다. 영국의 에드워드 3세는 크레시 전투에서 프랑스의 필리프 6세에 승리하고 칼레를 포위합니다. 에드워드 3세는 왕자가 위험에 빠졌다는 보고를 받고도 구원병을 보내는 대신에 그 스스로 기사임을 증명하라고 했을 정도로 엄격한 리더십의 소유자였습니다. 칼레는 1년간 끈질기게 저항하다가 결국 점령되고 말았습니다. 당시 프랑스군은 열한 명의 영주를 포함하여 3만여 명이 희생되었습니다.

에드워드 3세는 시민의 안전을 보장하는 조건으로 여섯 명의 목숨을 요구합니다. 누가 먼저 죽겠다고 나설 것인가? 외스타슈 드 생 피에르라는 부자가 먼저 목숨을 내놓겠다고 나서자 상류층 사람들이 뒤따라 나섭니다. 그렇게 되자 에드워드 3세는 시민들을 용서하기로 합니다. 그러나 사실 여부에 관하여 논란이 있습니다. 참회의 종교의식이 고귀한 시민정신으로 미화된 것이라든가 또는 보불전쟁에서 패배한 프랑스가 국민의 분발을 촉구하는 과정에서 부풀려진 이야기라는 주장도 있습니다.

1853년 영국의 찰스 디킨스Charles Dickens가 발표한《어린이 영국사A Child's History of England》에서 좀 더 구체적으로 확인할 수 있습니다. 로댕의 조각상이나 카이저의 희곡이 나오기 훨씬 전에 나온 이 책은 칼레 시민의 이야기가 영국에서 먼저 나왔다는 것을 추론할 수 있는 중요한 자료입니다. 에드워드 3세는 "맨발에 윗옷만 입히고 목에 밧줄을 두르고 성과 마을의 열쇠를 가지고 오게 하라"라고 명령합니다. 여섯 명의 시민들은 로댕이 조각에서 표현하고 있는 고통스런 모습으로 나타납니다. 좀 길지만 그대로 옮겨 보겠습니다.

칼레 성주가 시장에 모인 사람들에게 에드워드 3세의 명령을 전하자 모두 큰 소리로 울고 슬퍼했다. 그때 사람들 가운데서 외스타슈 생피에르라는 이름 있는 사람이 일어나 여섯 사람의 희생 없이는 모든 시민들이 죽을 수밖에 없다면 그 자신이 첫 번째로 목숨을 내놓겠다고 말했다. 빛나는 용기에 고무된 이름 있는 사람들이 하나둘 일어나 나머지 시민들을 구하기 위해 자신들의 목숨을 내놓겠다고 말했다. 중한 부상으로 걸을 수도 없었던 성주는 시민들이 울며 슬퍼하는 가운데 잡아먹을 수도 없을 정도로 노쇠한 말을 타고 문까지 그들을 배웅했다. 성난 얼굴로 그들을 넘겨받은 에드워드는 여섯 사람 모두를 참수하라고 명령했다. 그러자 착한 왕비는 무릎을 꿇고 그들을 자신에게 넘겨달라고 간청했다. 에드워드 3세는 "왕비가 여기에 오는 게 아니었소. 그러나 왕비의 청을 거절할 수 없구려"라고 대답했다. 왕비는 그들에게 적당한 옷을 입히게 하고 잔치를 베푼 후 좋은 선물과 함께 돌려보냈다. 모든 병사들이 함께 기뻐했다.

이 이야기는 칼레의 시민들을 소재로 한 것이지만 서술 주체는 어디까지나 영국인입니다. 이야기에서는 칼레 시민들의 용기와 함께 영국인들의 너그러운 태도를 은근히 자랑하고 있습니다. 황산벌 전투에서 화랑 반굴과 관창의 용기와 함께 계백 장군의 인품을 높이 평가하는 것과 다르지 않습니다.

1917년에 발표된 게오르크 카이저의 희곡, 《칼레의 시민》은 좀 더 극적인 장면을 연출하기 위해 여섯이 아니라 일곱 사람이 자원한 것으로 설정됩니다. 누가 남을 것인가? 다음 날 아침 동이 틀 무렵에 시청 공회당 광장에 가장 먼저 도착한 여섯 사람이 인질로 가기로 합니다. 다음 날 아침, 죽음을 자청했던 사람들이 모두 도착했지만 가장 먼저 올 줄 알았던 외스타슈 생피에르는 나타나지 않았습니다. 그때 동요하는 시민들 사이로 관을 든 사람들이 등장합니다. 관을 덮은 천을 벗기자 그의 시신이 나타납니다. 자신이 먼저 죽음을 택함으로써 삶과 죽음의 사이에서 고뇌하는 다른 사람들의 용기를 북돋우기 위한 행동이었습니다. 이 장면에서 외스타슈 생피에르의 아버지는 "나는 새로운 인간을 보았다. 오늘 밤에 그가 태어났다!"는 말을 남깁니다. 희곡이 보여 주고자 했던 가장 중요한 메시지일 것입니다.

그 후 칼레는 자유로운 도시가 되었을까. 1558년에 가서야 겨우 영국의 지배에서 벗어날 수 있었지만 또다시 에스파냐의 지배를 피하지 못했습니다. 그리고 1598년에 가서야 비로소 프랑스의 영토로 회복될 수 있었습니다.

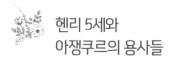

헨리 5세와
아쟁쿠르의 용사들

영국은 일단 칼레를 손에 넣음으로써 프랑스 공략의 전진 기지를 확보합니다. 이렇게 하여 백년전쟁의 서막을 승리로 장식한 영국은 영유권을 주장하면서 침공을 거듭합니다. 여덟 명의 왕이 전사하였거나 부상을 입었고 또 과로로 숨졌을 정도로 영국의 공세는 치열했습니다. 당시 영국은 노르망디 공국의 윌리엄에 의하여 세워진 노르만 왕조에 의하여 통치되고 있었습니다.

1415년 8월, 프랑스 노르망디에 영국왕 헨리 5세가 나타납니다. 난공불락의 성으로 알려진 아르플레르를 공략하여 항복을 받아냄으로써 칼레에 이어 또 하나의 요충지를 확보합니다. 헨리 5세는 때마침 번진 열병으로 절반 이상의 병사들을 본국으로 돌려보낼 수밖에 없었지만 의회의 권유에도 불구하고 그는 돌아가지 않습니다. 남은 병력 6천여 명을 이끌고 진군하던 중에 솜 강 근처에서 1만4천 명의 프랑스군과 맞부딪칩니다. 이것이 바로 유명한 아쟁쿠르 전투입니다. 영국군의 진로를 미리 알고 있던 프랑스군에 절대적으로 유리한 전투였지만 상황은 반대로 전개되었습니다. 영국군은 장궁 부대를 미리 배치해 놓고 프랑스군을 진창으로 유인하여 대승을 거두었습니다.

이 전투에서 프랑스군은 귀족들을 포함하여 6천여 명이 전사하였고 1천여 명이 포로가 되었습니다. 이에 비하여 영국군은 1600여 명이 전사했습니다. 양측 전사자 중에는 공작이나 백작 같은 귀족이 적지 않았습니다. 특히, 프랑스군에서는 공작과 백작 열 명이 전사하였고, 다섯 명이 포로가 되었습니다.

양측 모두 귀족들이 앞장섰고 또 그들의 희생도 컸지만 리더십에서는 차이를 보였습니다. 영국의 에드워드 3세는 보통의 병사들을 고귀한 귀족의 정신으로 무장시키는 리더십을 보여 주었지만 프랑스는 귀족들의 힘으로 승리하려 했습니다. 프랑스의 패배는 총체적 힘을 이끌어 내지 못한 리더십의 부재에 있었다는 뜻입니다.

헨리 5세는 열다섯 살 왕자 시절에 출전하여 부상을 입고도 물러서지 않은 출중한 용기와 리더십을 보여 주었습니다. 그래서 그는 기사들의 존경을 한 몸에 받았습니다. 스물일곱 살에 왕위에 오른 그는 샤를 6세가 통치하던 프랑스에 영유권을 주장하며 노르망디에 상륙하여 제2의 칼레 성을 확보합니다. 그로부터 2년 후 헨리 5세는 또다시 프랑스를 침공하여 노르망디의 중심 루앙을 점령합니다. 그리고 노르망디에 대한 지배권을 확고히 한 다음 도시를 차례로 접수하고 1420년 파리에 입성합니다. 트루아 조약을 맺고 샤를 6세의 딸 캐서린과 결혼하면서 태어나지도 않은 왕자를 후계자로 정합니다. 그렇게 하여 헨리 5세는 프랑스를 자신의 지배 아래에 두게 되었지만 1422년 전염병으로 갑자기 사망합니다. 이때 헨리 5세와 캐서린 사이에서 태어난 아들은 불과 아홉 달에 지나지 않았습니다.

영국과 프랑스 양국의 통치권을 물려받은 헨리 6세 치세에서 영국은 프랑스에 대한 지배권을 거의 상실합니다. 그때 영국은 30년에 걸친 왕가의 내전으로 혼란을 겪고 있었습니다. 이른바 랭커스터 가와 요크 가의 장미전쟁입니다. 헨리 6세는 무기력한 왕이었지만 그가 세운 이튼 칼리지와 킹스 칼리지는 뒷날 팍스 브리태니커 시대를 여는 데 있어서 큰 자산이 되었다는 평가를 받고 있습니다.

헨리 5세는 군사적으로뿐만 아니라 문화적으로도 큰 획을 그은 인물입니다. 그는 영어를 사용했던 영국의 첫 번째 왕이었습니다. 그때까지만 해도 영국의 공식 언어는 프랑스어였고 영어는 변방의 하층 언어에 지나지 않았습니다. 영어를 공식 언어로 사용함으로써 국민의 정체성과 애국심을 불러일으키는 계기가 되었습니다. 영국은 그로부터 200년이 지나 윌리엄 셰익스피어로 대표되는 문예부흥의 시대를 맞이합니다. 셰익스피어는 그에 보답이라도 하려는 듯이 희곡 《헨리 5세》를 썼습니다.

오늘은 크리스피안의 축일로 불리는 날이다. 오늘 살아남아 집으로 돌아가는 사람은, 이날이 올 때마다 발돋움하고, 크리스피안의 이름을 들을 때마다 고개를 높이 들 것이다. 오늘을 넘고 오래 산 사람은, 해마다 이날이 오면 이웃들과 그 전날 밤에 잔치를 열고 말할 것이다. "내일은 크리스피안의 축일이다." 그리고 소매를 걷어 올리고 상처를 내보이며 "성 크리스피안 날에 입은 상처다"라고 말할 것이다. 노인은 잊는다. 그러나 모든 것을 다 잊어도 그날 세운 무훈만은 덤을 붙여 기억할 것이다. 그리고 우리 이름들은 사람들의 입에 오르내리는 일상의 말처럼 익숙해질 것이다. (중략) 이 이야기는 아버지에게서 아들에게로 이어질 것이다. 오늘부터 세상이 끝나는 날까지, 우리 이야기가 기억되지 않고는 크리스핀과 크리스피안의 축일을 보낼 수 없을 것이다. 소수인 우리, 소수이기에 행복한 우리는 형제들이다. 오늘 나와 함께 피를 흘리면 나의 형제가 될 것이기 때문이다. 아무리 비천한 사람이라도 오늘부터 그의 지위가 고결해지리라.

셰익스피어의 《헨리 5세》 가운데 아쟁크루에서 중장병으로 무장한 프랑스군의 압도적 기세에 놀라 두려움에 떨고 있는 부하들에게 헨리 5세가 행한 '성 크리스핀 축일의 연설'입니다. 《일리아드》에서 사르페돈과 오디세우스의 말을 섞어 놓은 듯한 느낌이 듭니다. 셰익스피어의 4대 사극이 '헨리아드'라고 불리는 이유를 알 것 같습니다. 1415년 10월 25일은 286년에 순교한 쌍둥이 형제 크리스핀과 크리스피안을 기리는 축일이었습니다. 화려한 군주의 모습으로 말 위에 오른 헨리 5세는 자신이 죽으면 영국이 자신의 몸값을 지불하는 일이 절대로 있어서는 안 된다는 말을 남기고 앞장서 달려 나갔습니다.

또다시 칼레에

그것이 끝이 아니었습니다. 비슷한 일은 1588년 또다시 되풀이됩니다. 에스파냐의 무적함대가 도버 해협으로 들어왔을 때 엘리자베스 1세는 은빛으로 빛나는 갑옷을 입고 나타나 병사들에게 연설을 합니다. 유명한 1588년의 '틸버리 연설'입니다. 그 자리에서 여왕은 연설을 통하여 자신은 병사들을 격려하러 온 것이 아니라 함께 죽을 결심으로 왔다고 말합니다. 모든 병사들은 환호했고 사기는 충천했습니다. 헨리 5세가 아쟁쿠르에서 했던 연설과 다르지 않습니다.

그대들이 보는 바와 같이 나는 지금 이 순간 그들 한가운데 와 있습니다. 나 자신을 위해서가 아니라 전쟁터의 한가운데서 그대들 모두와 함께 죽거나 살기로, 그리고 하느님, 나의 왕국, 나의 백성, 나의 명예와 혈통을 위하여 생명을 바치기로 결심했기 때문입니다. 나는 연약한 여자의 몸이라는 것을 알고 있습니다. 그러나 나는 왕으로서, 더구나 영국의 왕으로서 용기와 배짱을 지니고 있습니다. (중략) 나 때문에 그 어떤 불명예도 자라나지 않도록 나 스스로 무기를 들고 그대들의 장군이 되고 판관이 되고 그대들이 전장에서 이룬 미덕을 보상하는 사람이 되겠습니다.

당시 유럽의 최강국은 펠리페 2세의 에스파냐였습니다. 지금의 칼레와 플랑드르를 포함한 북부 유럽을 지배하고 있던 펠리페 2세는 영국을 정복하고자 합니다. 그러나 엘리자베스 1세는 네덜란드를 지원하여 에스파냐 육군의 발을 묶어 놓습니다. 그리고 펠리페 2세의 결혼 공세를 물리치고 결연한 저항의지를 보여 줍니다.

1588년 5월, 에스파냐의 무적함대는 영국을 향하여 출항합니다. 두 달이나 걸려 영국의 서남부에 도달할 수 있었지만 폭풍우로 싸워 보지도 못하고 칼레 항에 정박할 수밖에 없었습니다. 그러나 플랑드르에 주둔하고 있던 에스파냐의 육군은 영국·네덜란드 연합군과 대치하느라고 해군을 지원할 여력이 없었습니다. 칼레 항에 밀집해 있던 무적함대는 영국 해군의 화공선 공격을 받고 겨우 빠져나올 수 있었습니다. 그러나 먼 바다에서 기다리고 있던 영국 함대의 공격을 피할 수 없었습니다. 결국 무적함대는 영국 본토를 공격해 보지도 못하고 바다를 떠돌다가 에스파냐로 철수할 수밖에 없었습니다.

영국 원정에서 132척의 함선 가운데 67척을 잃은 에스파냐는 그 후 프랑스–에스파냐 전쟁에서 패배하고 네덜란드가 독립함으로써 유럽 최강의 위치에서 물러나게 됩니다. 북부 유럽의 교두보를 상실한 에스파냐는 1598년 칼레를 프랑스에 반환합니다. 프랑스, 영국, 에스파냐가 각축했던 칼레에 대한 지배권이 그렇게 귀결된 데는 네덜란드 독립전쟁이라는 또 하나의 사건이 있었습니다.

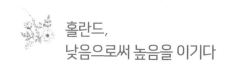

홀란드,
낮음으로써 높음을 이기다

잘 알려진 대로 네덜란드는 바다보다 낮은 땅이라 하여 붙여진 이름입니다. 네덜란드는 유럽에서 평등주의와 자유사상이 가장 먼저 발달했던 곳입니다. 하늘이 낮고 지평선이 긴 지리적 환경과 무관하지 않습니다. 빛을 볼 수 있는 날이 1년에 한 달도 되지 않다 보니 빛에 대한 사랑과 감수성이 아주 높을 수밖에 없었습니다. 렘브란트가 '빛의 아버지'로 불리는 데는 그만한 이유가 있습니다. 네덜란드에는 사상과 종교의 자유를 찾아서 몰려왔던 사람이 많았습니다. 그 때문에 학문과 출판문화가 일찍이 발전하였고 기술적 진보를 선도할 수 있었습니다.

네덜란드는 홀란드라는 별칭으로 불리기도 합니다. 북해 연안 네덜란드의 서부에 해당하는 홀란드는 무역으로 부를 축적한 신흥 귀족과 상인들이 많았습니다. 그들은 병력을 제공하고 전비를 부담하는 등으로 독립전쟁에서 큰 역할을 했습니다. 북홀란드에 속하는 수도 암스테르담은 17세기에 만들어진 40여 개의 운하로 연결된 물의 도시로, 마치 이탈리아의 베네치아와 같은 분위기를 느낄 수 있습니다. 화려한 중앙역과 담 광장, 왕궁과 미술관, 그리고 풍차마을, 나막신 공방, 치즈농장을 돌아보는 즐거움을 빼놓을 수 없습니다.

홀란드 지역은 육지가 바다보다 낮다 보니 제방을 만들어 육지를 보호해야 했습니다. '담'이라는 지명이나 풍차와 수로가 많은 것도 그 때문입니다. 그런데 네덜란드가 독립하는 과정에서 제방을 헐어 바닷물을 범람시키는 정반대의 상황이 전개됩니다. 그것은 도시를 지키기 위한 시민들의 고육책이었습니다.

원래 네덜란드는 지금의 벨기에, 룩셈부르크, 프랑스 북부 지방 일부를 포함하는 지역으로서 신성로마제국 카를 5세의 지배를 받고 있었습니다. 당시 유럽은 영국과 프랑스를 제외하고 합스부르크 왕가의 지배하에 있었습니다. 카를 5세는 퇴위하기 전 합스부르크 왕가의 영지를 아들과 동생에게 분할해 주었습니다. 독일과 오스트리아 일대를 제외한 전 지역을 물려받은 카를 5세의 아들 펠리페 2세는 브뤼셀에서 마드리드로 거처를 옮겨 에스파냐를 직접 통치합니다.

펠리페 2세가 가톨릭을 수호하기 위하여 신교에 대한 탄압을 계속하자 에스파냐의 신교들은 네덜란드로 이주하여 종교의 자유를 요구하고 성상 파괴 운동을 벌입니다. 그에 대한 응징으로 펠리페 2세는 네덜란드의 자치권을 박탈하고 새 총독을 보내 신교도 1100여 명을 처형하고 9천여 명의 재산을 몰수합니다. 이 사건으로 에스파냐의 강한 통치에 대한 저항운동이 시작됩니다. 1568년 오라녜 공 빌렘 1세Willem van Oranje가 주도한 독립전쟁 80년의 서막이었습니다. 독립전쟁의 주역, 빌렘 1세는 국부가 되었고 그의 활약을 주제로 한 '빌렘의 노래'는 네덜란드의 국가가 되었습니다. 그리고 오렌지색은 국가를 상징하는 색깔이 되었습니다.

1574년 5월, 플랑드르에 주둔하고 있던 에스파냐 군대는 라이덴을 포위합니다. 라이덴은 암스테르담의 남쪽에 있는 북해 연안 도시로 직물과 인쇄 공업이 발달한 도시였습니다. 보급이 끊긴 라이덴의 시민들은 처음 두 달을 제외하고는 거의 먹지 못했습니다. 게다가 역병까지 만연하여 사망자가 속출했습니다. 빌렘 1세는 시민들을 구하기 위하여 제방을 깨트리고 해군 함대를 진입시키기로 합니다. 일종의 수공작전이었습니다. 시민들은 삶의 터전이 송두리째 파괴되는 상황을 받아들이기 쉽지 않았습니다. 에스파냐군의 회유도 있었습니다. 그러나 시민들은 고양이, 개, 쥐까지 잡아먹으면서 버텨냈습니다. 시장은 시민들에게 자신의 한 팔을 내놓겠노라 선언하면서 항복을 거부했습니다. 10월 초, 마침내 바닷물은 홍수처럼 쏟아져 들어왔고 에스파냐군은 라이덴에서 퇴각했습니다.

라이덴은 해방될 때까지 굶주림과 역병으로 시민의 3분의 1에 달하는 5~6천여 명이 죽었습니다. 그때 바닷물을 따라 진입한 해군과 고이젠Geuzen은 굶주림으로 지쳐 있던 시민들에게 청어와 흰 빵을 나누어 주었습니다. 고이젠은 '바다 거지단'이라 불리며 해상에서 에스파냐에 저항하던 사람들입니다. 그들은 칼뱅주의를 신봉하는 소귀족 출신으로서 육지의 오라녜 공과 합세하여 네덜란드 독립에 큰 역할을 담당했습니다.

끝까지 항복을 거부하고 극한의 고통을 이겨낸 라이덴 시민의 애국심에 감동한 오라녜 공은 다음 해 대학교를 세워 주었습니다. 라이덴 대학교는 네덜란드에서 가장 오래된 대학인 동시에 세계적인 대학입니다. 당시 라이덴 시민들은 세금 면제와 대학 가운데 하나를 선택하라는 제안을 받고 대학을 지어달라고 했다고 합니다. 당장 자신들에게 혜택이 돌아가는 세금 면제를 택하지 않고 대학을 택했던 것입니다. 굶주림과 역병으로 인한 고통을 감내한 것도 대단한 일이지만 그보다 도시의 장래를 먼저 생각한 시민들의 품성이 더 존경스럽습니다.

17세기 최고의 번영을 누린 라이덴은 필그림의 진원지이기도 했습니다. 종교의 자유를 찾아 이곳에 들어와 있던 300여 명의 영국 청교도 가운데 일부 사람들은 메이플라워호를 타고 신대륙으로 이주했습니다. 필그림은 종교의 자유를 찾아 아메리카 대륙으로 건너갔다고 알려져 있지만 그것이 다가 아니었습니다. 농촌 생활에 익숙했던 그들은 공장 노동과 도시 생활에 적응하기 어려워했을 뿐만 아니라, 자녀 교육에 대해서도 걱정이 많았습니다. 그래서 영국인으로서의 정체성을 유지하면서 이상적인 농촌 사회를 건설할 목적으로 신대륙을 찾아 나섰던 것입니다.

라이덴에는 매년 10·3축제3 October Festival가 열립니다. 청어를 넣은 흰 빵을 나누어 먹고 운하 길을 걸으면서 1574년의 그날을 기립니다. 같은 10월, 암스테르담의 북쪽 도시 알크마르에는 10·8축제8 October Festival가 열립니다. 알크마르는 라이덴의 범람이 있기 한 해 전에 도시를 포위한 에스파냐군을 물리치기 위하여 수문을 열었던 곳입니다.

네덜란드의 남부와 북부는 서로 종교와 이해관계가 달랐습니다. 그 결과 칼뱅파를 비롯한 신교도의 북부와 가톨릭의 남부로 분리되었습니다. 북부 네덜란드 일곱 개 주는 1581년 독립선언과 함께 네덜란드연방공화국을 수립했지만 지금의 벨기에에 해당하는 남부는 계속 에스파냐의 지배를 받았습니다. 빌렘 1세가 펠리페 2세의 사주를 받은 가톨릭교도에게 암살된 후 독립전쟁은 그의 아들 마우리츠로 이어졌습니다. 그는 스무 살의 나이에도 불구하고 매우 기민했습니다. 에스파냐와 영국, 에스파냐와 프랑스 사이의 전쟁을 틈타 여러 도시들을 점령함으로써 지금의 국경선을 확보할 수 있었습니다. 그 후 네덜란드는 지브롤터 해전에서 에스파냐에 승리하고 해양 강국으로 부상하여 인도와 동남아 등지로 진출합니다. 일본 나가사키에 상관을 열고 벨테브레가 조선에 온 것도 네덜란드가 밖으로 눈을 돌릴 때였습니다.

그러나 네덜란드의 독립은 여전히 주변국으로부터 공식적인 인정을 받지 못했습니다. 1648년 '30년 전쟁'을 마무리 짓는 베스트팔렌 조약으로 네덜란드의 독립이 공인되었지만 그 후에도 영국, 프랑스, 프로이센 등과 전쟁을 피할 수 없었습니다. 빌렘 3세에 이르러 영국의 국왕William of Orange에 오르는 위세를 떨치기도 했지만 프랑스에 병합되는 위기를 겪기도 했습니다. 1672년 네덜란드는 프랑스와 영국의 침공을 맞아 또 한 번 도시를 수몰시키지 않으면 안 되는 상황에 처합니다. 그해 총독에 오른 빌렘 3세는 암스테르담의 수문을 열고 도시 일대를 물바다와 진창으로 만듦으로써 나라를 지켜낼 수 있었습니다. 그래서 1672년은 람피아르rampjaar, 즉 '재앙의 해'로 불립니다. 당시 프랑스군의 총사령관은 나폴레옹으로부터 최고의 장군으로 찬사를 받은 튀렌 대원수였습니다. 빌렘 1세의 외손자였던 그는 열네 살에 네덜란드의 외가로 보내져 군사전략을 배우고 전투에 참가하기도 했습니다.

투석기에 매달린 그워구프의 아이들

폴란드는 10세기가 되어서야 처음으로 공국의 지위를 갖게 되었을 정도로 통일국가 건설이 늦었습니다. 11세기 초 볼레스와프 1세라는 용감한 인물이 나타남으로써 비로소 독립 왕국으로 발전할 수 있었고, 13세기에서 16세기까지 황금시대를 맞이하였습니다. 폴란드의 남부, 동유럽의 한복판에 위치한 옛 수도 크라쿠프는 상업이 발달하여 550년간 번영을 누렸습니다. 그때 세워진 직물회관은 세계에서 가장 오래된 쇼핑센터로 알려지고 있습니다.

크라쿠프는 유럽에서 가장 아름다운 야외 미술관이라 할 정도로 옛 모습을 그대로 간직하고 있습니다. 바벨성의 대성당에는 역대 왕들을 비롯하여 폴란드를 빛낸 위인들의 유해를 안치하고 있습니다. 영국의 웨스트민스터나 프랑스의 판테온과 같은 곳입니다. 바벨성과 함께 대표적인 명소로 꼽히는 성모 마리아 성당에서는 한 시간마다 트럼펫 소리가 울려 퍼집니다. 13세기 타타르가 침공해 왔을 때 그것을 알리려 비상 나팔을 불다가 화살에 맞아 죽은 나팔수를 추모하기 위한 연주입니다. '성모의 새벽', 폴란드말로 '헤이나우 마리아스키'라는 이 곡은 성당에서 가장 높은 첨탑 밑 타워에서 한 시간마다 나팔수가 나와 네 방향으로 돌아가며 네 차례 연주합니다.

항복의 대가를 지불하고 이민족의 노예로서 불명예스러운 삶을 취하는 것보다 조국의 안전을 위하여 칼을 받고 죽은 것이 시민들과 인질들에게 훨씬 더 영예로운 것이다.

폴란드 남서부 국경에서 멀리 떨어지지 않은 소도읍, 그워구프의 오드라 강변에 있는 '그워구프의 아이들'이라는 메모리얼에 새겨져 있는 글귀입니다. 이 조형물은 다섯 아이가 투석기에 매달려 고통스러워하고 있는 모습을 형상화한 것입니다. 조형물에 새겨진 글귀는 볼레스와프 3세가 아이들을 인질로 보냈다는 소식을 접하고 했다는 말입니다.

이 이야기는 12세기 초 이름이 알려지지 않는 한 역사가가 쓴 《폴란드 왕들의 이야기》를 통하여 확인할 수 있습니다. 폴란드 왕국이 건국되고 얼마 되지 않은 1102년, 왕위에 오른 볼레스와프 3세는 공격적인 외교정책을 구사합니다. 1109년 신성로마제국의 황제 하인리히 5세는 군사 1만여 명을 동원하여 폴란드를 침공합니다. 오드라 강을 건너 그워구프 성을 포위한 황제의 군대가 마을을 불태우고 거대한 투석기를 동원하여 성채를 공격하지만 성공하지 못합니다. 황제가 항복하지 않으면 성을 초토화하겠다고 최후통첩을 보내자, 그워구프 성은 국왕의 허락을 받아오겠다며 휴전을 요청합니다. 그것은 볼레스와프 3세가 군사를 이끌고 올 때까지 시간을 벌기 위한 것이었습니다. 황제는 5일간 휴전을 받아들이는 대신에 귀족들의 아들을 볼모로 보내게 합니다. 그러나 그것은 황제의 속임수였습니다.

전쟁에는 반드시 불의와 폭력이 수반되지요. 그러나 전쟁 중에도 분명히 준수해야 할 것이 있소. 선량한 사람이라면 저급하고 부도덕한 방법으로 승리를 도모해서는 안 된다는 것이오. 위대한 장군은 자신의 힘으로 승리해야 하며, 다른 사람의 비열한 행동을 이용해서는 안 된다는 것이오.

기원전 4세기 로마의 독재관 카밀루스가 아이들을 볼모로 데리고 온 이웃 도시의 사람들에게 모욕을 주고 아이들을 돌려보내면서 한 말입니다. 그러자 이웃 도시는 로마에 복종하기로 합니다. 이 같은 사례는 또 있습니다. 기원전 3세기 히스파니아에서 싸우고 있던 스키피오는 포로 가운데서 미소년을 발견하고 황금 단추가 달린 히스파니아식 외투를 입히고 금반지 하나에 말 한 필을 선물로 주어 돌려보냈습니다. 소년은 어떤 부족의 왕자였습니다. 인질로 잡아둘 수 있지만, 그는 그렇게 하지 않았습니다. 카밀루스나 스키피오의 행동은 어린아이를 방패로 삼은 하인리히 5세와 달랐습니다. 그들은 응징보다는 포용이 더 큰 무기라는 것을 알고 있었습니다.

황제는 휴전 약속을 깨고 총공격에 나섰지만 성을 점령하지 못했습니다. 마지막에는 투석기에 아이들을 매달았습니다. 아이들이 처참하게 죽어 가는 상황이었지만 그들은 성을 포기하지 않았습니다. 볼레스와프 3세가 군사들을 이끌고 급히 다가오자 황제의 군대는 퇴각하였고 그워구프 성은 보전될 수 있었습니다.

그워구프 성과 같은 일은 13세기 말 이베리아 반도의 최남단 타리파에서도 있었습니다. 타리파는 카스티야 왕국이 지브롤터 해협을 경계로 모로코와 마주하고 있는 곳입니다. 모로코는 무어인들을 규합하여 타리파를 탈환하려고 했습니다. 타리파의 총독은 알폰소 페레스 데 구스만Alfonso Pérez de Guzmán이었습니다. 그는 적이 자신의 아들을 끌고 와 죽이겠다고 위협했지만 굴복하지 않았습니다. 성벽 위에 올라 "조국에 대항하는 아들을 낳지 않았다"면서 "잔악한 행위를 위하여 무기가 필요하다면 여기 나의 칼이 있다"라 말한 후 허리에서 칼을 뽑아 성벽 아래로 던지고 몸을 돌려 자리를 떠났습니다. 아들의 죽음은 피하지 못했지만 도시는 지켜졌고 구스만에게는 선인El Bueno이라는 별명이 붙었습니다. 예나 지금이나 나라가 발전하기 위해서는 지도층의 결연한 용기와 헌신이 있어야 한다는 것을 보여 주는 사례입니다.

무엇이 국가를 유지하는가:
시민의 의무

금이 아니라 사람만이 한 민족을
위대하고 강하게 만들 수 있다
진리와 명예를 위하여
꿋꿋이 버티고 오래 고통을 참는 사람들만이
다른 이들이 잠잘 때 일하는 용감한 사람들,
다른 이들이 도망갈 때 맞서 싸우는 사람들,
그들이야말로 한 나라의 기둥을 깊이 묻고
하늘 높이 세우는 사람들이다

– 랄프 왈도 에머슨 –

12 | 미니트맨 ①
언제 어디서든 조국의 부름에 답하다

미국 독립전쟁은 1775년 4월 19일, 매사추세츠 보스턴 서북쪽 미들섹스에서 영국군 700명과 민병대 77명이 충돌한 렉싱턴·콩코드 전투로부터 시작되었습니다. 매사추세츠와 메인 그리고 위스콘신에서는 전투가 시작된 날을 '애국자의 날'로 기리고 있습니다. 보스턴에는 도시를 상징하는 '프리덤 트레일Freedom Trail'이 있습니다. 보스턴 학살 장소를 비롯하여 보스턴 차 사건의 출발지 올드사우스 교회, 폴 리비어 하우스, 벙커힐 등 역사적 장소 열여섯 곳, 총 4킬로미터를 붉은색 보도로 연결해 놓은 것입니다.

이 얼마나 영광스러운 아침인가!

전투가 개시되었다는 소식을 듣고 건국의 아버지의 한 사람인 새뮤얼 애덤스Samuel Adams가 했다는 말입니다. 그는 자유란 지구 상의 어떤 권력에 의해서도 구속될 수 없으며, 사람이 아니라 자연법의 지배를 받아야 한다는 확고한 신념의 소유자였습니다. 매사추세츠는 가장 역사가 깊은 정착지의 하나로서 하버드대학교, 매사추세츠 공과대학교 등 명문 대학이 위치하고 있습니다. 독립전쟁에 불을 붙인 것은 '애국파Patriots'로 불린 하버드대학교 출신의 보스턴 급진주의자였습니다. 그들은 '롱 룸 클럽Long Room Club'이라는 단체를 만들어 식민지 정책에 강경하게 대응했습니다. 클럽에는 새뮤얼 애덤스를 비롯하여 존 핸콕, 제임스 오티스, 조지프 워런, 벤저민 처치 등의 인물들이 참여했습니다.

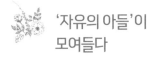

'자유의 아들'이 모여들다

1760년 조지 3세 즉위 후 영국이 정규군을 주둔시키고 새로운 세법을 시행하는 등 통제를 강화하자 식민지는 강하게 반발합니다. 1765년 타운센드법Townshend Acts과 인지세법Stamp Act은 거센 반발을 불러왔습니다. 그에 대한 저항의 과정에서 발생한 최초의 충돌이 1770년의 보스턴 학살 사건Boston Massacre이었습니다. 식민지의 저항을 주도한 것은 '자유의 아들Sons of Liberty'이라는 단체였습니다. 이곳에는 변호사, 의사, 사업가, 상인, 장인, 목수 등 열세 개 주 각계각층의 인물들이 참여하고 있었습니다. 1773년 차법Tea Act이 시행되자 새뮤얼 애덤스에 의하여 조직된 보스턴의 '자유의 아들'은 보스턴에 입항해 있던 선박에 들어가 차 상자를 바닷속에 던져 버립니다. 이른바 보스턴 차 사건입니다.

이 사건은 몇 가지 흥밋거리를 제공하고 있습니다. 새뮤얼 애덤스가 보스턴에서 생산되는 맥주의 브랜드로 사랑받고 있다는 것입니다. 그는 한때 맥아를 제조하는 일을 한 적이 있었습니다. '새뮤얼 애덤스' 맥주는 1985년 '애국자의 날'을 기하여 출시되었습니다. 또 하나는 차 대신에 커피가 기호품으로 등장함으로써 미국 대중문화의 상징이 되었다는 것입니다. 그것은 문화적 변화를 의미합니다. 이후 차는 보수, 커피는 진보와 같은 정치적 의미를 갖게 되었습니다. 2008년 금융위기 때 보수주의 진영의 '티 파티' 운동과 진보주의 진영의 '커피 파티' 운동에서도 그 같은 흐름을 엿볼 수 있습니다.

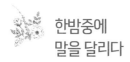

한밤중에 말을 달리다

보스턴 차 사건이 있은 후 영국은 보스턴 항구를 폐쇄합니다. 식민지 지도자들은 제1차 대륙회의를 소집하여 법의 철회를 요구하는 한편, 군사적 대비에 들어갑니다. 사태는 '조세 저항'을 넘어

'자유 투쟁'으로 변화되었습니다. 보스턴에 주둔하고 있던 영국군은 1775년 4월 18일, 식민지 지도자들을 체포하고 무기고를 파괴할 목적으로 정규군 700명의 병력을 출동시킵니다. 이 장면에서 말을 타고 질주하는 폴 리비어가 등장합니다. 프랑스 위그노 출신의 자제로서 은세공업자였던 그는 '자유의 아들'의 회원이자 새뮤얼 애덤스 전령단의 일원이었으며 '롱 룸 클럽'의 회원이었습니다. 그는 '보스턴 학살 사건'을 판화로 제작하여 식민지의 저항의식을 고취하기도 했습니다. 폴 리비어는 밤중에 말을 달려 영국군이 민병대의 무기고를 점령하기 위하여 보스턴을 빠져나갈 것이라는 소식을 알립니다.

폴 리비어는 밤새 말을 달렸다
어둠속에서 다급한 외침이 퍼져갔다
모든 미들섹스 마을과 들판에―
공포의 외침이 아닌 저항의 외침,
어둠 속의 목소리가 문을 두들긴다
그 한마디는 영원한 메아리가 될 것이다!
그날의 밤바람에 실려 왔으므로,
우리의 모든 역사를 통하여, 끊임없이,
암흑과 위험과 곤궁의 시간에,
사람들은 깨어나고 또 듣게 될 것이다
급히 달리는 말발굽소리,

그리고 폴 리비어의 심야의 메시지를

헨리 워즈워스 롱펠로Henry Wadsworth Longfellow가 1861년에 쓴《폴 리비어의 질주》의 마지막 부분입니다. 그 후 리비어는 민병대에 들어가 독립전쟁에 참가합니다. 폴 리비어의 '심야의 질주'는 애국 영웅의 표본으로 우표, 거리, 음악, 교과서에 단골로 쓰이는 소재가 되었습니다. 그가 살았던 보스턴의 '폴 리비어 하우스'는 '프리덤 트레일'의 장소가 되었고, 그가 달렸던 길에서는 매년 '리비어 달리기'라는 이름의 행사가 열리고 있습니다.

들어라, 나의 아이들이여, 그대는 듣게 될 것이다
사랑스런 여자 폴 리비어
똑같이 유명한 달리기를 한 사람
서로 다른 시골 마을 지났지만,
시빌 루딩턴의 이름이 떠오르는 곳
폴과 다름없는 용감한 말달리기

폴 리비어의 질주는 그로부터 2년 후 코네티컷의 열여섯 살 소녀에 의하여 재현되었습니다. 위의 시는 〈폴 리비어의 질주〉를 모방하여 쓴 버튼 브랠리의 〈시빌 루딩턴의 질주〉의 첫 연입니다. '여자 폴 리비어'로 불리는 루딩턴은 민병대 대령으로 있던 아버지를 대신하여 영국군이 코네티컷 해안에 상륙하여 시내로 진입할 것이라는 소식을 알리기 위하여 한밤중에 말 위에 올라 64킬로미터의 험한 길을 달렸습니다. 그리고 400여 명의 민병대원들과 함께 시내로 들어왔습니다. 그러자 영국군은 퇴각하였고 도시는 지켜질 수 있었습니다. 그때 다급하게 말을 모는 소녀의 모습은 뉴욕 주 동남부 카멜에 있는 기마상을 통하여 확인할 수 있습니다.

냇물 위로 구부러진 낡은 다리 옆에서,
그들의 깃발은 4월의 바람에 가볍게 날리었다
그 옛날 여기에 농부들이 진을 치고 있었고,
그들이 울린 총소리는 전 세계로 퍼져 갔다

랄프 왈도 에머슨Ralph Waldo Emerson이 1837년 7월 4일, 콩코드 기념비 제막식을 위해서 쓴 〈찬가〉의 첫 연입니다. 그가 이 시를 쓰게 된 것은 집안의 내력과 관련이 있어 보입니다. 목사로서 콩코드에 살았던 그의 조부는 독립전쟁이 일어나자 대륙군에 들어가 군목으로 있다가 열병으로 사망했습니다. 이 시에 나오는 '깃발'은 단순한 깃발이 아닙니다. 매사추세츠 베드포드의 민병대가 사용했다고 하여 '베드포드 깃발'이라고 불리는 이 깃발에는 라틴어로 '빈체 아우트 모리네', 즉 '승리 아니면 죽음을 달라'라는 말이 쓰여 있었습니다. '뭉치면 살고 흩어지면 죽는다', '자유가 아니면 죽음을 달라'와 함께 독립전쟁 내내 대륙군의 결의를 다잡는 모토가 된 말입니다.

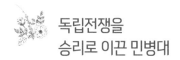

독립전쟁을
승리로 이끈 민병대

　최초의 전투지 콩코드에는 미니트맨 국립역사공원이 있고 북쪽 다리 근처에는 총을 들고 있는 미니트맨 동상을 볼 수 있습니다. 독립전쟁에서 큰 역할을 한 미니트맨은 나팔을 불면 1분 내에 모인다는 데서 붙여진 이름입니다. 이들은 민병대 가운데 선발된 스물다섯 살 이하의 젊고 건장한 엘리트 청년으로서 위기가 발생하면 가장 먼저 뛰어나오는 선발대와 같은 것이었습니다. 1600년대 중반부터 활약하기 시작한 미니트맨은 점차 늘어나 독립전쟁 당시에는 전체 민병대원의 4분의 1을 차지했습니다.

　민병대의 전통은 남북전쟁 때도 다르지 않았습니다. 남북전쟁 개전 초 연방군은 2만6천 명에 불과했지만 약 3배에 달하는 7만5천 명이 자원했습니다. 그뿐 아니라 많은 주민들이 산업시설이나 병참 분야에서 노동력을 제공함으로써 전쟁의 승리에 기여했습니다. 남북전쟁은 전쟁사에 있어서 군인만이 아니라 모든 국민이 전쟁에 참가하는 총력전의 효시가 되었습니다.

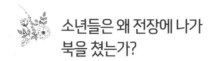# 소년들은 왜 전장에 나가
북을 쳤는가?

독립전쟁이나 남북전쟁 참가자 가운데는 소년들이 적지 않았습니다. 남북전쟁은 '소년들의 전쟁'이었다는 말이 있을 정도로 1만 명이 넘는 소년들이 자원했습니다. 18세 미만은 입대가 허용되지 않았지만 나이를 속이고 들어가는 경우도 적지 않았습니다. 그 가운데는 고작 일곱 살의 나이에 '북치는 소년'으로 종군한 아이도 있고, 열세 살의 나이에 미국 최고의 훈장인 명예훈장을 받은 소년도 있었습니다.

그들은 병사들의 사기를 북돋우는 일종의 마스코트였습니다. 북소리를 통하여 지휘신호를 보내는가 하면 장교들 사이에 연락이나 부상자를 찾고 후송하는 일을 담당하기도 했습니다. 그러다 보니 목숨을 잃는 경우도 있어서 열세 살, 미국 역사상 가장 어린 나이에 전사자로 기록된 소년도 있었습니다.

그의 옆에 있는 깨어진 북과 짧은 삶의 이야기는 말해 주나니,
죽음의 파도가 그를 휘감을 때까지 임무를 다했다는 것을
밤은 깊어 칠흑같은 옷을 입고 별들의 왕관을 썼지만,
저 높은 곳 오른쪽 위에 불타는 행성 마르스를 매달아 놓았다
들어라! 비밀스러운 발걸음과 낮게 속삭이는 소리를,
어린 잎사귀와 실개천의 조잘대는 소리뿐이겠는가?

〈북치는 소년의 장례〉라는 시의 일부입니다. 화성을 의미하는 마르스Mars는 고대 로마에서 군신軍神의 상징이었습니다. 밤하늘이 '별들의 왕관diadem of stars'을 수놓았다고 해도 저 높은 곳에서 불타고 있는 마르스와 견줄 수 있겠는가? 어린 나이에 자신의 임무를 다한 소년의 용기를 높이 찬양하고 있습니다.

알링턴 국립묘지에는 '치카마우가의 북치는 소년'이라는 비명이 새겨진 장군의 무덤이 있습니다. 비명의 주인공 존 클렘은 열두 살에 입대하여 1863년 치카마우가 전투에 참가하여 '북치는 소년'으로 활약했습니다. 그는 어린 나이에도 불구하고 항복을 요구하는 남군의 장교에 총격을 가할 정도로 당찼습니다. 그 일이 있은 후 '치카마우가의 북치는 소년'으로 불리게 된 그는 링컨 대통령의 이름을 따서 존 링컨 클렘으로 이름까지 바꾸고 종군하다가 두 번의 부상을 입고 집으로 돌아왔습니다. 그는 육군사관학교에 지원했지만 시험에 통과하지 못했습니다. 그렇지만 그에게 행운이 찾아왔습니다. 율리시스 S. 그랜트Ulysses S. Grant 대통령에 의하여 소위로 임명되어 장교로서 진급을 거듭한 끝에 소장 계급장을 달고 퇴역했습니다.

그 같은 행동은 어린 시절부터 도전적으로 생활할 수밖에 없었던 개척시대의 척박한 환경과 무관하지 않습니다. 당시 농장을 소유하고 농업에 종사하던 사람들은 열 명이 넘는 자녀를 둔 경우가 적지 않았습니다. 그래서 아이를 낳으면 '또 새끼를 쳤다'라고 했다고 합니다. 농장의 아이들은 어릴 때부터 자연을 극복하고 자립하는 법을 배웠습니다. 1.6킬로미터 정도의 가까운 거리라도 항상 말과 함께 붙어 있었습니다. 당시 민병대의 지휘관 중에는 10대 후반에서 20대 초반이 적지 않았습니다. 그 같은 일은 미국만이 아니었습니다. 제1차 세계대전 때 영국군에는 열네댓 살 소년병들이 적지 않았고, 그 가운데는 영국 최고의 빅토리아 십자훈장을 받은 경우도 있었습니다. 세르비아군에는 고작 여덟 살에 불과한 소년도 있었습니다. 그러나 오늘날의 시각으로 보면 그 같은 일은 자원에 의한 것이라 할지라도 말리고 보호해 주어야 할 일이지 권장하고 칭송할 만한 일은 아닐 것입니다.

 네이탄 헤일,
"내 영혼은 정의와 함께할 것이다"

나는 단지 조국을 위해 죽을 목숨이 하나인 것이 안타까울 뿐이다.

예일대학교의 코네티컷홀 앞 광장에 서 있는 독립군 장교 네이탄 헤일의 동상에 새겨진 글입니다. 죽기 전에 남긴 마지막 말로 알려져 있습니다. 네이탄 헤일은 열두 살에 어머니를 여의고 열네 살에 형과 함께 예일대학교에 입학했습니다. 민첩하고 영리하여 인기가 많았고 신앙심이 깊었다고 전해집니다.

네이탄 헤일은 1775년 독립전쟁이 발발하자 코네티컷 민병대에 자원하여 캠브리지, 뉴욕, 뉴런던 등지에서 활약하다가 1776년 9

월, 조지 워싱턴 장군 부대의 첩보장교가 됩니다. 맨해튼 섬에 주둔하고 있던 영국군의 배후로 침투하여 그들의 움직임을 정탐하라는 임무를 수행하기 위하여 교사로 위장하고 브룩클린과 뉴욕의 영국군 캠프에 침투합니다. 그러나 임무를 마치고 귀환하던 중 체포되어 다음 날 처형됩니다. 그같이 처형이 빨리 집행된 것은 첩보 활동이 불법 교전 행위로 간주되었기 때문입니다. 그의 나이 스물한 살에 불과했지만 모진 고문에도 불구하고 비밀을 지킴으로써 끝까지 조국의 독립을 위하여 책임을 다하였습니다. 그는 식민지의 청년들의 사표가 되었고, 그가 남긴 말은 그들의 가슴에 조국애를 심어 주었습니다.

나는 내가 태어난 이 땅에서 열정으로 봉사했다
내가 가야 할 길을 성취했고 또 이 땅에서 할 일을 끝냈다
빛나는 길을 밟기 위하여 살아온 것
그것은 하느님께 축복받는 운명으로 이끈다
나는 죽음을 감수한다. 그리고 삶의 빈 무대를 마감한다
나의 모든 염원이 담긴 밝은 세계를 위하여
내 몸이 티끌에서 잠자는 동안
내 영혼은 정의가 모인 곳에 함께 있을 것이다

코네티컷 주 뉴헤이븐의 의사이자 조합교회 사무장이었던 에니어스 문슨의 시 〈네이탄 헤일 대위를 기억하며〉의 마지막 부분입니

다. 죽음을 앞둔 그의 마음을 표현하고 있습니다.

내 손톱이 빠져 나가고 내 귀와 코가 잘리고 내 손과 다리가 부러져
도 그 고통은 이길 수 있사오나 나라를 잃어버린 그 고통만은 견딜 수
가 없습니다. 나라에 바칠 목숨이 오직 하나밖에 없는 것만이 이 소
녀의 유일한 슬픔입니다.

1919년 3·1운동 때 체포되어 고문을 받던 유관순 열사가 죽기 전
에 남겼다는 말입니다. 네이탄 헤일의 마지막 말과 매우 흡사합니
다. 비록 나라와 시대는 달랐지만 조국을 위해 자신을 던지려는 마
음은 다르지 않았다는 것을 알 수 있습니다.

그런데 네이탄 헤일이 남겼다는 말의 정확한 내용과 출처에 대하
여는 논란이 있습니다. 흔히 누나에게 쓴 편지글에 들어 있는 내용
으로 알려져 있지만 실은 사형 집행을 지켜보았던 영국군 장교에 의
하여 전해진 말이라고 합니다. 그렇기 때문에 본래 그가 했던 말과
알려진 말이 일치하는지에 대해서는 의문이 없지 않습니다.

덕을 얻을 수 있는 죽음이라면 얼마나 아름다운가!
누가 그 같은 젊음을 갖고 싶지 않겠는가?
우리의 조국에 봉사하기 위하여 한 번만 죽을 수 있다는 것이 유감스
러울 뿐이다.

1713년 런던에서 초연되었던 조지프 애디슨의 비극《카토》제4장에 나오는 대사입니다. 애디슨은 영국의 극작가, 수필가, 시인이며 정치인이었습니다. "카토가 영국에 있을 때 카토는 로마에 없었다"라는 말이 입에 오르내릴 정도로 공연이 대성공을 거뒀습니다. 대사를 보면 네이탄 헤일의 마지막 말과 흡사하다는 것을 알 수 있습니다. 그가《카토》에서 영향을 받았다는 주장이 나오는 이유입니다. 앞서 얘기했던 것처럼 조지 워싱턴 역시 이 희곡을 좋아하여 1777년 겨울 '밸리 포지'에서 야영할 때 부하 장병들의 애국심을 북돋우기 위하여 무대에 올린 적이 있었습니다.

군자금을 모은 사람들

독립전쟁을 위하여 자신의 재산을 내놓거나 군자금 조달을 위하여 헌신한 사람들이 있습니다. 그들은 대개 매사추세츠, 코네티컷, 펜실베이니아의 부유층과 애국 시민들이었습니다. 그 가운데 올리버 폴록이 있습니다. 아일랜드에서 태어난 폴록은 스물셋에 필라델피아로 이주하여 상인으로 서인도 제도와 에스파냐령 루이지애나에서 큰돈을 벌었습니다. 그는 거액의 군자금 지원을 통하여 조지 로저스 클라크 장군의 일리노이 전투의 승리에 기여했습니다. '서부 독립전쟁의 재무관'으로 불리기도 했지만 빚쟁이로 몰려 투옥되는 고초를 겪기도 했습니다. 폴록은 달러를 표시하는 기호, '$'를 창안한 사람으로 더 유명합니다. $는 그가 제공한 군자금 원부에 사용된 기호로서 에스파냐의 페소의 기호를 참고하여 유나이티드United의 U자와 스테이트State의 S자를 중첩하여 만든 것으로 알려져 있습니다. 자신의 고향인 아일랜드의 I자와 S자를 중첩하여 만들었다는 다른 주장도 있습니다.

달러의 기호가 공식적으로 사용되는 과정에는 건국의 아버지이자 상원 의원을 역임한 로버트 모리스가 있었습니다. 영국 태생인 모리스는 열세 살에 메릴랜드로 이주하여 필라델피아에서 성장했습니다. 군수품 조달과 대금업을 통하여 거부가 된 그는 제2차 대륙회의에 펜실베이니아 대표로 참가한 이래 조지 워싱턴의 깊은 신뢰 속에서 대륙군의 재정을 맡아 독립전쟁의 승리에 기여했습니다. 그는 또한 전쟁이 끝난 후 필라델피아의 저택을 대통령의 관저로 내놓기도 했습니다.

또 한 사람, 일리노이 주 시카고의 '히얼드 광장'에서 조지 워싱턴과 로버트 모리스와 함께 손을 잡고 서 있는 동상의 주인공 헤임 샐로먼이 있습니다. 폴란드 태생의 유대인 샐로먼은 '자유의 아들'로 활동하다가 체포되어 죽을 고비를 넘기기도 했습니다. 그 후 상업과 금융 중개업으로 성공한 그는 로버트 모리스와 함께 군비 조달 임무를 맡았습니다. 독립전쟁의 마지막 고비였던 요크타운 전투의 승리는 그에게 힘입은 바가 컸습니다. 전투를 앞두고 심각한 재정적 어려움에 처해 있던 조지 워싱턴 장군에게 긴급히 자금을 마련해 주었기 때문입니다.

그 외에도 '자유의 아들'의 멤버이자 독립선언서 첫 서명자였던 존 핸콕이 있습니다. 그는 성공한 사업가는 아니었지만 물려받은 거액의 재산을 내놓고 독립전쟁에 참가했습니다. 여성의 역할도 있었습니다. 여성들은 군자금을 모으는 한편, 캠프에서 부상병의 간호를 맡거나 취사, 세탁, 군복 수선, 심지어 군인이나 첩보원으로 활약하기도 했습니다.

북군의 승리를 도운 흑인 연대

보스턴 공원 가장자리에 '로버트 G. 쇼 메모리얼'이 있습니다. 이 기념물은 1863년 5월, 남북전쟁 때 매사추세츠 54연대가 전쟁터로 나아가던 모습을 청동 부조로 재현한 것입니다. 여기에는 말을 탄 연대장 로버트 G. 쇼 대령과 흑인 영웅 윌리엄 H. 카니 상사 그리고 부대원들의 모습이 보입니다.

보스턴 공원은 1634년 매사추세츠 주의 주도인 보스턴에 세워진 미국 최초의 공원으로 이곳 시민들이 가장 사랑하는 장소입니다. 현충일이 되면 잔디광장에 전사자 3만4천 명을 상징하는 성조기를 꽂고 희생을 추모하는 광장이기도 합니다. 또한 보스턴 공원은 유명한 프리덤 트레일을 구성하는 역사적 장소 중 하나입니다.

전쟁 초기 자신과는 상관없는 '백인의 전쟁'으로 인식하고 있던 흑인들은 '노예 해방 선언'과 함께 병사로의 입대가 허용되자 연방군에 적극적으로 가담합니다. 자원병으로 구성된 최초의 흑인 부대는 매사추세츠에서 태동한 제54매사추세츠 보병연대입니다. 1천여 명이 자원했지만 최종적으로 신체 조건이 맞는 600여 명이 선택되었습니다. 장교는 군 경험이 있는 젊은 백인 가운데 노예해방주의자 중에서 선발되었습니다. 연대장에 선택된 로버트 G. 쇼 대령이 바로 그 같은 조건에 적합한 사람이었습니다. 오합지졸로 여겨졌던 흑인 자원 부대를 지휘하는 것은 뛰어난 용기와 책임감을 필요로 하는 것이었습니다. 그의 활약상은 영화 〈글로리〉를 통하여 확인할 수 있습니다.

로버트 G. 쇼와 600여 명의 부대원들은 1863년 7월, 와그너 요새를 공격합니다. 노출된 모래언덕을 신속하게 이동하지 않으면 집중포화를 견뎌내기 어려운 상황이었습니다. 쇼는 연대의 선봉에 서서 요새를 공격하던 중 적의 총격을 받고 전사합니다. 쓰러지면서 남긴 그의 마지막 말이 "54연대 앞으로!"였습니다. 그의 용기와 책임감을 엿볼 수 있는 장면입니다. 이 전투에서 거의 절반에 가까운 인원이 죽거나 다쳤고 또 포로가 되었습니다. 비록 공격이 성공하지는 못했지만 흑인 연대는 뛰어난 용기와 인내심을 보여줌으로써 백인의 인식이 달라지는 계기가 되었습니다.

그런데 로버트 G. 쇼와 함께 전진하던 군기병이 쓰러지려 하자 쏜살같이 뛰어나가 깃발을 움켜잡은 흑인 병사가 있었습니다. 윌리엄 H. 카니 상사입니다. 그는 네 차례나 부상을 입고도 부대의 깃발을 지켜냈습니다. 그러고도 군기를 상관에게 넘겨주면서 "저는 단지 임무를 수행했을 뿐이죠. 이처럼 오래된 군기는 결코 땅 위에 닿아서는 안 되는 것이죠"라며 공을 내세우지 않고 겸손했습니다. 그는 부상 때문에 전역할 수밖에 없었지만 1900년 5월, 동료 스물한 명과 함께 의회에서 수여하는 미국 최고 훈장인 명예훈장을 유색 인종 최초로 받았습니다.

1863년 연방 정부가 시행한 징병법에서는 다른 사람이 대신할 수 있는 길이 열려 있었기 때문에 많은 흑인들이 입대할 수 있었습니다. 남북전쟁 당시 흑인은 자원병을 포함하여 총 18만5천여 명에 달했습니다. 여기에다가 80만 명에 달하는 이민자가 유입되면서 연방군은 병력상 우위를 점하게 되었습니다. 반면에 남부는 백인만으로 전쟁을 감당해야 하는 불리한 상황에 처하게 되었습니다.

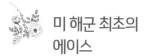

미 해군 최초의 에이스

시카고 오헤어 국제공항은 제2차 세계대전 당시 남태평양 상공에서 해군 전투기를 몰다가 전사한 에드워드 버치 오헤어의 이름을 따서 붙여진 이름입니다. 공항에는 오헤어의 동상과 함께 그가 몰았던 전투기와 같은 기종의 낡고 작은 전투기가 전시되어 있습니다.

해군사관학교를 졸업하고 임관한 오헤어는 비행훈련을 받고 항공모함 렉싱턴에 배속되었습니다. 1942년 2월 20일은 그에게 대단한 명예를 안겨 준 날이었습니다. 그는 일본 함정을 타격하기 위해 솔로몬 군도의 라바울 항으로 이동하고 있었습니다. 모함母艦의 다른 함재기들과 함께 출격한 오헤어는 자신의 전투기 계기판을 보고 치명적인 결함을 발견합니다. 연료가 충분히 채워져 있지 않았던 것입니다. 상황보고를 받은 편대장으로부터 귀환하라는 명령을 받고 모함으로 되돌아가던 중 아홉 대의 일본군 중폭격기 편대가 모함을 향하여 날아가는 것을 보고 깜짝 놀랍니다. 모함이 위험했지만 이미 목표지로 날아간 전투기들을 되돌릴 수도 없는 상황이었습니다. 모함에서 호위기 한 대가 떴지만 기관총이 작동하지 않아서 물러날 수밖에 없었습니다. 이제 오헤어의 전투기만이 남았습니다. 오헤어는 모함에 접근하지 못하도록 하기 위하여 적기를 향하여 돌진합니다. 폭격기 다섯 대를 격추시킨 후 탄알이 떨어지자 기체를 부딪치면서 그야말로 공중 육탄전을 벌였습니다. 그러자 남은 편대는 기수를 돌려 달아났습니다. 그날 오헤어의 분투는 자신의 안위보다 모함에 남아 있는 수백 명의 목숨을 더 걱정했던 군인정신의 발로였습니다.

처음에는 오헤어의 공중전을 믿으려 하지 않았습니다. 그러나 전투기에 장착된 카메라로 촬영된 필름을 돌려본 후 사실을 확인하였습니다. 오헤어는 제2차 세계대전 해군 최초의 비행 에이스로 선정되었을 뿐만 아니라 명예훈장을 받고 고향 세인트루이스로 돌아가

성대한 환영을 받았습니다. 그리고 자신과 동료들을 지켜 준 전투기 제작사에도 감사의 인사를 잊지 않았습니다. 그러나 정작 고마워해야 할 것은 제작사였습니다. 자신들이 첫 제작한 전투기를 공중전의 주역으로 만들어 주었기 때문입니다.

해군의 첫 비행 에이스의 영예를 안았던 그는 1943년 11월 남태평양의 산호섬, 길버트 섬 상공에서 야간 작전 중 추락했습니다. 적기에 의한 피격이라고도 하고 오인 사격에 의한 피격이라고도 합니다. 기체를 찾을 수 없었고 그 역시 실종되었습니다. 그의 나이 스물 아홉이었고 첫 딸이 태어난 지 불과 여덟 달밖에 되지 않았습니다. 호놀룰루의 '태평양 국립묘지'의 '실종자의 벽'에 그의 이름이 새겨졌고, 그는 구축함과 국제공항의 이름으로 헌정되었습니다.

그런데 오헤어와 관련하여 전해지는 또 다른 이야기가 있습니다. 변호사였던 오헤어의 아버지는 시카고에서 알 카포네Al Capone를 돕고 있던 중 세금 포탈과 관련된 증거를 당국에 제공했습니다. 그 같은 일이 있은 후 그의 아버지는 차 안에서 저격을 받고 죽었습니다. 사랑하는 아들에게 떳떳한 아버지가 되기 위해 그리했다는 얘기가 전해지고 있지만 어디까지나 여러 가지 추측 중 하나일 뿐입니다.

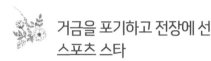

거금을 포기하고 전장에 선
스포츠 스타

아메리칸 풋볼은 미국인들이 가장 좋아하는 스포츠 중 하나입니다. 매년 2월에 열리는 슈퍼볼은 미국뿐만 아니라 전 세계의 큰 관심을 모으는 인기 스포츠입니다. 내셔널 리그에 속한 애리조나 카디널스는 두 번이나 우승을 차지한 전통의 명문입니다. 애리조나 카디널스의 홈구장 '유니버시티 오브 피닉스 스타디움'에는 '패트 틸먼 프리덤 플라자'가 있습니다.

모든 병사들은 입대할 때 무엇인가를 포기한다. 틸먼은 풋볼 선수 경력이 다른 병사들이 포기한 것보다 더 중요하다는 말을 듣고 싶지 않아 했다.

패트 틸먼은 애리조나 카디널스 소속 풋볼 선수였습니다. 3년간 360만 달러라는 거액의 연봉 계약을 포기하고 2002년 5월, 프로 야구 마이너리그 선수였던 동생 케빈과 함께 육군 특전사 대원으로 자원입대했습니다. 그는 특수 훈련을 받고 '이라크 자유 작전'에 투입되었다가 동부 아프가니스탄의 협곡지역을 지나던 중 전사했습니다.

그러나 그의 전사를 둘러싸고 논란이 야기되었습니다. 국방부의 정밀 조사를 통하여 오인 사격에 의한 사망이라는 사실이 확인되었습니다. 조사 결과에 의하면 당시 틸먼의 소대는 두 팀으로 나누어

작전을 수행하고 있었습니다. 탈레반의 공격에 노출된 다른 팀을 구하려고 달려갔던 틸먼의 팀이 적군으로 오인되어 총격을 받았습니다. 돌발적인 상황에서도 틸먼은 자신의 생명을 돌보지 않고 다른 대원들을 보호함으로써 더 이상의 희생자는 없었습니다.

그가 어떻게 죽었는지는 중요하지 않습니다. 스포츠 스타로서 인기를 누리고 있던 그가 어떻게 운동장 대신에 전쟁터를 택할 수 있었는가? 연예계나 스포츠계의 스타들이 기부에 나서는 것은 종종 목격하지만 전쟁에 자원한 경우는 찾아보기 어렵습니다. 더구나 그가 입대를 결심한 것은 고등학교 때 만난 여자 친구와 허니문 여행에서 돌아온 직후였습니다. 틸먼은 제2차 세계대전 때 진주만에서 복무한 증조부를 비롯하여 많은 친척들이 전쟁에 나간 것을 늘 자랑스럽게 생각했습니다. 그러다가 9·11테러가 일어나자 무거운 책임감을 느끼고 자원입대했습니다.

프로 선수, 더구나 갓 결혼한 사람이 그 같은 선택을 했다는 사실이 놀랍습니다. '패트 틸먼 재단'의 자료에 의하면 그는 풋볼 선수로서 체격 조건이 그리 좋은 편은 아니었지만 영리하면서도 저돌적이었습니다. 학구적이고 도전적이었으며 리더십이 있었습니다. 그러면서도 많은 관중들 앞에서 환호를 받는 것보다 좁은 장소에서 어울려 운동하기를 좋아할 정도로 소탈했고, 자신의 입대가 알려지는 것조차도 부담스럽게 생각했습니다. 그는 국가가 필요로 할 때 우물쭈물하지 않고 앞서 달려 나가는 미니트맨의 전통이 여전히 살아 있음을 보여준 사람입니다.

13 | 미니트맨 ②
노블 패밀리의 전통을 만들다

　　고대의 군사조직은 동서양을 막론하고 대개 혈연집단이나 귀족의 자제로서 조직된 명망군의 형태였기 때문에 부자가 함께 전쟁에 나가는 경우가 많았습니다. 한니발이나 스키피오 부자에서 볼 수 있듯 고대 지중해 문명권에서는 흔한 일이였습니다. 그 같은 전통은 중세나 근세에도 다르지 않았습니다. 오스만 제국의 지배 아래에 있던 그리스에서는 수대에 걸쳐 저항운동에 참가한 경우도 있었습니다. 그런 것은 이탈리아에도 있었고 세르비아에도 있었습니다. 다른 유럽 국가나 미국도 다르지 않았습니다. 우리나라 역시 일제 강점기를 전후하여 가문 전체가 독립운동에 투신한 경우도 적지 않았습니다.

　　그들에게는 나라를 위하여 헌신한 가문으로서 높은 명예와 존경이 주어졌지만 그 속에는 아픔이 있기도 합니다. 남북전쟁 때 몽고메리 메이그스 장군과 그 아들의 사연은 애절한 마음을 갖게 합니다. 6·25전쟁에는 유엔군 장군과 그 아들이 함께 참전한 경우가 유독이 많았습니다. 이들은 노블레스 오블리주의 전형적인 모습을 보여준 사람들입니다. 유엔군 현역 장군의 아들 142명이 참전하여 35명이 전사했거나 부상을 입었습니다. 그중에는 해리스, 워커, 플리트, 클라크 장군과 같은 유엔군 수뇌부의 자제들, 그리고 당시 대통령 후보였던 아이젠하워 장군의 아들도 있었습니다. 1950년 미 육군사관학교 졸업생 680명 가운데 365명이 참전하여 104명이 전사하였거나 부상을 입었습니다.

오 주여, 제 아들을 이렇게 만들어 주소서
그가 약할 때는 자신을 분별할 수 있도록 강하게,
두려울 때는 굴하지 않도록 용감하게 해주소서
정직한 패배에 부끄러워하지 않고 꿋꿋하며,
승리에 겸손하고 온유한 사람이 되게 하소서

더글러스 맥아더 장군이 필리핀을 탈출하고 호주에 주둔하고 있을 때 그의 외아들을 위하여 쓴 시의 첫 부분입니다. 흔히 '아버지의 기도' 또는 '자녀를 위한 기도'로 알려져 있습니다. 부모는 누구나 그 자식이 용기 있고 정의롭게 살아갈 수 있기를 염원합니다. 나라를 사랑하고 헌신해야 한다고도 합니다. 자신이 걸었던 길을 따라오기를 은근히 바라기도 합니다. 그 가운데는 사랑하는 자식을 먼저 보낸 가슴 아픈 사연도 있습니다.

알링턴의
두 부자

미국 버지니아에 있는 알링턴 국립묘지는 그들의 명예와 애국심을 상징하는 곳입니다. 바로 옆에 펜타곤이 붙어 있고 포토맥 강을 건너면 내셔널 몰National Mall이 있습니다. 오벨리스크 형태의 워싱턴 기념비를 중심으로 네 방향으로 백악관과 제퍼슨기념관, 그리고 의사당과 링컨기념관이 직선상에 자리 잡고 있습니다. 그리고 대법원을 비롯하여 연방의 주요 기관뿐만 아니라 스미소니언박물관과 국립미술관 등의 문화시설이 들어서 있습니다.

알링턴 국립묘지를 조성하는 책임을 맡은 사람은 육군 병참감 몽고메리 메이그스 장군이었습니다. 그는 미국 육군사관학교를 졸업하고 주로 공병부대에 근무하면서 여러 요새를 건설하였고 1861년 병참감에 올랐습니다. 그러나 그의 복무는 평탄하지 않았습니다. 요새를 구축하는 임무를 맡다 보니 여기저기 자주 옮겨 다닐 수밖에 없었습니다. 일곱 남매를 두었지만 그중 삼남매가 어릴 적에 사망했습니다. 그는 자신이 가족을 돌보지 못한 탓이라고 늘 가슴 아파했습니다.

장남 존 메이그스는 육군사관학교를 졸업하고 공병장교로서 남북전쟁에 참가했습니다. 그는 아버지가 걸었던 길을 걸었습니다. 그러나 거기까지가 전부였습니다. 남군의 병사가 쏜 총에 맞아 스물두 살의 아주 젊은 나이에 전사했습니다. 메이그스 장군은 자신이 만든 묘지에 먼저 아들을 묻는 아픔을 겪었습니다. 그는 석관 뚜껑 위에 아들이 쓰러진 모습 그대로 부조를 만들었습니다. 그리고 열여덟 해가 지나 사망한 그는 아들의 잠든 곳 바로 뒤에 묻혀 사랑했던 아들을 바라보고 있습니다.

알링턴에 국립묘지가 들어서게 된 데는 남북전쟁과 관련이 있습니다. 알링턴에는 조지 워싱턴, 로버트 리 등 미국사의 주요 인물들이 등장합니다. 남부 연합의 수도 리치먼드가 위치해 있고, 연방의 수도 워싱턴 D. C.에 접해 있는 버지니아는 양측이 치열하게 싸웠던 곳이었습니다.

알링턴 국립묘지가 들어선 곳은 원래 조지 워싱턴의 양자 워싱턴 커스티스가 건립한 알링턴 하우스가 있던 언덕이었습니다. 조지 워싱턴을 존경했던 커스티스는 400제곱미터가 넘는 땅을 사들여 알링턴 하우스를 세웠습니다. 커스티스가 죽은 후 그의 딸 메리가 상속을 받아 남편 로버트 리 장군이 함께 거주하고 있었습니다.

국립묘지가 알링턴에 들어선 것은 시급한 안장 문제를 해결하는 것 외에도 연방주의를 관철하겠다는 의지를 보여 주기 위한 정치적 목적이 있었습니다. 왜냐하면 버지니아는 이주민이 가장 먼저 개척한 곳이었고 식민지의 독립과 연방의 결성에 가장 큰 영향력을 행사했던 곳이었기 때문입니다. 남군의 심장부, 그것도 남군의 총사령관이 살던 곳에 국립묘지가 들어섰다는 것은 정통성이 연방 정부에 있다는 것을 의미했습니다.

워싱턴 메리와 로버트 리 장군은 자신들의 땅에 국립묘지가 들어선 것을 받아들일 수 없었습니다. 전쟁이 끝난 후 10여 년간의 소송 끝에 결국 연방최고법원의 판결로 소유권을 회복할 수 있었습니다. 그러나 연방 정부에 소유권을 넘기는 계약에 합의함으로써 오늘의 국립묘지로 유지될 수 있었습니다.

쉬어라, 동지들이여, 쉬어라 그리고 잠들어라!
사람들은 위험으로부터 자유롭게
그대의 안식을 지키는 파수꾼이 될 것이다

우리가 향기로운 꽃으로 장식한
그대의 말 없는 푸른색 텐트
고통은 그대들의 것
그 기억은 우리의 것이 될 것이다

헨리 워즈워스 롱펠로가 현충일Memorial Day의 송시로 쓴 〈헌화의 날Decoration Day〉의 마지막 부분입니다. 현충일은 미국에서 가장 먼저 시작되었습니다. 처음에는 북군 참전자들을 위하여 만들어진 '꽃을 장식하는 날'이었지만 남북 화해를 위한 노력이 결실을 거두

어 남군 전사자들의 묘역이 조성되었고 그 위에 연방 정부의 화환
이 놓였습니다.

대통령의
네 아들

프랭클린 루스벨트Franklin Roosevelt 대통령은 1933년부터 1945년까
지 네 번의 대통령직을 수행하면서 뉴딜정책을 통하여 대공황을 극
복하고 제2차 세계대전을 연합국의 승리로 이끈, 미국에서 가장 존
경받는 인물 가운데 한 사람입니다. 소아마비라는 장애가 있었음에
도 불구하고 불굴의 의지로써 대통령에 올라 휠체어를 타고 세계대
전을 지도했던 인간 승리자였습니다. 루스벨트 가는 두 명의 대통령
을 비롯하여 부통령과 주지사를 배출한 명문가로 이름이 높습니다.

"우리가 두려워해야 할 것은 두려움 그 자체입니다"라는 명연설
로 1933년 대통령직을 시작한 루스벨트 대통령은 이른바 3R, 즉 부
흥Recovery, 구제Relief, 개혁Reform을 통하여 대공황을 극복했습니다.
미국의 복지정책의 바이블로 통하는 사회보장법이 제정된 것도 그
때였습니다. 루스벨트는 전쟁으로부터 나라의 안전을 지켜내야만
했습니다. 1941년 12월 7일, 일본이 진주만을 기습 공격하자 그는
오명의 날Day of Infamy 연설을 통하여 정의의 힘으로 반드시 승리할
것이라며 굳센 의지와 단합을 주문했습니다. 그 후 다섯 달이 지난

1942년 4월 28일 '희생에 대하여'라는 연설로 세율, 가격, 임금, 공채를 포함한 전쟁 지원을 위한 경제정책을 제시하고 국민의 동참을 호소했습니다.

이 거대한 투쟁의 끝에서, 생존으로 가는 자유의 길을 확보할 수 있을 때 우리는 희생을 만들지 않게 될 것입니다. 문명의 비용은 고된 노동과 슬픔 그리고 피로써 지불되는 것입니다. 그 비용은 대단한 게 아닙니다. 만약 그것이 의심된다면 오늘도 히틀러의 학정 아래서 살고 있는 수백만 명의 사람들에게 물어보십시오. (중략) 그들은 미국입니다. 그들이 싸우는 이유입니다. 우리도 미국입니다. 우리가 일하고 또 희생해야 할 이유입니다. 그들을 위하여. 우리를 위하여. 승리를 위하여.

전쟁터에 나가 싸우는 사람들만큼 남아 있는 사람들이 희생할 의지가 있어야 승리할 수 있다는 말입니다. 이 말은 "부상을 입지 않은 사람들이 부상을 입은 사람들만큼 적에 대하여 분노하지 않고는 아테네의 정의는 오지 않을 것이다"라는 투키디데스 말과 다르지 않습니다. 루스벨트 대통령은 전시에 감당해야 할 경제적 부담은 희생이 아니라 자유로운 삶과 문명을 회복하기 위하여 치러야 할 대가라는 것을 강조하고 있습니다. 국민 총력전이 필요함을 설파한 연설의 마지막 부분에서는 대단한 힘이 느껴집니다. 루스벨트 대통령은 전쟁이 한창이던 1942년 9월, 라디오 노변담화에서 "자신의 안전을 먼저 생각하는 병사들로 전투에서 이길 수 없는 것처럼 전쟁도 자신의 편안함과 지갑을 먼저 생각하는 사람들로 이길 수 없다"라면서 또 한 번 국민의 이해를 구했습니다.

루스벨트의 네 아들 모두 제2차 세계대전에 참전했습니다. 장남 제임스는 전쟁이 발발하자 해병대 대위로 입대하여 1945년까지 복무하면서 은성무공훈장을 받고 대령까지 진급했습니다. 전쟁이 끝난 후 해병대 예비군에 남아 있다가 준장으로 전역하였고 이후 하원 의원과 유네스코 대표를 역임했습니다. 둘째 엘리엇은 1940년 미 육군 항공대 대위로 입대하여 유럽 전선에서 뛰어난 활약을 보이며 미국, 프랑스, 영국으로부터 훈장을 받고 준장까지 진급했습니다. 퇴역 후에는 마이애미비치 시장을 역임하였고 작가로서 활동했습니다. 셋째 프랭클린 D. 루스벨트 주니어는 1941년 초급 장교로 해군에 입대하여 은성무공훈장을 받고 전역했습니다. 전역 후 뉴욕 시 변호사를 거쳐 하원 의원을 지냈습니다. 막내 존 A. 루스벨트 주니어 역시 1941년 해군 소위로 입대하여 동성무공훈장을 받았고, 전역 후 사업가로 활동하면서 많은 봉사단체에 참여했습니다.

당시 미국인들은 국가의 위기 앞에서 지위 고하를 막론하고 예외 없이 의무를 다했습니다. 대통령의 네 아들 역시 다르지 않았습니다. 네 아들 중 첫째는 병발로, 눌째는 약시로 문제가 있었지만 의무를 회피하지 않았습니다. 그리고 의무를 다하고 돌아왔을 때 사회에서 제 몫이 주어졌습니다. 정치가를 꿈꾸는 사람이라면 더욱 그렇습니다.

루스벨트 대통령은 "아이들의 부모는 미래 시민의 가디언"이라고 했습니다. 부모는 자녀가 올바르며 유혹을 견디는 성격을 형성할 수 있도록 기초를 놓아 주어야 할 책임이 있다고 했습니다. 그는 또한 아이들에게 영감을 불어넣고자 했습니다. 루스벨트 대통령과 로버트 케네디 사이에는 이런 일화가 전해집니다. 우표 수집이 취미였던 루스벨트 대통령은 로버트의 아버지 조지프 케네디로부터 아들이 우표에 관심이 많다는 말을 듣고 우표 몇 장과 함께 조그마한 앨범을 보내주었습니다. 그리고 워싱턴에 오면 자신에게 보여 달라는 부탁을 덧붙였습니다. 당시 열 살이던 로버트 케네디는 서툰 글씨로 감사의 편지를 보냈습니다. 로버트 케네디가 성장하여 상원 의원에 진출하고 대통령의 꿈을 꾸게 된 데에는 집안의 영향이 컸지만 루스벨트 대통령에 대한 기억이나 그로부터 받은 영감과 무관하지 않아 보입니다.

대통령이 된
전상용사

존 F. 케네디는 '뉴 프런티어'를 내걸고 대통령에 당선된 후 민권 법안을 제안하여 흑인의 인권을 개선하고 빈곤층에 대한 복지를 확대하여 미국 사회를 새롭게 변화시키고자 했습니다. 또한 평화봉사단을 창설하여 저개발 국가의 발전에도 기여하고자 했습니다. '뉴

프런티어'는 미국인들이 광활한 서부를 개척했듯이 새로운 개척정신으로 보다 자유롭고 평등한 사회를 만들자는 그의 이상에서 나온 것이었습니다. 인간이 달을 밟은 쾌거를 이룰 수 있었던 우주 개발 프로젝트를 시작한 것도 그때였습니다.

그러나 그는 재임 중 암살되었고, 민권법을 비롯한 주요 정책들은 후임자인 린든 B. 존슨Lyndon B. Johnson 대통령 때 실현되었습니다. 역설적인 것은 그가 고심을 거듭했던 민권법이 그의 죽음으로 빛을 보게 되었다는 것입니다. 쿠바 미사일 위기의 해결과정에서 보여준 용기 역시 많은 사람들의 존경과 찬탄을 받았습니다. 케네디 대통령은 미 해군이 쿠바를 봉쇄하고 소련 해군과 대치한 극도의 긴장감 속에서도 한 치의 흐트러짐도 없이 워 룸을 지키며 최고 통수권자로서의 책무를 다했습니다.

케네디 대통령은 제2차 세계대전 때 죽음의 문턱에서 살아 돌아온 전상용사였습니다. 형 조지프 패트릭 케네디 주니어 역시 해군에 입대하여 조종사로 활약하다가 전사했습니다. 조지프는 제2차 세계대전 말기 영국 작전에 참가하고 있었습니다. 30여 회의 출격으로 귀국 자격이 충분하였음에도 불구하고 계속 남아 영국 해협에서 대잠수함 초계 비행을 성공적으로 수행했습니다. 그는 1944년 8월 10톤에 달하는 폭약을 싣고 벨기에 해안의 독일군 미사일 기지를 향하여 출격했다가 공중 폭발로 전사했습니다.

《케네디 평전》을 쓴 로버트 댈럭에 의하면 조지프가 그런 결정을 한 데에는 남태평양에서 일본군의 공격을 받아 부상을 입은 몸으로

부하들을 지휘하여 탈출에 성공해, 일약 '스타'로 떠오른 동생 존 F. 케네디에 대한 경쟁의식과 무관하지 않다고 합니다. 경쟁의식에서 비롯되었든 그렇지 않든 목숨이 걸린 전투를 피하지 않는다는 것은 대단한 용기가 필요한 일입니다. 당시 케네디 가의 네 형제 가운데 초등학생이던 막내 에드워드를 제외한 세 형제가 해군에 입대하여 제2차 세계대전에 참전했습니다.

케네디는 세 살 때부터 기관지염, 수두, 풍진, 홍역, 볼거리, 성홍열, 백일해 등 소아 질환이 끊이지 않았습니다. 그럼 점에 있어서는 호레이쇼 넬슨과 비슷합니다. 초등학교에 다닐 때에는 경련성 대장염에 부신 질환, 척추 이상, 십이지장 이상 등으로 입원과 퇴원을 반복했습니다. 그러나 군 복무를 원했던 케네디는 그런 사실을 숨기고 싶어 했습니다.

하나님께 맹세하지만 잭, 웃다가 죽을 뻔했다. 맙소사, 멀쩡한 놈이 넘치고 넘치는 세상에…. 네가 위장을 달고 있다는 것이 신통한 일이다.

《케네디 평전》이 전하는 일화입니다. 1940년 가을, 하버드 로스쿨에 다니던 친구가 케네디가 입대한다는 소식을 듣고 보낸 편지의 일부입니다. 건강상의 문제가 있는 데다가 집안 배경도 좋았기 때문에 케네디의 친구들은 그의 입대를 생각하지도 못했던 모양입니다.

그는 1941년 육군과 해군의 사관후보생에 지원했지만 등이 약하다는 이유로 신체검사에서 탈락했습니다. 케네디는 부친을 졸랐고 부친이 해군정보국에 부탁하여 건강상 문제를 해결한 후에야 해군에 입대할 수 있었습니다. 그렇게까지 하여 입대한 것은 그렇게 하지 않고는 전쟁이 끝난 후 책임 있는 위치에 설 수 없다는 절박감 때문이었습니다. 고대 로마인들이 군 복무를 마친 후에야 관직에 오를 수 있었던 것처럼, 사회적 지위에 합당한 책임을 다하지 않으면 한 사회의 지도적 위치에 설 수 없다는 것은 20세기 미국에서도 다르지 않았습니다.

케네디는 1941년 10월, 해군 소위로 임관되어 워싱턴 해군정보국 해외정보부서에 배치되었습니다. 그리고 해군 공작창을 거쳐 시카고 노스웨스턴대학교 해군장교 훈련학교에 입교하여 훈련을 받고 고속어뢰정 정장艇長이 될 수 있었습니다. 신체적 결함이 있던 그가 입대하여 정장이 되는 과정을 보면 상류층의 특권적 행태가 아니냐는 비판이 제기될 수 있습니다. 이른바 은수저 논란입니다. 그러나 그가 정치적 연줄을 이용한 것은 다른 사람들과 달리 입대를 회피하기 위해서가 아니라 참전을 위한 것이었고 자신의 안전보다는 위험을 택했기 때문에 비난받을 일은 아닐 것입니다.

정장에 선발된 케네디는 1943년 4월, 솔로몬제도 툴라기 섬으로 가서 어뢰정 PT-109를 지휘합니다. 그해 8월, 해군정보국은 일본 해군이 솔로몬 군도에 주둔하고 있는 부대에 보급품을 보내기 위한 '도쿄 특급' 작전이 개시될 것이라는 첩보를 입수하고 15척의 어뢰정을 파견합니다. 그중 하나가 PT-109입니다. 그러나 케네디의 어뢰정은 일본 해군 구축함의 공격을 받고 두 동강이 나 두 명의 대원을 잃었고 두 명은 중상을 입었습니다. 케네디를 비롯한 생존자들은 바다 위에 떠 있는 어뢰정의 잔해에 매달려 사투를 벌인 끝에 겨우 섬에 오를 수 있었습니다. 그리고 7일간 섬을 헤맨 끝에 호주 해안 경비대의 원주민 정찰대원과 만나 구조되었습니다.

케네디는 부하들을 무사히 구조하여 탈출한 공로로 해군훈장과 퍼플하트 훈장을 받습니다. 대학 때 등을 다친 바 있는 케네디는 재차 척추에 부상을 입었지만 다시 PT-59의 정장을 맡아 섬에 갇힌 해병대원을 구출하는 임무를 수행하다가 1944년 1월, 척추 수술을 받고 제대합니다. 그러나 케네디는 수술 후유증으로 심한 통증에 시달리면서 목발에 의존해야 했습니다. 급기야 1954년 재수술을 받았지만 병균에 감염되어 위독한 지경에 이르렀습니다. 재활치료를 통하여 겨우 몸을 추스를 수 있었지만 통증 때문에 진통제에 의존하지 않으면 안 되었습니다.

케네디는 1947년 서른 살에 하원 의원, 1953년 서른여섯 살에 상원 의원에 당선되었습니다. 1957년 《용기 있는 사람들》로 퓰리처상을 받고 대통령의 꿈을 이루기 위하여 준비에 나섰습니다. 그리고 1960년 대통령에 당선되었습니다. 《용기 있는 사람들》은 고통스러운 재활 치료를 받으면서도 자신의 신념과 의지를 확인하며 쓴 책입니다. 그는 이 책에서 자신보다는 국가의 이익을, 인기보다는 자존심을, 지위보다는 명예로움을 선택하는 것이야말로 용기 있는 사람들의 공통점이라고 말합니다. 자신의 이해와 결별할 수 있는 용기야말로 진정한 용기입니다. 그리고 양심의 소리를 좇는 것이 노블레스 오블리주입니다.

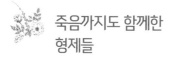

죽음까지도 함께한 형제들

국가에 대한 의무를 피하지 않았던 것은 대통령의 아들이든 평범한 가정의 아들이든 마찬가지였습니다. 그들은 오히려 더 큰 희생정신을 보여 주었습니다. 1942년 2월, 698명의 승조원을 실은 순양함 주노의 출정식에서 스포트라이트를 받은 사람들이 있었습니다. 설리번 다섯 형제와 로저스 네 형제입니다. 그 가운데 일곱 명이 그해 11월, 함께 전사했습니다. 순양함 주노는 남태평양 전역에서 일본 해군 잠수함의 어뢰 공격을 받고 침몰했습니다. 승조원 가운데 100명 안팎이 생존했지만 그나마 심한 부상으로 온전하지 못했습니다.

1943년 1월, 이른 아침에 해군 세 명이 아이오와 주 워털루의 토마스 설리반의 집에 찾아옵니다. 그렇지 않아도 불안해하고 있던 설리번이 '누구'라고 묻자 장교는 '모두'라고 말합니다. 한두 녀석도 아니고 다섯 다 죽다니…. 청천벽력과 같은 일이었습니다. 해군은 "앨버트, 프란시스, 조지, 조지프, 매디슨 설리번이 남태평양에서 실종되었다는 소식을 전하게 된 것을 대단히 유감스럽게 생각합니다"라는 말을 남기고 돌아갑니다.

그런데 아버지 설리번과 어머니의 태도가 놀랍습니다. 한동안 혼란에 빠져 있던 설리번은 전쟁 물자를 수송하는 자신의 임무를 떠올리고 일터로 나갈 결심을 합니다. 제때 기차를 운행하지 못하면 다른 아이들이 죽을 수도 있다는 생각이 들었기 때문입니다. "가도 좋아요?"라고 묻자 그의 아내는 "좋아요, 그렇게 하는 것이 옳은 일일 거예요. 아이들도 당신이 그렇게 하는 것을 원할 거예요. 당신이 집에서 할 수 있는 일이 없지 않아요?"라고 말합니다. 전쟁터에 함께 나간 다섯 아들도 대단하지만 그 부모는 더 놀랍습니다. 평범한 소시민의 가정에서조차도 고결함을 느끼게 합니다.

맏형과 막내의 나이 차이가 일곱 살에 불과했던 다섯 형제는 늘 친구같이 붙어 다녔습니다. 첫째와 둘째는 이미 해군에서 복무를 마치고 제대한 상태였지만 진주만이 공격받자 다시 입대하기로 합니다. 그러자 남은 세 동생도 입대하겠다고 고집을 부려 함께 입대하기로 합니다. 그러나 막내의 입대 자격에 문제가 있었습니다. 나이가 열아홉 살이었던 데다가 형제 중에 유일하게 결혼을 하여 15개월 된 아들을 두고 있었습니다. 그러나 병력 보충이 시급한 상황이다 보니 해군 당국에서도 그냥 받아들였던 모양입니다. 1942년 2월, 순양함 주노가 출정하던 날 막내의 어린 아들은 해군 모자를 쓴 귀여운 모습으로 마스코트가 되었습니다.

그해 11월, 다섯 형제는 남태평양 솔로몬제도에서 순양함 주노의 침몰과 함께 전사하거나 실종됐습니다. 미 해군에는 형제가 같은 함정에서 복무하지 않도록 하는 규칙이 있었지만 엄격하게 적용되지 않았던 것 같습니다. 그래서 해군 함정에는 서른 쌍의 형제들이 함께 복무했습니다. 순양함 주노에 함께 승선한 로저스 네 형제들 가운데서도 두 형제가 전사했습니다. 나머지 두 형제는 주노가 침몰하기 얼마 전 다른 함정으로 이동하였기 때문에 비극을 피할 수 있었습니다. 비슷한 시기, 같은 해역에서 전사한 또 다른 로저스 가의 세 형제가 있었습니다. 그들의 이름이 명명된 구축함 '로저스'는 우리나라와도 특별한 인연이 있습니다. 로저스함은 1981년 우리 해군에 인계되어 정주함으로 명명되었습니다.

전장에 뛰어든 형제들의 이야기는 그 밖에도 많이 있습니다. 유타 주 대처라는 곳에서 사탕무를 재배하는 평범한 농민 보그스트롬의 다섯 아들은 함께 제2차 세계대전에 참전하였고 그 가운데 네명이 전사했거나 실종되었습니다. 막냇동생은 함께 참전했던 형이 실종되자 당국에 의하여 반강제적으로 집으로 돌아올 수밖에 없었습니다.

한국전 당시 미군에는 탱크부대에서 복무한 네쌍둥이 형제가 있었습니다. 먼저 한 명에게 한국전에 참전하라는 명령이 떨어졌지만 나머지 쌍둥이들이 함께 가기를 원했습니다. 설리번의 다섯 형제가 같은 함정에 승선했다가 한꺼번에 전사한 후 미 해군은 규정을 강화하여 형제가 같은 부대에서 복무할 수 없도록 해놓았기 때문에 입대가 허용되지 않았습니다. 그러나 형제들은 포기하지 않았습니다. 텍사스 출신 린든 B. 존슨 상원 의원의 도움으로 국방부의 특별허가를 받아내어 함께 참전할 수 있었습니다.

텍사스 주 버몬트의 할로윈이라는 곳에서 이탈리아계 페리코네 집안에서 태어난 네쌍둥이는 출생부터 입학과 입대에 이르기까지 유명세를 톡톡히 치렀습니다. 그들이 태어났을 때 집 앞에 차들이 몰려와 줄을 설 정도였습니다. 그들의 성장하는 모습은 줄곧 언론의 스포트라이트를 받았을 뿐만 아니라 사진이 인기리에 판매되기도 했습니다. 초등학교에 입학할 때는 '유에스 쿼드 입학'이라는 제목으로 네쌍둥이가 나란히 책상에 앉아서 공부하는 모습이 동영상으로 보도되기도 했습니다. 1952년 5월, 네쌍둥이는 함께 참전하여 탱크부대에서 운전병 또는 사수로서 임무를 수행한 후 그해 12월, 크리스마스를 앞두고 귀국했습니다. 한 사람의 부상자도 없이 씩씩한 모습으로 돌아온 그들은 대대적인 환영을 받았습니다. 그 가운데 한 신문은 기발하게도 네쌍둥이의 이름 앤서니, 버나드, 칼, 도널드의 첫 철자를 따서 'ABCD 쿼드'라고 불렀습니다.

 장군의 아들

워싱턴 D. C. 한국전 참전 기념공원에 있는 해병 조각상은 장진호 전투의 한 장면을 표현한 것입니다. 1950년 11월 26일에서 12월 13일까지 한겨울에 벌어진 장진호 전투는 한국전쟁뿐 아니라, 세계 전쟁사에 기록될 만큼 처절한 전투였습니다. 인천상륙작전에 참가했던 미 해병 1사단과 육군 7사단 일부는 한반도 남부를 돌아 원산

에 상륙하여 북진을 계속하고 있었습니다. 그러나 개마고원 근처 장진호 계곡에서 미리 매복하고 있던 중공군의 야간 공격으로 7300명에 달하는 막대한 희생을 입었습니다.

미군은 혹독한 추위 속에서 중공군 12만 명의 포위망을 뚫고 40킬로미터에 이르는 후퇴 작전을 성공적으로 마무리할 수 있었습니다. 장진호 전투는 미군이 가장 고전한 전투 중 하나로 기록되었지만 중공군 3만7500여 명이 죽거나 부상을 입는 타격을 줌으로써 중공군의 남하를 지연시킬 수 있었습니다. 그리고 흥남 철수를 통하여 피난민 10만여 명을 포함하여 총 20만여 명을 무사히 남쪽으로 탈출시킬 수 있었습니다.

장진호 전투에도 아버지와 아들이 있었습니다. 필드 해리스 장군과 그의 외아들 윌리엄 프레더릭 해리스 중령입니다. 해리스 장군은 해군사관학교를 졸업하고 1, 2차 세계대전에 참전한 후 다시 한국전에 투입되어 미 해병 제1항공 사단장을 맡고 있었습니다. 아들 해리스 중령 역시 해군사관학교를 졸업하고 아버지를 따라 한국전에 참전하여 장진호 전투에서 미 해병 제1사단 제7연대 제3대대를 지휘하다가 1950년 12월 전사했습니다. 해리스 장군은 고향인 켄터키 주 버세일즈라는 곳의 교회 묘지에 아들을 묻었습니다. 그리고 그 역시 열일곱 해가 지난 뒤 아들 옆에 잠들었습니다. 그들은 메이그스 장군 부자와 닮은 구석이 많습니다.

월튼 H. 워커 장군은 1950년 12월, 의정부 근처에서 그가 타고 있던 지프차와 반대편에서 달려오던 트럭이 충돌하는 사고로 인하여 중상을 입고 사망했습니다. 워커 장군은 웨스트포인트를 졸업하고 1차 세계대전에 이어 2차 세계대전에 참전하여 북아프리카 전투에서 독일의 롬멜 부대를 깨트리는 공을 세웠습니다. 전쟁이 끝난 후 일본에서 임무를 수행하던 중 맥아더 장군의 명령을 받고 한국전에 투입되어 미 8군 사령관을 맡아 낙동강 전선을 사수하는 데 결정적인 역할을 했습니다. 함께 참전했던 아들 샘 S. 워커 대위는 빠르게 성장하여 미군 역사상 최연소 육군 대장에 올랐습니다.

워커 중장의 사망으로 미 8군 사령관에 매슈 리지웨이 장군이 임명되었지만 유엔군 사령관 맥아더 장군이 갑자기 해임됨에 따라 그 자리를 대신합니다. 공석이 된 미 8군 사령관 후임으로 임명된 사람이 제임스 밴 플리트 장군입니다. 그는 육군사관학교를 졸업하고 1, 2차 세계대전에 참전하여 큰 공을 세웠습니다. 2차 세계대전에서는 발지 전투를 지휘했고 프랑스에서 독일군을 몰아내는 데 결정적인 역할을 했습니다.

아버지는 자유를 지키기 위해 싸우고 계십니다. 이제 저도 힘을 보탤 때가 온 것 같습니다. 어머니! 저를 위해 기도하지 마시고, 함께 싸우는 전우들을 위해 기도해 주세요. 그들 중에는 무사히 돌아오기만을 기다리는 아내를 둔 사람도 있고, 아직 가정을 이루어 본 적이 없는 사람도 있습니다.

밴 플리트 2세는 아버지에게 힘을 보태기 위해 한국전에 자원 참전했습니다. 그는 B-26 폭격기 조종사였습니다. 1952년 4월, 그는 야간 폭격 임무를 수행하던 중 북한 해주 부근에서 적의 대공포를 맞아 실종되고 말았습니다. 수색이 진행되던 중 장군은 "그 정도면 충분하다. 구출 작전을 중지하라"며 수색 작전을 중단시켜 아들의 생사보다 부하들의 안위를 더 걱정했던 지휘관으로 유명합니다. 이 글은 밴 플리트 2세가 참전을 결심했을 때 어머니에게 쓴 편지의 일부입니다. 그 역시 나라와 동료를 먼저 생각하는 공적 의식이 탁월했다는 것을 알 수 있습니다.

리지웨이 장군에 이어 1952년 5월, 유엔군 사령관에 임명된 마크 W. 클라크 장군의 아들 윌리엄 D. 클라크 대위는 1951년 가을 단장의 능선 전투에서 부상을 입고 전역했습니다. 아버지 클라크 장군이 유엔군 사령관으로 임명되기 전이었습니다. 클라크 장군은 제1차 세계대전에서 부상을 입고도 제2차 세계대전에 참전하여 이탈리아 주둔군 사령관으로 활동했습니다. 한국전에서는 유엔군 사령관을 맡아 한반도 전체를 주머니처럼 감싸는 해상봉쇄선 '클라크 라인'으로 서울을 사수하였고 휴전협정의 유엔군 대표를 맡았습니다.

14 | 발런티어
대지를 휩쓴 피 그리고 붉은 바다

2014년, 영국 런던의 템스 강변에 있는 런던 타워에서 아주 특별한 행사가 있었습니다. 제1차 세계대전 발발 100주년을 맞이하여 영국과 영연방의 전사자를 기억하고 그 희생의 의미를 되새기기 위하여 영국 정부에 의해 기획된 이벤트였습니다. 주제는 '대지를 휩쓴 피 그리고 붉은 바다', 어느 무명용사가 남긴 시의 첫 구절에서 따온 것입니다.

그들이 흘린 피는 플랑드르를 휩쓸었고 지중해를 물들였습니다. 전사자마다 세라믹 양귀비꽃 한 송이씩 총 88만8246개를 꼽아 해자를 붉은 바다로 만들어 성벽 안에서 피가 흘러나오는 듯한 장면을 연출했습니다. 그리고 매일 해질 무렵 근위병과 나팔수가 해자를 가득히 메운 양귀비꽃 조화 가운데로 나와 전사자의 이름을 부르는 롤콜Roll Call 의식이 현충일 전날까지 이어졌습니다. 더욱 뜻깊은 것은 아티스트와 약 2만2천 명에 달하는 자원봉사자들의 정성 어린 손길로 세라믹 양귀비꽃이 설치되었다는 것입니다. 영국은 무엇을 해도 형식적이거나 의례적이지 않습니다. 온 국민이 함께하는 깊은 감동이 있습니다.

대지를 휩쓴 피 그리고 붉은 바다,

그곳은 천사들이 용감히 발을 디디는 곳

내 손이 닿으려 할 때마다,

천사들이 떨어질 때 하느님이 고통의 눈물 흘리는 것처럼,

다시 또다시

내 눈물이 땅 위에 떨어질 때마다

붉은 꽃과 함께 잠들기 위하여

어떤 죽은 이처럼

나의 아이들은 옥수수밭과 밀밭을 바라보며

헤쳐 나아간다

나의 머물러 있는 고통으로부터 멀리 떨어진 사랑으로,

나의 사랑으로부터 멀리 떨어진 들판으로 축복을 받으며

행사의 주제가 되었던 시의 첫 부분입니다. 시인은 자신의 죽음으로 아이들과 삶의 터전을 지켜냈노라고 노래합니다. 영국은 승리의 영광에 대하여 말하지 않습니다. 대지의 일부가 된 고귀한 희생

을 기억하려는 것뿐입니다. 템스 강에서 멀지 않은 곳에 웨스트민스터 사원이 있습니다. 이곳에는 제1차 세계대전에서 전사한 영국군 80만 명의 전사자 가운데 1920년 11월 11일 플랑드르로부터 송환된 한 명의 무명용사의 유해를 안치해 놓고 있습니다. 묘비에는 '신과 조국을 위해 본분을 다했으므로 역대 왕들의 사이에 묻히노라'라고 새겨져 있습니다. 이름 없는 병사를 왕의 반열에 올렸다는 것은 대단히 상징적입니다.

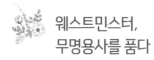

웨스트민스터, 무명용사를 품다

웨스트민스터 사원은 국왕의 대관식과 왕실 결혼식이 열리는 곳일 뿐만 아니라 왕과 왕비, 수상을 비롯한 영국을 빛낸 중요 인물들의 유해가 안치되어 있습니다. 그런 것은 세인트폴 성당도 다르지 않습니다. 이곳에는 웰링턴과 넬슨 같은 뛰어난 인물들과 유명한 예술가들의 유해가 안치되어 있습니다. 영국 교회는 종교적 기능 외에도 국가를 위해 희생하였거나 뛰어난 공적을 남긴 인물들을 추앙하는 성소이기도 합니다.

프랑스의 볼테르는 아이작 뉴턴의 유해가 웨스트민스터 사원에서 안치되는 것을 보고 몹시 부러워했습니다. 어떻게 일개 과학자가 국왕과 나란히 할 수 있을까. 당시로서는 상상하기 어려운 일이었습니다. 볼테르의 부러움이 받아들여졌는지 프랑스 파리에 판테온이 만들어졌고 그의 유해 역시 그곳에 안치되었습니다.

웨스트민스터 사원을 중심으로 하는 '시티 오브 웨스트민스터' 지역에는 버킹엄 궁전, 의사당, 정부기관이 들어서 있고 트라팔가르 광장과 같은 기념물과 미술관 등이 자리 잡고 있습니다. 런던을 상징하는 템스 강과 그 주변에는 타워 브리지, 런던 타워, 런던 아이, 최첨단 빌딩 등 볼거리로 가득합니다. 제2차 세계대전 때 노르망디 상륙작전과 한국전에 참가했던 퇴역 군함 벨파스트를 띄어 놓은 모습도 볼 수 있습니다. 전쟁박물관으로 사용되고 있는 벨파스트의 가장 높은 곳에는 매년 10월이 되면 빨간 양귀비꽃poppy이 그려진 대형 현수막이 내걸립니다.

플랑드르 들판에 양귀비꽃들이

십자가들 사이로, 줄줄이 흔들리고,

그곳은 우리가 누워 있는 자리; 그리고 하늘에는,

종달새들, 여전히 용감하게 노래하고 날지만,

저 밑 총소리에 묻혀 잘 들리지 않네

우리는 죽은 자 며칠 전

우리는 살아 있었고, 새벽을 느꼈고,

불타는 석양을 바라보았네

사랑했었고 또 사랑받았지만, 이제 우리는 누워 있네

플랑드르 들판에

적과 우리의 싸움을 계속하라

스러져 가는 손으로 당신들에게 던지는

횃불, 이제 당신들이 높이 들어야 하네

만약 당신들이 죽은 우리와의 신의를 깬다면

우리는 잠들지 못할 것이네, 양귀비꽃들이 자라도

플랑드르 들판에

캐나다군의 의무장교 맥크레이 중령이 1915년에 쓴 〈플랑드르 들판에서〉라는 시입니다. 이 시는 격전지였던 벨기에 플랑드르 들판에서 무성하게 피어난 양귀비꽃을 보고 친구의 죽음을 기리기 위하여 쓴 것입니다. 플랑드르는 저지대 습지인 데다가 비가 많이 내려 발이 물러터지고 질병이 횡행하여 전투는 고사하고 버텨내기도 어려운 곳이었습니다. 영연방의 병사 대다수가 이곳에서 전사했습니다. 맥크레이의 시에는 희생의 가치를 지켜달라는 간절한 소망이 담겨 있습니다. 프랑스군과 달리 그들은 대부분 자원입대한 사람들이었습니다. 캐나다는 이 시를 10달러 화폐에 넣고 있을 정도로 소중히 여기고 있고, 벨기에는 '인 플랑드르 필즈 기념관'을 세워 그날의 희생을 기리고 있습니다.

오! 플랑드르 들판에서 잠자는 당신,

달콤하게 잠들어라 – 다시 일어나기 위하여!

우리는 당신이 던진 횃불을 잡고,

높이 들어, 모든 죽은 이들과의

신의를 지키겠습니다

용기가 이끌었던 들판에서 자라난

빨간 양귀비꽃은 너무나도 소중합니다

그것은 영웅들의 피는 마르지 않는다는 것을

하늘 높이 내보내는 신호와 같은 것,

그러나 죽은 이들 위에 피어난 꽃의

붉은색에 광채를 내려 줍니다

플랑드르 들판에

그리고 지금 횃불과 빨간 양귀비꽃으로써

우리의 죽은 이들의 명예를 기립니다

헛되이 죽었다는 두려움을 가지지 마세요

우리는 당신들의 유훈을 가르칠 것입니다

플랑드르 들판에

미국 조지아대학교 교수로 있던 모이나 미첼이 1918년의 맥크레이의 시에 화답하여 쓴 〈우리는 신의를 지킬 것입니다〉라는 시입니다. 여기서 양귀비꽃은 플랑드르 용사들의 화신입니다. 죽지 않았다는 것을 하늘에 알리기 위하여 꽃으로 피어났다는 둘째 연의 표현은 매우 감동적입니다. 미첼은 양귀비꽃을 추모와 신의를 상징으로 만들고 싶었습니다. 그녀의 소망에 따라 영국재향군인회가 '포피

캠페인'을 전개함으로써 양귀비꽃은 영국을 비롯하여 캐나다, 호주, 뉴질랜드 등에서 나라사랑의 꽃으로 자리 잡게 되었습니다. 그리고 현충일은 '포피 데이'로 불리게 되었습니다.

'토미', 영국군의 이름이 되다

영국은 전통적으로 자원병에 의존한 나라였습니다. 평시에 징집 방식으로 군대를 조직했던 나라는 17세기 초 스웨덴이 처음이었습니다. 그때 징집 연령은 15세 이상이었습니다. 그 같은 어린 나이에 병역의무를 지고 전장에 나갔던 것입니다. 그러나 보다 본격적인 징병제도는 프랑스 혁명 후 시작되었습니다. 1793년 프랑스는 18세에서 25세까지의 남자를 대상으로 징집령을 내린 데 이어 1798년 징집제도를 법제화함으로써 260만 명의 대규모 상비군을 조직할 수 있었습니다.

그러나 프로이센의 경우는 프랑스와 달랐습니다. 전쟁에 나가는 것은 왕과 귀족의 몫이었고 귀족의 자제에게만 입대 자격이 주어졌습니다. 그 결과 나폴레옹에게 완패하고 러시아 원정에 끌려 나가는 위성국으로 전락하는 수모를 겪었습니다. 그 후 프로이센은 군대를 전면 개혁하여 프랑스와 같은 동원 방식에 의하여 병력 증상에 나섰습니다. 17세에서 35세까지 모든 남자를 대상으로 징집제를 실시하였고, 유럽에서 가장 먼저 예비군까지 갖춘 근대적 동원 체제를 완성하였습니다.

영국은 두 차례 세계대전 모두에서 막대한 피해를 입었지만 두 전쟁을 보는 시각에는 차이가 있습니다. 영국인들은 1차 대전을 '위대한 전쟁The Great War'이라고 부릅니다. 대학생을 비롯한 수많은 국민의 자원과 헌신으로 국가가 온전히 지켜졌다는 자부심의 표현입니다. 그러나 제2차 세계대전에 대한 기억은 달랐습니다. 윈스턴 처칠의 회고록에 나오는 내용입니다. 프랭클린 루스벨트 대통령이 "이 전쟁을 어떻게 불러야 할까요?" 하고 의견을 묻자 처칠은 주저하지 않고 '불필요한 전쟁The Unnecessary War'이었다고 말합니다.

영국군은 기본적으로 소수의 직업군인과 자원병에 의존했습니다. 평시에 의무병을 징집하여 큰 군사력을 보유하는 것을 선호하지 않았습니다. 제1차 세계대전 초기 1914년 9월까지만 해도 총 45만 명에 달하는 자원병이 모집되었습니다. 여기에는 "징병제보다 더 무서운 것이 지원병제였다"라는 말이 나돌 정도로 학교에 남아 있으면 비겁자라는 낙인이 주어지는 사회 분위기도 한몫했습니다. 그러나 자원병이 점차 줄어들자 1916년부터 18세에서 41세까지의 남자를 대상으로 징병제를 실시하게 되었습니다.

벨기에와 프랑스 전역으로 파견된 영국군은 1916년 프랑스 북부의 솜에서 벌어진 전투에서 첫날에 무려 7만여 명이 전사하는 참혹한 피해를 입었습니다. 그야말로 피가 대지를 적시고 참호를 채웠습니다. '소모품 소위'라는 말까지 생겨날 정도로 갓 임관한 소위들이 수없이 쓰러졌습니다. 초급 장교들은 대개 귀족이거나 자원입대한 대학생이었습니다.

제1차 세계대전 때 영국군은 '토미Tommy'로 불렸습니다. 원래는 지원병으로 채워지기 전 정규군 병사에 붙여졌던 별명이었지만 점차 영국군 전체를 지칭하게 되었습니다. 제1차 세계대전 초기만 해도 영국군은 철모도 없이 카키색 군복에 면 모자를 쓴 볼품없는 모습이어서 멋있는 군복을 차려입은 독일 병사의 눈에는 촌뜨기 같아 보였습니다.

영국군이 토미라 불린 것은 18세기 말 영국-네덜란드 전쟁과 관련이 있습니다. 1794년 플랑드르에서 벌어진 복스텔 전투에서 보병연대를 지휘하고 있던 웰링턴 공작은 진흙더미 속에서 중상을 입고 의연한 모습으로 죽어 가는 한 병사를 발견하고 큰 감동을 받았습니다. 그가 바로 영국군의 별명 '토미'의 기원이 된 토마스 앳킨스였습니다.

1815년 영국은 병사 개개인의 신상기록을 담은 원부를 만들게 되었습니다. 그때까지만 해도 병사들의 기록이 제대로 유지되지 못했던 것 같습니다. 읽고 쓰지도 못했던 토미 앳킨스와 같이 영국 병사들 가운데는 문맹자가 많았습니다. 그래서 견본이 필요했습니다. 웰링턴 공작은 병사들의 모범이 될 이름을 찾다가 토미 앳킨스를 떠올렸습니다. 그 후 영국의 병사 원부는 '토미북'로 불리게 되었고, 토미는 영국 병사를 가리키는 이름이 되었습니다.

토마스, 당신에게 최고의 존경을 드립니다!

확실히 그날은 올 거예요

그들이 당신의 모든 몫을 주는,

그리고 당신을 크리스천으로 대접할 거예요;

그날이 가까이 올 때까지,

하늘이 당신을 안전하고 건강하게 지켜주도록,

토마스, 당신에게 최고의 존경을 드립니다!

러디어드 키플링Rudyard Kipling의 시, 〈토미 앳킨스에게〉의 하단부입니다. 노벨상 작가인 그는 《정글북》이나 애송시 〈만약에If〉로 더 잘 알려져 있습니다. 뿐만 아니라 1897년에 발표한 〈퇴장성가recessional〉의 반복적 후렴, '잊지 않기 위하여Lest we forget'는 영국, 호주, 뉴질랜드, 캐나다 등에서 나라를 위하여 희생한 사람들을 기억하는 추모의 언어가 되었습니다.

키플링의 시 대부분은 제1차 세계대전과 관련이 있습니다. 그는 〈토미〉, 〈영국인의 노래〉, 〈어린이들의 노래〉, 〈유산〉을 비롯한 많은 시를 통하여 병사들을 격려하고 국민의 단결을 촉구했습니다. 그리고 정부의 요청으로 선전전을 수행하기도 했습니다. 그 때문에 제국주의를 옹호했다는 비판에서 자유롭지 못합니다. 그렇지만 그 역시 제1차 세계대전에서 외아들을 잃은 아픔을 겪었습니다.

1914년 열다섯 살에 자원입대한 그의 아들, 존 키플링은 다음 해 서부전선에서 전사했습니다. 그러나 그의 시신은 찾지 못했습니다.

아들이 살아 있을지도 모른다는 생각에 러디어드는 중립국 외교관을 통하여 독일 당국에 수소문할 정도로 갖은 노력을 다해 보았지만 눈을 감을 때까지도 아들의 마지막을 확인할 수 없었습니다. 그로부터 56년이 지난 1992년 영연방묘지관리위원회에 의하여 아들의 전사가 공식적으로 확인되었습니다.

사실 존 키플링은 지독한 근시여서 해군은 물론 육군에도 입대가 허용되지 않았습니다. 요행히 군 고위직에 있었던 아버지 친구의 도움으로 아일랜드 방위군에 들어갈 수 있었습니다. 키플링 부자의 사연은 제2차 세계대전 때 아버지 친구의 도움으로 해군에 입대했던 존 F. 케네디를 떠올리게 합니다.

1940년 5월, 독일의 침공이 개시된 후 얼마 안 돼 프랑스가 항복하자 영국은 홀로 전쟁을 감당해야 했습니다. 징병 대상을 17세부터 65세까지의 남자로 확대했지만 그것도 부족하여 1941년 여성 징병제까지 실시했습니다. 여성 군인은 전쟁 말에 이르러 50만 명에 달했고 14세 이상 60세 미만의 여성 가운데 거의 절반이 전쟁 관련 직종에서 일했습니다. 영국은 1961년부터 징병제를 폐지하였지만 왕실 가족이나 왕실에 속한 귀족에게는 장교로서 군복무 의무가 계속 주어지고 있습니다.

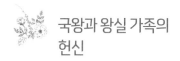

국왕과 왕실 가족의 헌신

영국 여왕 엘리자베스 2세의 조부인 조지 5세는 왕위에 오르기 전 해군장교로서 어뢰정 함장을 지냈고 국왕으로서 제1차 세계대전을 승리로 이끌었습니다. 그는 전쟁이 끝난 후 프랑스에 있는 전쟁묘지에 찾아가 전사 장병들에게 경의를 바쳤습니다. 그리고 한 명의 무명용사 유해를 송환하여 웨스트민스터 사원에 안치했습니다.

외국에서 전사한 군인의 유해를 봉환하여 국립묘지에 안장하는 전통은 그리스에서부터 시작되었습니다. 그러나 영국은 전사자의 유해를 송환하지 않고 전투 현장의 묘지에 안장하는 전통을 가진 나라입니다. 그래서 부산에 있는 유엔묘지에는 영국과 영연방 국가의 전사자들이 대부분을 차지하고 있습니다. 키플링이 쓴 〈왕의 순례: 조지 5세 프랑스 전쟁묘지에 가다〉라는 시의 첫 부분입니다.

우리의 국왕께서는 순례에 나섰다

자신의 목숨을 던져

우리의 유산을 보호한 그들에게

기도와 경의를 바치기 위하여

조지 6세 역시 부친과 마찬가지로 해군장교가 되어 제1차 세계대전이 한창이던 1916년 5월, 북해 덴마크 근처에서 벌어진 유틀란트 해전에 참가했습니다. 그리고 갑작스런 형의 폐위로 1936년 왕위에 올라 제2차 세계대전의 위기를 극복해야 했습니다. 영국 여왕 엘리자베스 2세 역시 왕위에 오르기 전 1945년 군에 들어가 구호품 부서에서 복무했고 부군 필립공 역시 해군장교로 제2차 세계대전에 참전했습니다. 여왕의 아들 앤드류 왕자는 포클랜드 전쟁에서 헬기 조종사로 참전했고 손자 해리 왕자는 두 차례 아프가니스탄 전쟁에 참전했습니다. 상류층일수록 스스로의 희생과 헌신 없이는 국가의 중요한 일을 맡을 자격이 없다는 인식이 일상화되어 있기 때문일 것입니다. 영국은 빅토리아 여왕 때 '군림하지만 통치하지 않는다'는 원칙이 확립되었습니다. 그러나 그것이 오히려 더 높은 수준의 통치인지도 모르겠습니다. 스스로 노블레스 오블리주를 실천했기 때문에 국민의 존경과 사랑을 받을 수 있었고 국민 통합의 구심점이 될 수 있었습니다.

 **됭케르크의 기적**

우리는 끝까지 갈 것입니다. 우리는 프랑스에서 싸울 것입니다. 우리는 바다와 대양에서 싸울 것입니다. 우리는 커가는 자신감과 커가는 힘으로 하늘에서 싸울 것입니다. 우리는 대가가 무엇이든지 이 나라를 지킬 것입니다. 우리는 해변에서 싸울 것입니다. 우리는 착륙장에

서 싸울 것입니다. 우리는 들판과 거리에서 싸울 것입니다. 우리는 언덕에서 싸울 것입니다. 우리는 결코 포기하지 않을 것입니다.

1940년 6월 4일 윈스턴 처칠 수상이 됭케르크 철수가 성공한 직후 하원에서 행한 연설의 마지막 부분입니다. 그는 런던의 불빛이 꺼져 가는 암울한 상황에서도 싸움을 포기하지 않겠다는 것을 분명히 했습니다. 전쟁 앞에서 단호했던 처칠에 대하여 존 F. 케네디는 1963년 4월 9일, 미국 최초로 '명예시민'을 헌정하는 자리에서 이렇게 말합니다. "그는 영어를 동원하여 전장에 보냈습니다. 백열등처럼 눈부신 그의 언어는 그의 국민의 용기를 빛나게 했습니다." 지도자의 언어는 무기와 다름없습니다. 국민의 감동을 자아내고 투지를 끌어내는 힘이 있어야 합니다. 제2차 세계대전 때 처칠이, 드골이, 루스벨트가 그랬습니다.

됭케르크 철수는 5월 26일에서 6월 4일까지 영국군 19만8천여 명과 프랑스·벨기에·네덜란드군 약 14만 명을 포함하여 총 33만8천여 명의 병력을 프랑스 북부 됭케르크 해안에서 도버 해협을 건너 영국으로 탈출시킨 '다이너모 작전'을 말합니다. 역사상 최대의 철수 작전으로 기록되고 있습니다.

됭케르크는 칼레 바로 위쪽에 있는 북해 연안도시로 벨기에 국경과 접한 곳입니다. 1940년 5월, 독일군은 예상과 달리 중립국인 벨기에와 네덜란드를 침공합니다. 네덜란드는 독일 공군의 공습으로 로테르담이 파괴되고 다른 도시의 안전이 위협을 받게 되자 어쩔 수 없이 항복합니다. 네덜란드 왕실과 정부는 급히 영국으로 이동하였습니다. 벨기에도 다르지 않았습니다. 요새가 점령당하고 방어선이 무너지자 항복합니다. 네덜란드와 벨기에 그리고 북부 프랑스를 장악한 독일군은 마지막 남은 됭케르크를 압박합니다.

됭케르크 해안에 몰려 있던 연합군은 일단 영국으로 철수하기로 합니다. 독일 공군의 폭격이 쏟아지는 가운데 필사적인 탈출이었습니다. 영국 공군은 전투기를 띄워 독일 공군의 폭격을 방해하면서 철수 작전을 지원했습니다. 그런데 문제는 병력을 수송할 선박이었습니다. 동원령이 내려졌지만 충분치 않았습니다. 긴박한 상황에서 구세주처럼 나타난 것은 어민을 비롯한 시민들이었습니다. 동원 대상이 아닌 작은 배, 심지어 낚싯배까지 몰려나왔습니다. 861척의 배 가운데 영국과 프랑스의 구축함 40여 척을 제외한 820척에 가까운 숫자가 개인 소유의 선박이었습니다. 그렇게 하여 연합군 병력은 철수에 성공할 수 있었습니다.

그들은 위기 앞에서 공과 사가 따로 없었습니다. 지도층만이 아니었습니다. 선주도 있었고 상인도 있었고 어부도 있었습니다. 그날의 탈출은 '됭케르크의 기적'이라고 불립니다. 수많은 병사들의 목숨을 구했기 때문만은 아닙니다. 총탄이 비오듯 쏟아지는 아수라장 속에서도 병사들은 흐트러짐 없이 순서대로 승선하여 질서 있게 철수했습니다. 이것을 두고 처칠은 연설 첫머리에서 "기적은 용기, 인내, 완벽한 기율, 무결점의 봉사, 자원, 기술, 정복될 수 없는 충성심에 의하여 달성된 것이다"라는 찬사를 보냈습니다. 됭케르크 철수는 극한의 상황에도 불구하고 탁월한 용기와 헌신을 보여 주었던 기적과 같은 것이었습니다.

처칠이 연설에서 구출 작전의 성공이 끝이 아니라고 했던 것처럼 영국의 수난은 계속되었습니다. 독일은 대규모 육군을 투입하여 영국 본토로의 상륙을 계획합니다. 이른바 바다사자 작전입니다. 그러나 독일군은 실행에 옮기지 못합니다. 히틀러를 비롯한 수뇌부에서 이견이 있었고 막강한 영국 해군이 버티고 있었기 때문입니다. 독일군은 전략을 바꾸어 7월부터 공중전에 돌입합니다. 지상 최대의 공중전으로 알려진 영국 전투의 시작이었습니다. 영국은 됭케르크 철수에서 이미 145대의 항공기를 잃었습니다. 수적인 열세에도 불구하고 도버 해협에서 벌어진 공중전에서 독일 공군을 격퇴함으로써 전쟁의 흐름을 바꿀 수 있었습니다.

전쟁의 역사에서 이렇게 많은 사람들이 이렇게 적은 사람에게 이렇게 큰 빚을 진 적이 결코 없었다.

영국 전투가 승리로 끝난 후 처칠이 남긴 연설의 일부입니다. 여기에는 전투기 사령관 휴 다우딩의 역할이 지대했습니다. 그는 뛰어난 예지력의 소유자였습니다. 폭격기 개발에 열을 올리고 있던 다른 유럽 국가와 달리 전투기의 유용성을 알고 있었습니다. 1936년 초대 전투기 사령관을 맡은 그는 전쟁 수뇌부와 충돌하면서도 신형 전투기 개발, 레이더 기지, 방공망 확충 등을 고집스럽게 밀어붙임으로써 영국을 지켜낼 수 있었습니다. 그는 아들 하나만 두었는데 그 역시 전투기 조종사로 활약했습니다.

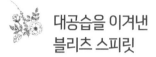

대공습을 이겨낸 블리츠 스피릿

공중전에서 패한 독일 공군은 그해 9월부터 다음 해 5월까지 267일간 런던과 남부 해안 도시들을 무차별적으로 공습합니다. 영국은 독일 공군의 대공습London Blitz으로 4만3천여 명이 사망하고 4만6천여 명이 부상을 입었으며, 100만 명에 달하는 시민들이 집을 잃었습니다. 그리고 버킹엄 궁전, 의사당을 비롯한 공공시설과 웨스트민스터 사원, 세인트폴 성당 등 스물한 개 교회가 피폭되거나 불탔습니다.

그러나 런던 시민들은 절망하거나 피난을 떠나지 않았습니다. 숙소가 턱없이 부족하여 15만 명의 시민들이 지하철 튜브에 들어가 밤을 새우는 고초를 겪었습니다. 시민들은 생업 현장을 떠나지 않았고, 향토방위대에 참여하는가 하면 군수품 생산에 참여했습니다. 그리고 소방대를 만들어 화재로 불타는 도시를 구하고자 했습니다. 그 대표적인 예가 세인트폴 성당입니다. 소이탄을 맞고 화염에 휩싸였지만 시민들이 몰려가 화재를 진압함으로써 지켜질 수 있었습니다. 세인트폴 성당은 1666년 시민 8만 명 중 7만 명이 집

을 잃은 '런던 대화재Great Fire of London'로 인하여 소실된 후 다시 세
워진 건물이었습니다. 런던 시민들의 분투는 그뿐 아니었습니다. 7
만8천여 명의 여성이 징집되어 대공포 사격의 보조 요원으로 활약
했습니다. 도시가 파괴되었지만 잡석을 모아 활주로를 만들기도 했
습니다. 런던 시민들은 이틀에 한 번 꼴로 계속된 야간 공습의 공
포 속에서도 끝까지 견뎌내고 '블리츠 스피릿The Blitz Spirit'의 신화를
썼습니다.

폭격을 맞아 기쁩니다. 이제 런던의 동쪽 얼굴을 볼 수 있게 되었습
니다.

버킹엄 궁전의 폭격을 맞고 왕비가 한 말입니다. 런던의 동쪽, 즉
이스트엔드East End는 독일 공군의 집중 공습으로 거의 황폐화되었
습니다. 그곳은 선박의 도크dock가 있는 지역이었습니다. 런던의 중
심부 서쪽, 즉 웨스트엔드West End와 달리 동쪽은 가난한 사람들이
많이 거주하고 있었습니다. 동쪽이 완전히 파괴된 것을 마음에 담
고 있었던 왕비는 궁전의 피폭으로 짐을 덜었다고 생각했던 것 같
습니다.

대공습 기간 중 조지 6세와 왕비는 죽을 고비를 넘겨야 했지만
피신하지 않고 시민들과 생사고락을 함께했습니다. 라디오 연설
을 통하여 "전쟁은 더 이상 전장에 머물러 있지 않다"라며 국민의
단합과 참여를 호소하였고 처칠과 함께 피폭 현장을 돌아보며 국

민을 격려하기도 했습니다. 그리고 제2차 세계대전의 성패를 가늠할 노르망디 상륙작전이 개시되기 전 출정을 기다리는 병사들의 사기 진작을 위하여 전쟁터를 직접 방문하기도 했습니다. 처칠은 이렇게 말합니다. "훌륭한 왕과 왕비의 존재는 영국에 큰 힘이 되었다."

🌸 수상의 네 아들

제2차 세계대전에 프랭클린 루스벨트 대통령의 네 아들이 있었다면 제1차 세계대전에는 영국 애스퀴스 수상의 네 아들이 있었습니다. 허버트 헨리 애스퀴스Herbert Henry Asquith 수상은 일곱 살 때 아버지를 여의고 어머니와 함께 외조부와 생활하면서 변호사로 성장하여 자유당 소속 하원 의원이 되었습니다. 내무 장관과 재무 장관을 역임하고 1908년에서 1916년까지 수상을 지냈습니다. 재임 중 노령연금법, 국민보험법, 최저임금법을 비롯한 사회입법을 완성함으로써 복지제도의 기초를 놓았습니다. 그리고 1914년 전쟁부 장관을 겸하면서 제1차 세계대전을 지휘했지만 전세를 역전시키지 못하고 물러났습니다. 해군장관 윈스턴 처칠이 주도한 갈리폴리 상륙작전이 실패로 돌아간 것도 그때였습니다.

애스퀴스 수상의 다섯 아들 가운데 어린 막내를 제외한 네 형제는 수상의 아들답게 가장 먼저 전쟁에 뛰어들었습니다. 장남 레이몬드는 옥스퍼드를 우등으로 졸업하고 법정 변호사가 되어 1912년 타이타닉호 침몰 사고 조사위원으로 활약하면서 큰 관심을 모았습니다. 부친과 같은 정치인의 길을 준비하던 중 제1차 세계대전이 발발하자 초급 장교로 참전했습니다. 그때까지만 해도 영국은 징병제를 시행하지 않고 있었습니다. 얼마든지 의회에 진출할 수 있었지만 그것을 포기하고 전쟁에 참가한 것입니다. 키가 크고 잘생겼을 뿐만 아니라 위트가 넘치고 마음이 따뜻했다고 하니 정치인으로서는 제격이었습니다. 그러나 1916년 9월, 그는 프랑스 솜 전투에서 전사했습니다. 애스퀴스 수상은 그의 주검을 런던으로 운구해 와야 한다는 여론에도 불구하고 다른 병사들과 같이 현지에서 군장(軍葬)으로 안장되기를 원했습니다.

잉글랜드의 별, 그대는 짧은 시간을 살았지만 그 짧은 시간에 가장 위대하게 살았습니다.

솜의 영연방묘지에 묻힌 레이몬드의 묘비명입니다. 이 글은 셰익스피어의 사극 《헨리 5세》의 끝부분에서 따온 것입니다. 생후 아홉 달밖에 되지 않은 아들을 남기고 죽은 헨리 5세와 마찬가지로 레이몬드 역시 다섯 달밖에 되지 않은 외아들을 남겨 놓고 선사했습니다. 15세기의 헨리 5세와 20세기의 레이몬드는 그렇게 닮았습니다. 어린 계승자 헨리 6세는 잉글랜드와 프랑스 두 나라의 왕이 되었지만 정파의 다툼 속에서 불행하게 일생을 마쳤습니다. 그러나 레이몬드의 외아들 줄리안은 훌륭하게 성장하여 주로 해외 영토를 관리하는 직책을 맡아 가문의 전통을 이었습니다.

그리고 이제 고대하던 꿈들은 이루어졌다

그는 해질 무렵부터 새벽이 펼쳐질 때까지 나아갔다

그의 창은 부러졌다. 그러나 만족하며 누워 있다

그가 살았고 또 죽었던 그 최고점의 시간에,

이렇게 떨어지는, 그는 아무런 보상을 원하지 않는다,

마지막 방편으로 끝까지 싸웠고

이제부터 그를 실을 어떤 영구차도 필요하지 않다

오직 아쟁쿠르의 사나이들과 함께하러 가는 것일 뿐.

애스퀴스 수상의 둘째 아들 허버트가 쓴 〈발런티어〉의 마지막 부분입니다. 자신의 참전을 15세기 초 아쟁쿠르 전투에 참가했던 병사들에 비유하고 있습니다. 그가 그랬던 것처럼 당시 영국의 젊은이들은 헨리 5세와 함께했던 아쟁쿠르의 병사가 되고자 했습니다. 앞서 '칼레' 이야기에서 보았듯이 프랑스 북부의 솜 강 근처의 아쟁쿠르는 제1차 세계대전의 격전지였습니다. 허버트는 서부전선에서 포병 대위로 참전했습니다. 그는 시인, 소설가, 변호사 등 다재다능한 인물이었습니다. 셋째 아서는 해군 초급 장교로 참전하여 갈리폴리에서 세 차례의 부상을 입었습니다. 서부전선으로 이동한 그는 또다시 중상을 입고 불구가 되어 군수부에 근무하다가 준장으로 전역했습니다. 넷째 시럴은 육군 대위로 참전하였고 전쟁이 끝난 후 법정 변호사, 판사, 상원 의원 등을 역임했습니다.

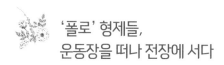

'폴로' 형제들, 운동장을 떠나 전장에 서다

용감한 '폴로polo' 형제들이 있었습니다. 그렌펠 가의 아홉 형제들은 모두 폴로 선수였습니다. 형 로버트 그렌펠이 기병대 중위로 복무하다가 1898년 수단에서 전사한 후 이튼 칼리지를 졸업한 프란시스 그렌펠은 육군에 입대하여 보어전쟁에 참전하고 인도에서 복무하던 중 제1차 세계대전이 발발하자 프랑스 전선으로 이동했습니다. 거기에는 그의 쌍둥이 형제 리버스데일 그렌펠이 있었습니다. 그해 8월, 벨기에 전선에 투입된 그는 부상을 입고 후송됩니다. 빅토리아 훈장을 받는 영예를 얻었지만 리버스데일이 전사했다는 안타까운 소식을 듣게 됩니다. 그해 10월, 프랑스 전선에 복귀한 그는 또다시 중상을 입고 후송됩니다. 그리고 1915년 4월, 전선에 복귀하자마자 전사합니다.

그렇게 하여 폴로로 뭉친 아홉 형제 중에서 세 명이 전장에서 돌아오지 못했습니다. 남은 형제들 가운데 또 세 사람은 직업 군인의 길을 걸었습니다. 그것뿐이 아닙니다. 그렌펠 가족의 범위를 넓혀보면 완전히 군인 집안이라는 것을 알 수 있습니다. 삼촌 프란시스

그렌펠 남작은 영국군 원수에 올랐고, 사촌 형제 중 세 명이 보어전
쟁 또는 제1차 세계대전에서 전사했습니다. 그 가운데 시인 줄리안
그렌펠도 있었습니다. 제1차 세계대전이 국민 총력전이었다고는 하
지만 한 집안에서 그 같은 희생은 찾아보기 어렵습니다.

부아 사크레
국경선을 지킨 신성한 길

프랑스는 화려하고 풍부한 문화유산으로 부러움을 사는 나라지만 수많은 전쟁의 아픔과 상흔을 간직하고 있습니다. 프랑스가 '기억의 공화국'이라고 불리는 이유도 거기에 있습니다. 프랑스 북부 지방은 영국, 에스파냐, 부르고뉴공국 그리고 독일이 각축전을 벌였던 격전지였습니다.

프랑스에는 난코스로 유명한 '투르 드 프랑스'라는 국토대장정 하이킹 대회가 있습니다. 파리의 개선문에서 출발하여 국토 전역을 돌아오는 코스로 되어 있습니다. 이 대회는 1903년 스포츠 신문《로토》지의 홍보를 위해 만들어졌지만 점차 피로써 지켜낸 국경선 4천 킬로미터를 확인하는 국가적 축제의 성격을 갖게 되었습니다.

국토대장정 코스에는 북동부 지방의 요충지 알자스와 로렌이 포함되어 있습니다. 이곳은 프랑스와 독일이 수차례 뺏고 빼앗기를 되풀이했던 곳입니다. 1792년 혁명의 소용돌이 속에서 프랑스와 오스트리아·프로이센 동맹은 전쟁에 돌입합니다. 이른바 '프랑스 혁명 전쟁'입니다. 프로이센은 서부 국경에 인접한 알자스-로렌을 침공하여 서쪽 로렌의 깊은 곳 베르됭까지 들어옵니다. 그러나 공화국을 지키겠다는 신념에 찬 청년과 시민이 대거 참전함으로써 동맹군을 격퇴할 수 있었습니다. 그때 마르세유 출신의 의용군들이 불렀던 노래가 바로 지금의 프랑스 국가 '라 마르세즈'입니다. 원래 이 노래는 알자스의 스트라스부르에 주둔하고 있던 라인군Armée du Rhin의 장교 '루제 드 릴'이 쓴 군가였습니다. 그러나 프랑스는 1870년 보불전쟁의 패배로 알자스와 로렌을 프로이센에 내주었습니다. 그리고 제1차 세계대전의 승리로 두 지역을 되찾을 수 있었습니다.

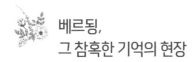

베르됭, 그 참혹한 기억의 현장

프랑스에는 '기억의 여정'이라는 전적지 순례 프로그램이 있습니다. 그 가운데 서부 로렌의 베르됭은 프랑스 전쟁의 역사에서 가장 상징적인 장소입니다. 제1차 세계대전 격전지 베르됭에는 지금도 포탄 자국이 듬성듬성 남아 있습니다. 원래는 요새였지만 포탄 공세로 인하여 지금은 평평한 구릉지로 변했습니다. 1916년 영국과 프랑스 연합군은 뫼즈 강 근처에서 벌어진 베르됭 전투에서 엄청난 희생을 치룬 끝에 독일군의 공세를 막아내고 제1차 세계대전의 향방을 결정지을 수 있었습니다. 베르됭 전투의 독일군 암호명이 '게리하트', 즉 도살장이었을 정도로 생지옥과 다름없었습니다.

베르됭은 프랑스 국민이면 반드시 기억해야 할 역사적 장소입니다. 바르에서 베르됭에 이르는 길은 부아 사크레Voie Sacrée, 즉 '신성한 길'이라는 이름이 붙었습니다. 이 길은 베르됭으로 병력과 물자를 신속하게 이동시키기 위하여 급히 만든 65킬로미터의 보급로로 프랑스의 승리에 결정적으로 기여했습니다. '신성한 길'은 카피톨리노 언덕에서 콜로세움에 이르는 고대 로마의 비아 사크라Via Sacra가 그 원형입니다.

1914년 말, 프랑스군은 독일군에 의하여 철도 수송이 어려워지자 새로운 수송로를 확보하기 위하여 노무 부대를 동원하여 채석장에서 돌을 캐고 운반하여 양방향 통행이 가능한 2차선 길로 급히 확장했습니다. 그리고 마차나 도보 통행을 금하고 차량 통행만 허용했습니다. 1916년 2월에서 3월 사이 하루에 60대의 트럭이 총 26만여 명의 병력과 탄약 및 장비를 수송함으로써 귀중한 승리를 거둘 수 있었습니다. 그러나 베르됭으로 간 병사들은 거의 돌아오지 못했습니다. 베르됭 근처의 두오몽에는 프랑스 최대의 국립묘지와 납골당이 세워져 있습니다. 거기에는 13만여 명 무명용사의 유골이 안치되어 있지만 아직 절반도 수습하지 못했습니다.

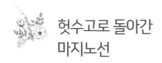

헛수고로 돌아간 마지노선

베르됭에는 승전을 기리고 전사자를 추모하기 위한 여러 기념물이 있습니다. 그 가운데 '앙드레 마지노 메모리얼'이 있습니다. 제1차 세계대전이 끝난 후 프랑스는 독일의 침공에 대비하여 베르됭을 포함한 알자스-로렌 지방의 국경선에 견고한 요새를 구축합니다. 이른바 '마지노 요새' 또는 '마지노선'이라 불리는 대독 방어선입니다. 이 요새는 전쟁부 장관 앙드레 마지노에 의하여 시작되어 그가 죽은 후 1936년에 완공되었습니다. 그러나 제2차 세계대전 때 독일군은 프랑스의 예상과 달리 벨기에로 우회함으로써 요새는 무력화되었고 거기에 주둔하고 있던 병력마저 발이 묶이고 말았습니다. 제1차 세계대전과 달리 공중전이 본격적으로 시작되었기 때문에 요새의 역할은 제한적일 수밖에 없었습니다.

앙드레 마지노는 1913년부터 전쟁부 차관으로 있던 중 제1차 세계대전이 발발하자 서른일곱의 나이에 병사로 참전했습니다. 그는 '뫼즈의 높은 곳'이라는 단체의 요청으로 제44향토보병연대에 참가하여 용감하게 싸워 하사관으로 진급하고 최고 영예인 군사메달을 받았습니다. 제44향토보병연대는 서부 로렌 뫼즈 지방의 베르됭에 주둔하고 있던 부대였습니다. 그는 파리에서 출생했지만 어린 시절을 그곳에서 보냈습니다. 다리에 부상을 입고 불구가 된 그는 전쟁이 끝난 후 해외프랑스부 장관, 연금부 장관을 거쳐 10년 동안 전쟁부 장관으로 있으면서 알자스와 로렌의 국경선에 요새를 건설하는 데 진력했습니다. 마지노와 같이 정부나 군의 고위직에 있다가 계급을 낮추어 전쟁에 참가한 사람은 또 있었습니다. 하원 의원과 해군 장관으로 있다가 중령의 계급으로 참전한 윈스턴 처칠, 상원 의원과 국방장관으로 있다가 소령의 계급으로 한국전에 참전한 벨기에의 모로 드 믈랑, 중령으로 강등하여 한국전에 참전한 프랑스 육군의 랄프 몽클라르 장군을 들 수 있습니다. 그들의 행동을 통하여 계급보다는 자신을 필요로 하는 자리에서 최선을 다하는 직분 중심의 사고를 엿볼 수 있습니다.

알자스–로렌은 제2차 세계대전 때 또다시 독일군의 치하에 들어갑니다. 땅의 주인이 바뀌는 만큼 주민의 정체성도 불안정할 수밖에 없었습니다. 그 한 예로서 독일과 프랑스 두 나라의 병사로 이중적인 삶을 살았던 '기 사예르'가 있었습니다. 프랑스계 아버지와 독일계 어머니 사이에서 태어난 그는 1942년, 열여섯 살에 알자스에 입성한 독일군에 입대하여 소련군과 싸웠습니다. 1945년 종전 무렵에 영국군의 포로가 되었지만 프랑스인이라는 이유로 석방되었습니다. 그는 그 뒤 10개월 정도 프랑스 육군에서 복무하다가 제대했습니다.

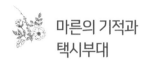

마른의 기적과
택시부대

제1차 세계대전은 오스트리아와 헝가리의 세르비아 침공으로부터 시작됩니다. 독일군은 서쪽의 프랑스를 제압하고 동쪽의 러시아를 침공하고자 합니다. 독일은 벨기에 국경을 통하여 신속하게 파리를 점령할 목적으로 중립국 벨기에 길을 빌려달라고 합니다. 일본이 명나라를 친다는 명분으로 조선에 길을 빌려달라고 했던 것과 다르지 않았습니다. 벨기에가 거부하자 독일군은 벨기에와 룩셈부르크를 침공합니다. 알자스-로렌 루터로 공격해 올 것으로 예상하고 있었던 프랑스의 허를 찌른 것이었습니다.

1914년 8월, 독일군은 프랑스 국경에서 전투를 개시하자마자 승리를 거두고 파리로 압박해 들어옵니다. 국경 전투는 수많은 병사들의 피로 물들인 서부전선의 서막이었습니다. 프랑스, 벨기에, 영국 연합군은 이 전투에서 벨기에 영토 대부분을 잃습니다. 혼란에 빠진 파리 시민 50만 명이 피난길에 올랐고, 정부 역시 남쪽의 보르도로 이동합니다.

1914년 9월, 파리군 사령관에 임명된 조셉-시몽 갈리에니 장군은 혼란에 빠진 도시를 안정시키는 한편, 참호를 세워 독일군의 진입에 대비합니다. 서부전선 프랑스군 총사령관 조셉 조프르 장군은 동부 지역 주둔군을 서부로 이동시켜 마른에서 독일군의 남하를 저지하고자 합니다. 마른은 북프랑스에서 파리로 들어가는 간선도로

296

에 있는 요새였습니다.

독일군은 시시각각으로 남하하여 파리까지 50킬로미터를 남겨 두고 있었습니다. 그런데 마른의 저지선에 추가 투입하기로 한 1만 2천여 명의 병력을 신속하게 수송하는 것이 문제였습니다. 철도로는 시간이 많이 걸려 전체 인원의 절반만 제시간에 수송할 수 있었습니다. 고심 끝에 나온 방안이 택시를 이용하는 것이었습니다. 갈리에니 장군의 지시에 따라 징발 요원들이 파리 시내를 돌며 택시를 불러 모으자 많은 택시들이 파리 중심의 앵발리드 광장으로 모여들었습니다.

그렇게 하여 급히 조직된 630대의 택시부대Taxi-Cabs Army는 1914년 9월 6일에서 8일 사이 6천여 명의 병력을 각각의 목표 지점으로 안전하게 수송하였습니다. 철도로 수송한 병력을 포함하여 1만2천여 명의 병력을 보강한 프랑스군은 영국군과 합세하여 9월 12일까지 계속된 전투에서 독일군을 저지하고 '마른의 기적'을 만들 수 있었습니다. 마른 전투에서 프랑스군 25만 명, 영국군 1만3천 명, 독일군 22만 명의 사상자를 냈습니다.

양측 250만 명이 맞붙은 거대한 전투에서 병력 1만2천여 명, 그 가운데 택시 운전사들이 수송한 6천여 명의 병력은 군사적 유용성 측면에서는 그리 대단하지는 않았습니다. 그보다는 독일군의 침공으로부터 파리를 지키기 위하여 무슨 일이든 할 수 있다는 것을 보여줌으로써 전선에 있는 군인의 사기를 진작하고 국민에게 희망을 안겨 주었다는 데 중요한 의미가 있습니다. 그들에게는 '마른의 택시Taxis de la Marne'라는 자랑스러운 이름이 붙었습니다. 그리고 프랑스의 통합과 연대의 상징이 되었습니다.

1905년부터 운행된 파리의 택시는 1914년 1만 대 정도로 늘어났지만 7할 정도의 운전사가 전선에 나가 있었습니다. 병력 수송 작전에 참가한 택시는 주로 르노의 AG1 모델로 왜건이나 지금의 골프장의 카터와 모양이 비슷하고, 최대 시속은 25킬로미터였습니다. 그러나 속도는 문제가 아니었습니다. 작은 공간에 병사 다섯 명에다가 군장까지 싣고 전조등도 켜지 않은 채 앞차의 후미등을 쫓아서 긴긴 행렬을 이루며 험한 길을 달려야 했습니다.

그들은 자신들에게 요구된 봉사를 자랑스러워했다. 운전사 한 사람에게 박격포가 무섭지 않았느냐고 묻자, 그는 이렇게 대답했다. "우리는 우리의 동지들과 같이 행동할 것입니다. 우리가 가야 할 곳이라면 어디든지 갈 것입니다."

'파리의 구원자'라는 명예로운 이름이 붙은 갈리에니 장군이 남긴 말입니다. 그는 보불 전쟁에 참가한 이래 세네갈, 수단, 인도네시아 등지에서 복무하고 마다가스카르 총독을 지냈습니다. 1914년 군사령관을 끝으로 퇴역한 그는 제1차 세계대전이 발발하자 예순다섯의 고령에도 불구하고 현역에 복귀하여 파리군 사령관을 맡았습니다. 조프르 장군은 프랑스 국경, 마른, 베르됭, 솜을 비롯한 서부전선의 프랑스군을 지휘하고 원수에 오른 인물입니다.

제1차 세계대전은 역사상 처음으로 기관총, 거대한 대포, 전차에다가 독가스와 화염방사기와 같은 대량 살상무기가 동원된 대규모 살육전이자 진흙탕 범벅 속의 참호전이었습니다. 1914년 9월의 마른 전투에 이어 그해 10월, 벨기에 서부에서 벌어진 이프르 전투는 생지옥이나 다름없었습니다. 연합군은 4년에 걸친 다섯 차례의 치열한 전투 끝에 승리했지만 최소 45만여 명, 최대 70만여 명에 달하는 엄청난 희생을 치렀습니다.

동부전선에서는 독일의 예상과 달리 러시아가 먼저 공격을 개시합니다. 독일군은 서부전선과 동부전선 모두에서 연합국을 상대해야 하는 어려운 상황에 직면합니다. 독일군의 전력이 분산되었고, 연합군은 베르됭과 솜 전투에서 승리합니다. 1916년 2월에서 12월까지 프랑스군 75개 사단과 독일군 50개 사단이 격돌한 베르됭 전투에서 양측은 각각 37만1천 명과 33만7천 명의 사상자를 냈습니다. 그리고 베르됭 전투를 측면 지원하기 위하여 1916년 7월에서 11월까지 전개된 솜 전투에서 영국군 42만여 명, 프랑스군 20만여 명이 희생되었고, 독일군은 50만여 명의 사상자를 냈습니다.

1920년 11월 11일, 프랑스는 무명용사의 유해를 발굴하여 파리 개선문 아래에 '무명용사 묘'를 설치했습니다. 나라의 부름을 받고 떠났던 농부 병사가 자신의 땅으로 귀환했다는 것을 상징적으로 보여 주기 위한 일종의 퍼포먼스였습니다. 전통적으로 농업 국가였던 프랑스에서 땅이 갖는 의미는 특별합니다. 피에르 노라를 비롯한 프랑스 역사학자들이 공동 집필한 대작 《기억의 장소》는 프랑스에서 농부 병사가 갖는 의미와 상징성을 잘 보여 주고 있습니다.

여기 이것들, 작은 수레국화들

하늘색 수레국화들

아름답고 쾌활하고 세련된 이들,

그들은 두려워하지 않기 때문에

씩씩하게 전진하라

친구들이여 안녕히

당신의 행운을 빌어요, 작은 '푸른 것들'

작은 수레국화들 당신은 우리의 희망입니다!

알퐁스 부르구앙의 전쟁 시집 《수레국화Bleuets de France》에 나오는 시입니다. 부르구앙은 1947년 아카데미 프랑스와즈로부터 시인상을 받은 작가이자 사제였습니다. 그는 이 시에서 푸른색 군복을 입고 있는 병사들을 작고 귀여운 수레국화에 비유하고 있습니다. 1915년 징집되어 전장으로 나온 신병들은 빛바랜 하늘색 군복을 입고 있었습니다. 삼색기에서 따온 색상이었지만 염료의 질이 좋지 못해서 그랬다고 합니다. 〈수레국화〉는 쏟아지는 포탄과 독가스 속에서도 강인한 생명력을 보여 주었습니다. 꽃잎은 군복 색깔과 비슷했고, 줄기에는 솜털이 많았습니다. 수레국화가 어린 병사를 상징하게 된 이유도 거기에 있었습니다.

루이 14세가 세운 파리의 앵발리드Hôtel des Invalides에는 제1차 세계대전에서 부상을 입고 제대한 사람들로 가득했습니다. 그들은 심신의 고통으로 삶의 의욕을 잃고 실의 속에 있었습니다. 그것을 안타깝게 여긴 샤롯과 수잔이라는 두 간호사가 있었습니다. 그들은 재활 사업의 일환으로 수레국화 조화를 만들어 판매하자는 제안을 내놓았고, 1934년 첫 판매에서 12만8천 개가 판매되는 큰 성공을 거두었습니다. 그로부터 수레국화는 프랑스의 기억과 연대의 상징으로 자리 잡게 되었습니다.

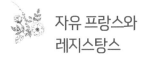

자유 프랑스와 레지스탕스

프랑스는 1940년 5월, 독일군의 침공 앞에 맥없이 무너져 버립니다. 1939년 9월, 독일의 폴란드 침공으로부터 시작된 제2차 세계대전은 1940년 5월, 프랑스에 대한 침공으로 서유럽 전역으로 확대됩니다. 프랑스와 영국은 전쟁에 제대로 대비하지 못했습니다. 폴란드가 점령된 후에도 두 나라는 이렇다 할 움직임을 보이지 않았습니다. 그래서 한동안 '가짜 전쟁Phonic War'이라는 이름이 붙었습니다.

연합군은 제1차 프랑스 전투에서 독일군의 공세에 밀려 됭케르크 해안에서 영국으로 이동하였고, 독일군의 파리 입성으로 정부는 붕괴되었습니다. 정부가 붕괴된 후 구성된, 앙리 펠리페 페탱Henri Philippe Pétain 원수를 수반으로 하는 이른바 비시정부는 독일과 휴전

조약을 체결하고 국토의 3분의 1에 해당하는 남프랑스만을 관장하게 되었습니다. 페탱의 항복을 받아들일 수 없었던 샤를 드골Charles De Gaulle은 런던으로 건너가 '자유 프랑스'를 선포하고 대독 항전을 촉구하고자 합니다.

이 전쟁은 우리의 불행한 조국에 한정되지 않습니다. 이 투쟁의 결과는 프랑스 전투에 의하여 결정되지 않습니다. 이것은 세계의 전쟁입니다. 여러 실수가 있었고, 전쟁이 길어지면서 말 못할 고통이 따르고 있지만, 아직은 언젠가 우리의 적을 쳐부수는 데 필요한 모든 것들이 남아 있습니다. (중략) 무슨 일이 있더라도, 프랑스의 저항의 불꽃은 꺼져서는 안 될 것이며 꺼지지도 않을 것입니다.

독일에 대한 프랑스의 국민적 저항과 동참을 촉구한 6월 18일, 드골의 BBC 라디오 방송 연설 일부입니다. 그러나 극소수 인물을 제외하고는 드골이 주도한 런던의 '자유 프랑스'에 참가하지 않았습니다. 북아프리카 식민지에 대한 기대가 있었다고는 하지만 귀족과 상류층의 콧대 높은 자존심과 무관하지 않을 것입니다. 드골의 위상과 상징성이 부족하다고 여긴 영국의 처칠 수상은 비행정을 보내 지도자급 인물들을 망명시키려고 했지만 거기에 응한 사람이 없었습니다. 당시 드골의 계급은 임시 준장에 불과한 데다가 비시정부에 의하여 계급과 시민권이 박탈되고 체포령이 내려진 상태였습니다.

그해 9월 말, 다카르에서 벌어진 자유 프랑스와 영국의 연합작전이 실패로 돌아가자 드골의 입지는 어려워집니다. 그 후 콩고의 브라자빌로 이동한 '자유 프랑스'는 '제국 방위위원회' 구성을 선포합니다. 1942년 11월, 영미 연합군이 토치 작전의 성공으로 북아프리카 해안에 상륙하자 독일은 남프랑스를 병합하고 비시정부를 꼭두각시로 만들어 버립니다. 그러자 프랑스와 식민지의 주민들은 '자유 프랑스'를 프랑스의 이익을 대표하는 유일한 기구로 인식하게 되었고, 레지스탕스 전국위원회는 드골에 대한 지지를 보냈습니다.

1943년 5월 말, '자유 프랑스'는 알제리의 수도 알제로 본부를 옮겨 드골과 앙리 지로 장군을 공동 위원장으로 하는 '국민해방위원회'를 발족하고 '자유 프랑스'를 '싸우는 프랑스'로 바꿉니다. 리더십의 통합을 위해서였지만 얼마 못 가 드골 중심의 단일 지도체제로 개편됩니다.

영국에서 1만 명 정도에 불과했던 '자유 프랑스'의 병력 규모는 아프리카 식민지 병력이 대거 합류함으로써 1944년 중반 대략 40만 명 내지 45만 명 규모로 늘어났습니다. 이들은 북아프리카, 중동 그리고 이탈리아 전선에서 승리하고 북상할 수 있었습니다. 1944년 6월, 프랑스군은 노르망디 상륙작전에 참가하고 두 달 후 파리에 입성하여 독일 주둔군의 항복을 받고 영토를 수복합니다. 드골은 연합군의 승인 없이 가장 먼저 기갑사단을 투입하여 독일 주둔군의 항복을 받아냈습니다. '자유 프랑스'의 병력은 북진을 거듭할수록 늘어나 마지막에 130만 명에 이르렀습니다.

드골은 제2차 세계대전의 승리에 큰 공을 세우고 프랑스의 국익을 지켜낸 구국의 영웅입니다. 그 외에도 국내 레지스탕스 투쟁을 주도한 장 물랭과 기갑사단을 지휘한 펠리페 르클레르가 있었습니다. 제1차 세계대전에 참전했던 장 물랭은 드골과 연계하여 지하 레지스탕스 투쟁을 이끌다가 1943년 7월 게슈타포Gestapo에 의하여 살해되었습니다. 르클레르 장군은 1940년 5월, 프랑스 전투에 참가하고 런던의 '자유 프랑스'에 가장 먼저 합류한 지휘관이었습니다. 그는 드골의 명령으로 가장 먼저 파리에 입성하였고 알자스-로렌 지방의 스트라스부르를 해방시키는 등 전쟁을 마무리한 인물입니다.

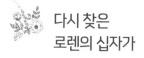

다시 찾은 로렌의 십자가

'자유 프랑스'는 미군의 반대에도 불구하고 파리에 입성하고 알자스 지방으로 진군하여 1944년 11월 스트라스부르를 해방합니다. 이에 앞서 드골은 아이젠하워 장군에게 보낸 편지로 스트라스부르의 해방에 참가하기를 희망한다는 뜻을 밝힌 바 있습니다. 드골이 연합군과 갈등을 감수하면서까지 스트라스부르의 해방에 집착한 이유는 프랑스의 영토 주권을 상징하는 곳이기 때문입니다. 그리고 드골이 성장한 곳이기도 합니다. 스트라스부르에는 '자유 프랑스'를 상징하는 로렌의 십자가Croix de Lorraine 깃발이 내걸렸습니다. 그것은 나치에 대한 저항과 영토 회복에 대한 의지의 표상이었습니다.

　드골은 제1차 세계대전의 격전지 플랑드르 릴에서 태어났습니다. 그의 집안은 조상 대대로 그곳에서 살아온 중산층 가문이었지만 대혁명으로 대부분의 땅을 잃었습니다. 드골의 아버지 앙리 드골은 보불전쟁에 참가하고 정부에서 일하다가 파리예수회 학교 교장을 지냈습니다. 드골과 그의 형은 제2차 세계대전 내내 함께 있었고 누나는 레지스탕스로 참가했다가 체포되어 수용소에 있었습니다. 드골의 아들 역시 전쟁 중 줄곧 해군에 있었습니다.

　드골은 나폴레옹이 세운 생시르 육군사관학교를 졸업하고 제1차 세계대전에 참전하여 뫼즈 강, 마른 전투, 베르됭 전투에서 세 번의 부상을 입었습니다. 베르됭 전투에서는 백병전을 벌이던 중 수류탄 공격을 받고 죽을 뻔했습니다. 이후 독일군의 포로가 되어 2년8개월간 탈옥과 재수감을 거듭하다가 전쟁이 끝난 후 석방되었습니다. 그 후 폴란드, 산악부대, 중동 등에서 복무하다가 국방최고위원회에 전임되어 기갑 전력을 확충하는 등 프랑스군의 구조를 정비하는 데 기여했습니다. 그는 마지노선의 구축과 같은 방어적 전략에 반대하고 적극적 정책으로의 전환을 주장했습니다. 제2차 세계대전의 양상을 보면 그의 판단이 옳았음을 알 수 있습니다. 그는 기갑 사단장에 이어 1940년 6월 전쟁·국방부 차관에 임명되었지만, 파리가 점령된 후 런던으로 이동하여 '자유 프랑스'를 이끌었습니다. 1945년 11월, 임시정부 수반으로 선출되었지만 그가 조직한 국민연합은 성공하지 못합니다. 1958년 알제리 반란을 계기로 정계에 복귀한 그는 제5공화국 대통령에 선출되어 1969년 4월, 사임할 때까지 국력 신장을 위하여 사심 없이 봉사했습니다.

그는 죽기 전 국장 대신에 가족장으로 하고, 묘비명에 이름만 넣어 달라는 유언장을 남겼습니다. 판테온이나 앵발리드에 안치되는 것을 원하지 않았던 것입니다. 1970년 11월, 그의 유해는 수많은 시민의 애도 속에 알자스-로렌 지방의 작은 마을, 콜롱베의 옛집으로 옮겨져 매장되었습니다. 그곳에는 그의 소망대로 '샤를 드골 1890-1970'이라고 새겨진 검소한 묘비가 서 있습니다. 그리고 마을 한쪽 나지막한 언덕에는 '로렌의 십자가'가 세워졌습니다. 드골은 강한 애국심의 소유자였고 또한 지극히 청렴했습니다. 거만하고 비타협적이라는 비판을 받으면서도 국가의 이익과 자존심을 지키려고 했습니다. 프랑스를 누란의 위기에서 구한 것은 그의 민족적 자존심과 용기 그리고 통찰력 덕분이었습니다.

1945년 5월, 드골은 프랑스가 무의 상태에서 다시 일어설 수 있었던 것은 프랑스인의 체내에서 끊임없이 솟아난 자발적 활력에 기인한다고 했습니다. 그는 또한 프랑스의 승리는 전장에서 쓰러진 수많은 병사와 처형장의 이슬로 사라진 레지스탕스의 덕분이라고 했습니다. 그러나 독일 점령하에서 프랑스는 지도층과 시민 그리고 레지스탕스 세력 간에 분열상을 보였습니다. 그리고 나치에 협력한 사람도 150만 명 내지 200만 명에 달했습니다. 공직자, 군인, 경찰, 학계, 문화계, 예술계 등 예외가 없었습니다. 그 가운데 99만 명이 임시정부에 체포되었습니다. 그리고 숙청재판소를 통하여 그중 14

만여 명이 사형, 노동형, 징역형, 금고형, 공민권 박탈 등의 징벌이 내려졌습니다. 그와 별도로 시민법정에 의하여 4만6천여 명에게 부역죄 선고가 내려졌습니다. 그런 면에서 보면 제2차 세계대전은 프랑스 사람들의 노블레스 오블리주에 큰 상처를 남겼습니다.

16 | 랑게마르크
기도받지 못하는 사람들

프랑스 북부 제1차 세계대전의 격전지에서 개최되는 기념식의 참석자들은 가슴에 서로 다른 꽃 두 송이를 패용합니다. 앞에서 나왔던 양귀비꽃과 수레국화 조화입니다. 영연방과 프랑스 국민들은 그들이 함께 치른 희생을 기억하고 나라사랑의 마음을 가슴속 깊이 새깁니다.

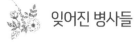 잊어진 병사들

시민의 의무를 다하였지만 기도를 받지 못하는 사람들이 있습니다. 1914년 10월, 독일군은 이프르 북쪽의 랑게마르크에서 벌어진

영국군과의 전투에서 패배하고 수천 명의 전사자를 냈습니다. 대부분의 전사자는 자원 참전한 대학생이었습니다. 그 후 독일군은 최정예 근위사단까지 투입하여 만회하려 했지만 14만5천여 명의 손실을 입고 물러나고 말았습니다. 그때의 참혹한 기억은 독일 문학의 중요한 주제가 되었고, 젊은 학생들의 죽음은 조국을 위한 고상하고 아름다운 희생으로 포장되어 침략정책에 이용되기도 했습니다.

쉬어라, 그대 랑게마르크의 청춘이여

그리고 봄이 올 때까지 기다려라…

그대는 한 번 더 독일을 볼 것이다

그대가 죽은 숲 속에서…

그대는 그대의 계급장에 꽃을 피울 것이다

그리고 여름은 그대 위에서 노래할 것이다

그대의 영광과 우리의 감사함으로

에버하르트 볼프강 묄러의 〈전사자의 편지〉 마지막 부분입니다. 부르구앙의 〈수레국화〉나 맥크레이의 〈플랑드르 들판에서〉와 느낌이 다릅니다. 마치 젊은이들의 죽음을 찬양하는 듯합니다. '계급장에 꽃을 피울 것이다'라는 부분에 이르면 섬뜩함이 느껴집니다. 1835년 빅토르 위고의 시 〈찬송가〉 첫 연에 이런 구절이 나옵니다. '조국을 위하여 경건하게 죽은 자만이 그의 관 앞에서 군중의 기도를 받을 자격이 있습니다. 아름다운 이름 가운데 그들만큼 아름다운 이름은 없습니다.' 랑게마르크의 젊은이들은 자신의 의무를 다했음에도 불구하고 기도조차 받지 못합니다.

슐라게터와
붉은 남작

독일은 지금도 추모의 상징을 갖지 못하고 있습니다. 조국을 위하여 희생한 사람들을 침략정책에 이용했기 때문입니다. 그 한 예로서 알베르토 레오 슐라게터를 들 수 있습니다. 슐라게터는 제1차 세계대전이 발발하자 자원입대하여 종전 때까지 이프르, 솜, 베르됭 전투에 참전했습니다. 제1차 세계대전에서 가장 치열했던 베르됭 전투에서 부상을 입기도 했지만 탁월한 용맹함으로 두 차례 철십자훈장을 받고 소위로 임관했습니다.

나라마다 제각기 고유한 훈장이 있지만 철십자훈장이 갖는 의미는 좀 더 특별합니다. 나폴레옹의 침공으로 프로이센은 러시아 국경 근처까지 밀려나 생존을 구걸해야 하는 절체절명의 상황에 내몰렸습니다. 그러나 프리드리히 빌헬름 3세와 루이제 왕비의 헌신적 노력으로 재기를 도모할 수 있었습니다. 당시 루이제 철십자훈장은 1813년 빌헬름 3세가 군사들의 노고를 치하하기 위하여 제정한 것으로서 신분과 계급에 관계없이 전공의 정도를 기준으로 평등하게 주어졌습니다. 그것은 검고 거친 철제의 십자가 표면에 왕관과 참나무 세 잎 그리고 1813이 새겨진 철제 훈장이었습니다. 왜 금은과 같은 화려한 훈장 대신에 그같이 볼품없는 훈장을 수여했을까요?《독일: 국가의 기억》을 쓴 영국의 미술사학자 닐 맥그리거에 의하면 그 훈장은 독일인의 금욕과 절제 그리고 굳센 의지를 상징합니다. 그래서 귀부인조차 철제 장신구를 하고 옷을 직접 만들어 입을 정도로 고락을 함께했다고 합니다.

슐라게터는 제1차 세계대전의 패전으로 군대가 해체된 이후에도 메뎀이라는 의용군에 참가하여 동유럽에 거주하는 독일인의 보호에 앞장서는 등, 헌신을 멈추지 않았습니다. 프랑스가 루르를 점령하자 석탄 수송을 방해하기 위하여 철도 전복 활동에 참가하여 1923년 4월, 뒤셀도르프 근처 '하르바츠 철교'를 폭파하고 프랑스군에 체포되어 사형 선고를 받았습니다. 변호인이 감형 탄원서를 내자고 했지만, 그는 받아들이지 않았습니다. 그가 프랑스 군인 두 사람을 구해 준 적이 있다는 증언을 해주겠다는 제의까지 있었지만 마찬가지로 거절했습니다. 감형에 결정적으로 영향을 미칠 수 있는 증언까지도 거절한 것은 프랑스의 관할권을 인정할 수 없었기 때문이었습니다. 결국 1923년 5월, 그의 나이 스물아홉, 골츠하임이라는 황야에서 사형이 집행되었습니다.

저는 최악의 판결에도 불구하고 두려워하거나 슬퍼하지 않습니다. 지구에 혼자 남는다 할지라도 조국을 위하여 죽는 것보다 더 아름다운 것이 있다는 것을 진실로 알지 못합니다.

그가 사형 선고를 받은 후 슬픔에 빠진 부모에게 보낸 편지입니다. 그는 수차례 부모와 가족에게 편지를 보내 그들을 위로했지만 그 자신은 죽음 앞에 담담했습니다. 그는 죽기 전에 쓴 편지에서 자신은 내적 충동에 의하여 자신에게 요구되는 명령을 따라 행동했다는 점을 분명히 했습니다. 그리고 자신의 행위가 과격한 모험주의나 폭력집단의 행위로 평가 절하되지 않기를 희망했습니다. 그 후 나치 독일은 그의 기념일을 만들고 기념비를 세워 그를 신화적 영웅으로 만들었습니다. 그러나 제2차 세계대전이 끝난 후 기념비에 새겨져 있던 존경과 추모의 글은 지워졌고, 그의 순수한 희생은 빛을 잃었습니다.

비슷한 경우가 또 있습니다. 널리 알려진 대로 제1차 세계대전 때 독일 공군에는 '붉은 남작'으로 불린 만프레트 폰 리히트호펜이라는 전투기 조종사가 있었습니다. 귀족 출신으로 붉은색 포커 삼엽기를 몰았기 때문에 붙여진 이름입니다. 적기 80대를 격추시킨 에이스 중의 에이스로서 총 29회의 훈장과 명예 메달을 받았습니다. 연합국 공군에서는 밝은 색깔로 칠해 확연히 식별되는 그의 편대를 '곡예 비행단'이라고 불렀습니다. 그러나 공중전의 신이었던 그는 1918년 4월, 프랑스 북부 솜 강 부근의 공중전에서 격추되어 전사했습니다. 리히트호펜의 포커는 호주군 보병 부대가 주둔해 있던 곳에 떨어졌고 기체 안에서 주검이 발견되었습니다. 캐나다 공군에 의하여 격추되었다고도 하고, 호주군 병사의 총격에 의하여 떨어졌다고도 합니다.

비록 적이었지만 그를 존경해 마지않았던 영국군 장교들은 전사자에게 행하는 라스트 포스트Last Post의 군장軍葬으로 장례를 치러 주었습니다. 자신들이 직접 운구하여 하루 동안 안치하고 추모의 나팔 소리를 울리는 가운데 수백 명의 장병들이 경의를 표했습니다. 리히트호펜은 공중전을 벌일 때 공격력을 상실한 적기에 대해서는 더 이상 공격하지 않았습니다. 전투기의 공격력을 빼앗으면 그만이지 목숨까지 빼앗을 필요는 없다고 생각했던 것입니다. 그래서인지 '붉은 기사'라 불렀습니다. 비록 전쟁터에서 만났지만 리히트호펜도, 영국군도 기사의 품격이 있었습니다.

제2차 세계대전 때까지만 해도 독일의 영웅으로 칭송받았던 그들은 공식적으로는 기억에서 지워졌습니다. 독일과 같은 전범 국가는 추모와 애국의 상징을 가질 수 없습니다. 그 같은 상징은 전승국만이 가질 수 있는 증표이기 때문입니다.

전쟁국가(warfare state)의 멍에

독일과 마찬가지로 프랑스 역시 대규모 병력을 동원하여 이웃 국가들을 공포에 몰아넣은 적이 있습니다. 나치가 그랬던 것처럼 전쟁의 열정을 부추기기 위하여 영웅을 만들어 내기도 했습니다. 열여덟 살에 전쟁에 나가 열일곱 군데의 부상을 입고 나폴레옹으로부터 군도와 레지옹 도뇌르 훈장을 받았다는 니콜라 쇼뱅의 이야기가 그것입니다. 그는 국수주의를 뜻하는 쇼비니즘chauvinism의 어원이 되기도 했습니다.

프랑스는 전통적으로 귀족이 전쟁을 담당하였고, 많은 용병을 사용했습니다. 그러다가 대혁명 후 징병제를 실시한 이래 나폴레옹의 전쟁에 국민이 동원되어 무려 200만 명에 달하는 희생자가 발생했습니다. 그에 그치지 않았습니다. 또다시 혁명의 혼란 속에서 수만 명의 국민이 희생되었습니다. 그리고 혁명과 반동을 되풀이하는 과정에서 내적 갈등의 골은 깊어졌고 명분의식은 한층 더 고조되었습니다.

우리 안에는 전쟁에 대한 열정적 취향 때문에 아무런 일을 할 수 없었다. 심지어 나라의 안전을 전복시킬 정도로 무모하기까지 했다. 전쟁터에서 죽는 것을 영광스럽게 여기지도 않았다.

프랑스 정치학자 알렉시스 드 토크빌이 《미국의 민주주의》에서 영국과 미국의 정치적 결사의 순기능을 말하는 가운데 프랑스의 정치를 비판한 부분입니다. 국민들이 명분 없는 전쟁에 내몰려 큰 희생을 겪다 보니 진정한 명예심도, 애국심도 기대하기 어려웠습니다. 프랑스는 제1차 세계대전에서 또다시 140여만 명이 전사하는 참혹한 희생을 치렀습니다. 정신적, 물질적 자원이 소진된 상황에서 맞이한 제2차 세계대전에서 프랑스군은 오래 버티지 못하고 항복하고 말았습니다. 동원된 전쟁에서는 명예와 자부심을 느끼기 어렵다는 것을 단적으로 보여 주는 예입니다.

독일과 마찬가지로 수많은 젊은이들을 전장으로 내몰았던 일본 역시 추모의 상징을 갖지 못하고 있습니다. 그러나 일본은 전쟁을 일으킨 데 대한 끊임없는 사죄 및 치유의 노력과 함께 시민으로서 윤리 확립을 강조하고 있는 독일과는 다른 길을 걷고 있습니다. 침략의 역사를 은폐하거나 왜곡하고 있는 것입니다. 세계 각국, 특히 아시아 국가의 비난 속에서도 태평양 전쟁을 일으킨 전범들이 합사되어 있는 야스쿠니신사 참배를 강행하고 있습니다. '우리는 죄의식을 가질 필요가 없다'라며 태평양 전쟁의 정당성을 은근히 내비치고 있습니다. 나아가 일본은 국제정세의 변화에 대응하여 보통국가를 명분으로 헌법 개정을 통하여 힘의 확대를 추구하고 있습니다.

일본의 기회주의적 성격은 루스 베네딕트의 《국화와 칼》 마지막 부분에 잘 나와 있습니다.

일본의 행동 동기는 상황적이다. 일본은 만약 사정이 허락하면 평화로운 세계 속에서 제 위치를 추구할 것이지만 그렇지 않으면 무장 진영으로 조직된 세계 속에서 제 위치를 찾을 것이다. 현재 일본인은 군국주의를 실패로 끝난 빛으로 여기고 있다. 그러나 그들은 그것이 여타 국가들에서도 실패할 것인지 여부를 주시할 것이다. 만약 그렇지 않다면, 일본은 그 스스로 전쟁의 열정에 다시 불을 켤 것이다. 그리고 그들이 전쟁에 얼마나 잘 공헌할 것인지를 보여줄 것이다.

일본에서 일어나고 있는 일련의 상황을 보면 70년 전 루스 베네딕트의 전망이 틀리지 않은 것 같습니다. 잘 알려진 대로 《국화와 칼》은 태평양 전쟁이 한창일 때 미 국무성의 의뢰로 일본인의 성격을 구명하기 위하여 쓴 것입니다. 전후 70년간 지속된 평화의 시대가 퇴조의 기미를 보이자 일본은 '국화' 대신에 '칼'을 내밀고 재빠르게 태도를 바꾸고 있습니다. 이에 앞선 2005년, 일본은 애국교육기본법을 제정하여 국민의 애국심 고양에 힘을 기울이고 있습니다.

"국민이란 희생의 감정에 의하여 구성된 커다란 결속"이라고 했던 에르네스트 르낭의 말처럼 역사는 희생의 욕구가 없는 국가를 허용하지 않았습니다. 그러나 애국심은 자유, 민주, 인권, 평화와 같은 보편적 가치에 기초한 것으로서 공동체를 위한 자발적인 동력에서 나온 것이어야 합니다. 그렇지 않으면 겉치레 또는 광기로 흐르기 쉽다는 것이 역사의 가르침입니다.

러시아의 서북쪽 맨 끝, 핀란드와 마주하고 있는 곳에 위치한 상트페테르부르크는 제정러시아의 수도였습니다. 이곳은 표트르 1세가 러시아를 유럽의 제국으로 만들기 위해 발틱 해가 내다보이는 네바 강 하구의 늪지대 100여 개의 섬을 연결하여 만든 도시로, 유럽으로 향하는 관문인 동시에 러시아의 발흥을 상징하는 곳이었습니다. 상트페테르부르크는 이 도시의 수호성인 '성 베드로의 성'이라는 뜻이지만 표트르 1세 자신의 이름이기도 합니다.

북방의 베네치아로 불리는 상트페테르부르크에는 아름다운 여름궁전, 에르미타주 미술관으로 사용되고 있는 겨울궁전을 비롯하여상트 이사크 성당, 제정시대의 정부 건물, 대북방전쟁의 승리를 기념하는 마르스 광장 등 문화 유적이 즐비합니다. 상트페테르부르크는 소비에트 혁명 후 레닌그라드로 개칭되었다가 1991년 구소련의 해체로 국호 러시아와 함께 옛 이름을 되찾습니다.

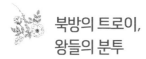

북방의 트로이, 왕들의 분투

러시아의 중흥 군주 표트르 1세의 앞에는 북방의 강자 스웨덴이 있었습니다. 1523년 구스타프 1세에 의하여 성립된 스웨덴의 바사 왕조는 손자인 구스타프 2세에 이르러 북방의 큰 세력으로 발전하였습니다. 1611년 열일곱 살에 즉위한 구스타프 2세는 지혜와 용기가 뛰어난 인물이었습니다. 스웨덴을 북방의 강국으로 만든 비밀은 군대의 개혁에 있었습니다. 스웨덴은 1620년 유럽에서 가장 먼저 징병제를 채택하여 근대적 군대를 만들었습니다. 그러나 그가 시행한 징병제는 보편적인 것은 아니었습니다. 10명 중에서 1명을 뽑아 20년간 장기 복무하게 하고 나머지 9명은 생업에 종사하면서 세금을 부담하도록 했습니다. 그리고 군대의 제복, 계급장, 휘장을 바꾸고 100명씩 4개 중대로 이루어진 방진형 부대로 개편하였을 뿐만 아니라, 대포를 개량하고 쉽게 이동할 수 있는 야포를 개발함으로써 최강의 군대를 육성하였습니다. 그렇게 하여 스웨덴은 17세기 말에 이르러 유럽 최대의 대포 생산국으로 발전했습니다.

구스타프 2세는 대관식에서 국민의 안녕을 위해서라면 어떠한 고통도 마다하지 않겠다고 약속합니다. 부하들에게 자신의 생명을 걸고 함께 피를 흘릴 준비가 되어 있다고도 말합니다. 자신의 말이 헛말이 아니라는 것을 증명하려는 듯 부하들 앞에 서서 싸우다가 중상을 입고 죽을 고비도 여러 번 넘겼습니다. 그러다가 신교도와 구교도 사이에 벌어진 '30년 전쟁'에 참가하여 현재의 독일에서 벌어진 뤼첸 전투에서 치명상을 입고 전사했습니다.

재위 21년의 대부분을 전쟁터에서 살았던 그는 '북방의 사자왕'이라는 칭호를 얻었습니다. 근시에다가 사시라는 신체적 장애가 있었지만 그에게는 문제가 되지 않았습니다. 후일 나폴레옹은 그를 알렉산드로스, 한니발, 카이사르를 잇는 최고의 군사 지휘관의 반열에 올렸습니다. 그들은 자원의 제약에도 불구하고 탁월한 전술을 구사하여 전투를 승리로 이끈 불세출의 지휘관이었다는 공통점이 있습니다. 오늘날 구스타프 2세는 스웨덴 역사상 최고의 영웅으로 자리매김했습니다. 그리고 그가 전사한 11월 6일은 '구스타프 아돌프의 날'이라는 이름이 붙었습니다.

구스타프 2세의 전사로 나라의 운명은 고작 여섯 살의 크리스티나 여왕에게 맡겨졌습니다. 그러나 스웨덴은 끝내 전쟁에서 승리함으로써 1648년 베스트팔렌조약으로 영토를 확장하고 북해를 지배할 수 있는 여러 개의 항구를 갖게 되었습니다. 크리스티나는 당찬 여왕이었습니다. 대학을 세우고 학문과 예술을 장려하여 '북유럽의 미네르바'라는 별명을 얻었고, 스톡홀름은 '북유럽의 아테네'라는 소리를 들었습니다. 여왕은 스물여덟 살에 고종사촌 카를 구스타프(카를 10세)에게 양위하고 자유로운 삶을 택합니다. 국왕들의 헌신은 그 이후에도 이어졌습니다. 카를 10세는 전장에서 병사했고, 다섯 살에 즉위한 카를 11세는 열아홉 살에 병사들을 이끌고 전장으로 향했습니다.

스웨덴은 수대에 걸친 왕의 헌신으로 18세기 초 카를 12세 때 최전성기를 이루어 러시아의 표트르 1세와 자웅을 겨루게 됩니다. 카를 12세는 1697년 열다섯 살의 어린 나이에 왕위에 올랐습니다. 1700년 덴마크와 폴란드가 러시아의 지원을 등에 업고 공격해 오자, 카를 12세는 예상치 못한 전략을 구사하여 덴마크의 수도 코펜하겐을 역습하고 항복을 받아냅니다. 이에 놀란 러시아의 표트르 1세가 스웨덴을 침공하지만 8천여 명의 사상자를 내고 물러납니다. 스웨덴군은 여세를 몰아 폴란드군을 추격하여 항복을 받고 곧장 모스크바로 진격해 들어가지만 1만6천여 명의 동사자가 발생합니다. 러시아를 방어한 것은 다름 아닌 동장군이었습니다. 그러나 카를 12세는 포기하지 않았습니다. 1709년 다시 원정에 나섰다가 지금의 우크라이나 폴타나 포위전에서 왼발에 부상을 입고 쓰러집니다. 그로 인하여 자신이 지휘할 수 없었던 마지막 전투에서 참혹한 피해를 입고 오스만 제국으로 피신합니다.

나는 결코 정의롭지 못한 전쟁을 결심한 적이 없지만 나의 적을 물리치기 전에는 합법적인 전쟁을 끝낸 적이 결코 없다.

정의의 전쟁이라고 생각했을까. 6년 후 스웨덴으로 돌아온 그는 덴마크에 대한 공격을 재개합니다. 그러나 1718년 12월, 노르웨이 남동부 전선에서 정탐에 나갔다가 적군의 총을 맞고 전사합니다. 그때 그의 나이 서른여섯, 한창 때였습니다. 평소 "병사들과 결혼할 것 같다"고 했다던 그의 말처럼 결혼을 하지 않은 채 죽었습니다. 국왕으로서 짊어져야 했던 책임의 무게를 엿볼 수 있습니다. 그는 병사들의 희생을 요구한 적이 없었습니다. 구스타프 2세가 그랬던 것처럼 가장 먼저 뛰어드는 자, 프로테실라오스와 같았습니다. 그에 대한 존경의 표시였을까. 표트르 1세는 자신의 신하들에게 1주일간 상복을 입게 했다고 합니다.

스웨덴군은 혹한과 폭풍설을 뚫고 노르웨이 전선에서 철수합니다. 이른바 1718년 12월에서 다음 해 1월까지 계속된 '죽음의 행군 karolinernas dödsmarsch'입니다. '캐로리너나스'라 불린 6천여 명의 스웨덴군 가운데 2천여 명만이 살아서 돌아올 수 있었지만 온전한 병사들은 많지 않았습니다. 그 후 스웨덴의 국력은 쇠퇴하였고, 러시아는 1721년 대북방전쟁의 종지부를 찍고 스웨덴을 대신하여 북방의 강국으로 발돋움합니다.

러시아는 882년에 비로소 역사상 최초의 국가인 키예프 러시아가 건국되었을 정도로 출발이 늦었습니다. 그러다가 12세기 말에 이르러 국력이 약화되어 1240년에서 1480년까지 200년 이상 킵차크한국의 지배를 받았습니다. 13세기 후반에 성립한 모스크바 공국은 이반 3세에 이르러 몽골의 지배를 끝내고 대공국으로 발전합니다. 원나라의 멸망과 티무르 제국의 흥기와 같은 국제정세의 변화에 편승한 측면도 있었습니다. 1610년 모스크바 대공국은 폴란드군에게 모스크바를 내주는 또 한 번의 시련을 겪습니다. 그때 국민군을 결성하여 외세를 몰아낸 집단적 경험은 이후 희생적 애국심으로 발전하여 고비마다 나라를 수호하는 데 큰 역할을 했습니다.

1613년에 들어선 로마노프 왕조는 300년간의 통치를 통하여 근대 국가로의 발전을 이룰 수 있었습니다. 1694년에 즉위한 표트르 1세에 의하여 추진된 유럽식 개혁과 20년에 걸친 대북방전쟁의 승리로 강국으로 부상할 수 있었습니다. 러시아가 표트르 1세의 치세에서 빠른 발전을 이룰 수 있었던 것은 시민들의 자유로운 상행위를 보장하고 상인의 권익을 보호해 준 개혁에 힘입은 바 컸습니다.

표트르 1세는 매우 특이한 인물이었습니다. 그는 '표트르 미하일로프 하사관'이라는 가명으로 서유럽 사절단의 일원으로 참가하여 위험을 무릅쓰고 영국과 네덜란드의 조선소에 들어가 선박 기술을 직접 배우기도 했습니다. 그렇게 하다가 왕위를 잃을 뻔한 위기를 겪기도 했습니다. 이중의 위험을 무릅쓰고 해군 육성에 심혈을 기울인 결과, 러시아 함대는 북유럽의 바다를 장악하고 남쪽으로 오스만 제국에 대항할 수 있게 되었습니다. 그때 러시아의 웅비를 상징하듯이 표트르 1세의 동상은 모스코바 강가에서 철선과 지도를 든 모습으로 서 있습니다.

러시아는 축적된 힘을 바탕으로 1721년 제정러시아 시대를 엽니다. 표트르 1세는 국부와 임페라토르라는 칭호를 받고 대제大帝가 되었습니다. 상트페테르부르크를 건설하여 러시아의 자존심을 높인 것도 이때였습니다. 러시아는 니콜라이 1세에 이르러 신성동맹의 중심으로서 유럽의 질서를 보호하는 헌병의 역할을 자임할 정도로 목소리를 높일 수 있었습니다. 그리고 18세기 초 나폴레옹의 침략을 물리침으로써 주변 국가에 대한 지배권을 확대하였고, 19세기 말에 이르러 최대의 판도를 갖게 되었습니다.

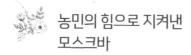

농민의 힘으로 지켜낸 모스크바

모스크바 시내에는 그들이 겪은 전쟁을 기억하기 위한 역사적 장소와 기념물이 참 많이 있습니다. 19세기 러시아는 조국전쟁이라 불리는 나폴레옹의 침공과 대조국전쟁이라 불리는 나치 독일의 침공으로 참화를 입었습니다. 모스크바 중심부 알렉산드르 공원에 있는 크레믈린 벽에는 무명용사묘와 '꺼지지 않는 불꽃'이 있습니다. 그곳에서는 막 결혼식을 끝낸 신혼부부가 헌화하는 모습을 종종 발견할 수 있습니다.

1967년 5월에 제막된 무명용사묘는 직사각형 진홍색 반암 위에 월계수 가지가 장식된 청동 깃발이 덮여 있고 그 위에 철모가 놓여 있는 매우 인상적인 모습입니다. 바로 앞에는 팥죽색 조회장석 바닥 위에 별 모양의 '꺼지지 않는 불꽃'이 있습니다. 이 불꽃은 앞서 얘기했던 상트페테르부르크의 마르스 광장의 '꺼지지 않는 불꽃'에서 봉송해 온 것입니다. 왼쪽에는 '1941-1945 조국을 위해 죽은 자들을 위하여'라고 새겨진 화강암 기념비가 있고 오른쪽에는 레닌그라드, 키예프, 오데사, 민스크 등 제2차 세계대전의 영웅도시에서 가져온 흙으로 만든 진홍색 벽돌길이 조성되어 있습니다. 러시아 국민의 애국정신을 기리기 위한 기념물은 이것뿐이 아닙니다. 1812년 나폴레옹의 침공을 격퇴한 조국전쟁의 승리를 기리는 보로디노 전투 파노라마 기념관, 그리고 제2차 세계대전의 승리를 기념하기 위해 세운 대조국전쟁기념관을 빼놓을 수 없습니다.

파노라마 기념관은 1812년 9월 7일, 모스크바 서쪽 보로디노에서 벌어진 전투의 가장 치열했던 시각, 10시 30분의 장면을 묘사한 가로 115미터 세로 15미터의 그림을 원형의 공간에 파노라마 방식으로 펼쳐놓은 것입니다. 그림 아래에는 실제 지형과 현장 모습을 재현해 놓고 있어 마치 전장에 있는 것 같은 착시를 일으킵니다. 이곳은 조국전쟁의 영웅 쿠투조프 장군의 지휘소로 사용되었던 오두막이 있었던 곳입니다.

1812년 조국전쟁으로 모스크바는 폐허로 변합니다. 나폴레옹이 12개국 지원군을 포함하여 60만 대군을 동원하여 침공해 왔을 때 러시아는 모스크바 서쪽 근교 보로디노에서 방어선을 구축하지만 실패로 돌아가고 맙니다. 양측은 각 5만 명씩 모두 10만 명의 손실을 입었습니다.

프랑스군은 모스크바에 입성합니다. 그러나 도시는 텅텅 비어 있었고 원인 모를 화재까지 발생합니다. 프랑스군이 지쳐갈 무렵, 러시아군은 모스크바 외곽에서 겹겹의 포위망을 구축하고 압박해 들어옵니다. 나폴레옹은 동사자가 속출하고 전염병까지 돌게 되자 속수무책으로 퇴각을 명령합니다. 60만 명에 달했던 나폴레옹 원정군은 고작 5만여 명이 살아서 돌아올 수 있었습니다. 무시무시한 동장군의 제2막이었습니다. 동장군General Winter이라는 말이 나온 것도 이때부터였다고 합니다. 이 말을 처음 사용했던 사람은 나폴레옹으로부터 '용감한 사람 중에서 가장 용감한 사람'이라는 별명을 얻은 미셸 레 원수였다고도 하고, 영국의 기자였다고도 합니다. 그러나 러시아의 차르가 반격을 시작하면서 "동장군이 이끄는 전투는 지금부터 시작이다"라고 말한 데서 비롯되었다는 이야기도 있습니다.

프랑스군이 패퇴하자 지원군으로 참가한 국가들의 태도가 달라집니다. 대표적인 국가가 프로이센입니다. 러시아와 타우로겐 협약을 맺고 중립을 선언함으로써 나폴레옹에 타격을 주었습니다. 그때 비밀리에 협상을 주도한 것은 원정군에 종군하고 있던 클라우제비츠였습니다. 그는 훗날 탁월한 군사전략서 《전쟁론》을 남겼습니다. 1814년 3월, 파리까지 추격해 들어간 러시아군은 프랑스의 항복을 받고 나폴레옹을 엘바 섬으로 유배시킴으로써 전쟁을 승리로 마무리합니다.

– 삼촌, 얘기해 주세요
화재로 그을린 모스크바는
프랑스인들에게 대가 없이 준 게 아니었잖아요?

치열한 전투가 있었잖아요

들리는 말로는 엄청났다는대!

러시아 전체가 기억하는 데는 이유가 있잖아요

보로디노의 날에 대하여!

– 그래, 우리 시대에 사람들이 정말 위인들이었지

오늘날과는 비교가 안 되지

보가티르 용사들 – 너희들은 아니야!

그들에게는 불행한 몫이 주어졌지

그 들판에서 돌아온 사람들은 많지 않아…

하나님의 뜻이 그곳에 있지 않았다면

모스크바에 자신을 바치지 않았겠지!

미하일 레르몬토프가 1836년에 발표한 시 〈보로디노〉의 일부입니다. 학생들에게 보로디노 전투에서 러시아 국민이 보여준 용기와 희생정신을 알리고 애국심을 고취하기 위하여 쓴 것입니다. 당시 러시아 군인 대부분은 농민의 자제였습니다. 그들은 파르티잔을 조직하여 프랑스군을 공격함으로써 조국을 수호하는 데 큰 역할을 했습니다. 러시아가 이 전쟁을 조국전쟁이나 애국전쟁이라 부르는 이유도 여기에 있습니다.

눈물의 바다

　러시아는 1941년에서 1945년까지 역사상 가장 참혹한 전쟁을 겪었습니다. 제2차 세계대전 전승기념관이라고도 불리는 대조국전쟁 기념관은 141.7미터의 거대한 전승기념탑을 앞에 두고 가로로 긴 주랑이 있는 돔 형태의 기념관입니다. 전승기념탑의 높이 141.7미터는 전쟁기간 1417일을, 226개의 분수는 전투에 참가한 도시의 수를 상징하는 것입니다. 기념관 내부의 '영광의 홀'은 매우 장엄합니다. 돔 아래 가운데 무명용사 거상이 서 있고 원형의 벽에는 전투 도시들이 조각되어 있으며 그 밑에는 무공을 세운 총 11만7천 명의 이름으로 채워져 있습니다. 또 하나의 방, '기억과 슬픔의 방'은 비가 쏟아지는 가운데 죽은 병사를 위해 기도하는 모습을 형상화한 것으로 '눈물의 바다'로 불릴 정도로 애잔한 감동을 자아내고 있습니다. 기념 조형 예술의 백미라 할 만합니다.

　제2차 세계대전이 발발하기 전 독일과 소련은 10년간 서로 침략을 하지 않겠다는 내용의 불가침조약을 맺습니다. 이른바 '몰로토프-리벤트로프 밀약'입니다. 1939년 9월 1일, 독일은 폴란드를 침공하여 수도 바르샤바를 점령합니다. 소련 역시 9월 17일 폴란드를 침공하여 동부 지역을 장악합니다. 폴란드의 분할 점령은 독·소 밀약의 결과였습니다. 이어서 소련은 핀란드를 침공하여 요충지를 손에 넣은 다음에 발트 3국을 병합합니다. 독일 역시 노르웨이와 덴마크의 항복을 받고 프랑스 동북부의 중립국 네덜란드, 벨기에, 룩셈

부르크를 무력화한 후 파리로 압박해 들어갑니다.

1941년 6월, 독일은 선전포고 없이 모스크바와 우크라이나를 향하여 침공을 개시합니다. 소련은 전투 개시 첫날에 무려 2천 대의 항공기를 잃고 공중전이 거의 불가능한 상황이 되었습니다. 독일군은 개전 한 달이 되지 않아 모스크바 400킬로미터 앞, 스몰렌스크까지 도달합니다. 이 전투에서 독일군은 소련군 3개군을 포위 섬멸하지만 독일군 역시 큰 피해를 입고 모스크바로의 진격이 늦춰졌습니다. 그리고 모스크바는 대북방전쟁이나 나폴레옹 전쟁에서 그랬던 것처럼 겨울이 됩니다. 그것은 동장군의 제3막이었습니다. 그러나 모스크바 전선과 달리 우크라이나 키예프 전투에서는 소련군 43개 사단이 괴멸되다시피 했습니다.

스몰렌스크에 묶여 있던 독일군은 개전 후 2개월이 지난 1941년 9월, 러시아 제2의 도시 레닌그라드, 지금의 상트페테르부르크 부근에 도달합니다. 그리고 도시를 포위합니다. 이로부터 900일에 걸친 러시아인의 필사적인 저항이 시작됩니다. 시민들은 굶주림 속에서도 총 2만5천 킬로미터에 달하는 참호를 파서 독일군의 포위 공격에 저항합니다. 온갖 씨앗과 짐승, 심지어 쓰레기와 인육까지 먹어야 했고 석탄과 석유가 떨어진 상태에서 혹한의 고통을 견뎌내야만 했습니다. 레닌그라드가 가지고 있었던 식량은 불과 한두 달치에 불과했습니다. 피난민 10만 명을 포함하여 260만 명의 시민 가운데 63만여 명이 굶어 죽거나 저체온증으로 죽었습니다. 레닌그라드 포위전에서 러시아군 67만 명에서 최대 120만 명, 독일군은 70만 명이 죽은 것으로 추정되고 있습니다.

씨앗을 지키다

아비규환의 상황에서도 희망을 잃지 않고 내일을 준비한 감동적인 이야기가 전해집니다. 레닌그라드 근처 한 종자연구소의 연구원들은 밀, 벼, 옥수수, 감자 등 많은 양의 종자를 보관하고 있었지만 죽어 가면서도 고스란히 보존했습니다. 그들은 독일군은 물론이고 굶주림에 지친 시민으로부터 종자를 지켜야 했습니다. 죽는 순간까지 자신과도 싸워야 했습니다. 그들이 보여준 책임감과 극기심은 지금도 감동과 찬탄을 자아내고 있습니다. 연구원들이 죽음으로 지킨 이 연구소는 식물 과학자 니콜라이 바빌로프에 의하여 세워진 열한 개의 종자보관소 중 하나였습니다. 당시 소련의 식물연구소는 세계에서 가장 많은 희귀 종자와 식물을 수집, 보존하고 있었습니다.

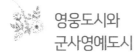
영웅도시와
군사영예도시

중부전선의 독일군은 1941년 10월, 다시 진격하여 모스크바 서쪽 120킬로미터까지 접근합니다. 그러나 라스푸티챠Rasputitsa라고 하는 가을 우기를 맞아 도로와 들판이 진흙탕으로 변하여 인마와 차량이 움직일 수 없었습니다. 동장군에 빗대어 진흙장군이라 불릴 정도로 악명이 높았습니다. 독일군은 겨울이 되어 땅이 얼어붙자 다시 진격을 계속하여 모스크바 중심 크레믈린 30킬로미터 앞까지 진출하였지만, 이미 무서운 동장군이 기다리고 있었습니다. 그것은 동장군의 제4막이었습니다. 모스크바 공방전에서 양쪽은 시체를 밟고 넘으며 일진일퇴를 계속합니다. 이번에는 수많은 러시아 노동자가 자원하여 도시 방어에 나섰습니다. 여기서도 양쪽은 100만 명의 희생자를 냈습니다.

1942년 8월에서 다음 해 2월까지 계속된 스탈린그라드 공방전은 전쟁의 분수령이 되었습니다. 1942년 9월, 독일군 33만 명이 스탈린그라드 시내에 진입하자 소련군은 외곽으로 물러납니다. 그리고 독일군을 포위 공격하여 항복을 받습니다. 이때 독일군 22개 사단, 총 120만 명에 달하는 엄청난 손실을 입었습니다. 더구나 사령관 파울루스를 비롯한 24명의 장군과 2500명의 장교를 포함하여 9만1천 명이 포로가 되는 치욕적인 패배였습니다.

마지막으로 독일군은 중부전선에 30개 사단을 투입하여 사력을 다해 보지만 활로를 열지 못하고 50만 명에 달하는 손실을 입고 물러납니다. 이로써 모스크바, 레닌그라드, 스탈린그라드 그리고 키예프에 이르기까지 모든 거점에서 독일군이 축출되었습니다. 마침내 소련군은 독일군을 쫓아서 베를린까지 들어갑니다. 그리고 1945년 4월, 최후의 결전에서 독일의 항복을 받고 전쟁을 마무리 짓습니다. 소련군은 또다시 30만 명에 달하는 희생자를 냈습니다.

러시아는 농민과 노동자를 포함한 모든 시민들의 헌신과 희생으로 지켜낸 나라입니다. 이것은 스탈린을 비롯한 수뇌부의 지배 야욕이나 정략과는 다른 문제입니다. 시민들은 그들의 고통을 피하지 않았습니다. 참호를 만들고 삽과 괭이를 들고 육탄으로 방어벽을 만들어 도시를 지켰습니다. 뿐만 아니라 총 35만여 명에 이르는 많은 시민들이 파르티잔을 조직하여 활약했습니다. 물자 수송을 방해하는 이른바 '레일전쟁'에 참가하여 3천량 이상의 철도 차량을 전복했고, 800개소가 넘는 무기고와 탄약고를 폭파했습니다.

레닌그라드를 비롯한 열세 개의 영웅도시와 마흔다섯 개의 군사 영예도시는 그렇게 하여 탄생했습니다. 이 전쟁에서 독일군은 300만 명, 러시아군은 800만 명 이상이 전사했습니다. 전승기념관에 훈장을 받은 약 12만 명의 이름만 새겨져 있는 이유를 알 것 같습니다. 그것은 국민 총력전의 전형이었습니다.

'귀족의 천국, 농노의 지옥'으로 여겨졌던 제정러시아에서 농부 병사와 카자흐가 조국 수호 전선에 앞장섰던 이유가 궁금합니다. 러시아는 농노제의 가장 큰 피해를 보았던 농부의 희생으로 지켜낸 나라라고 할 수 있습니다. 카자흐는 러시아 동남쪽의 볼가 강가에서 자유롭게 생활하던 공동체였지만 15세기 압제를 피해 농노와 농민들이 모여들면서 대규모 집단을 형성하게 되었습니다. 카자흐는 자유로운 사람 또는 방랑자를 뜻하는 투르크계 언어 '카작'에서 온 말이라 합니다. 톨스토이가 쓴 《카자흐》라는 소설이 있습니다. 여기서 카자흐는 생명력이 아주 강한 사람들로 그려지고 있습니다.

스텐카 라진은 카자흐들의 영웅이었습니다. 페르시아 정착지를 점령했을 때의 이야기입니다. 전리품으로 챙긴 페르시아 공주를 몹시 아꼈는데 부하들의 불평하는 소리를 들은 그는 "자유롭고 용감한 우리에게 분란이 있어서는 안 된다"라며 공주를 볼가 강에 던져 버렸습니다. 볼가 강은 길이가 약 3700킬로미터에 이르는 유럽에서 가장 긴 강으로서 이 유역에 사는 사람들에게는 어머니 같은 강입니다.

"볼가여, 볼가여, 어머니 같은 볼가여,

태양 아래 넓고 깊은 강,

돈 카자흐에게서

선물을 받지 못하였구나!

자유롭고 용감한 무리들에게

영원히 평화가 지배하게 해주소서

볼가여, 볼가여, 어머니 같은 볼가여,

사랑스런 여인을 받아주소서!"

단번에 신부를 높이 들어

소용돌이치고 한숨짓는

볼가의 물 위로 던져 버렸구나

라진의 이야기를 소재로 한 카자흐 민요입니다. 1670년 라진은 농민을 억압하는 모스크바에 저항하여 반란을 일으켰습니다. 라진의 군대는 볼고그라드를 장악하고 볼가 강 중류의 심비르스크를 포위하며 기세를 떨쳤지만 곧 정부군에 제압되고 말았습니다. 체포된 라진은 모스크바의 붉은 광장에서 사지가 찢어지는 형을 받았습니다. 그것은 자유인 카자흐를 비롯한 농민과 농노의 저항의 시작이었습니다. 그로부터 100년이 지난 1773년 푸가초프의 반란이 일어납니다. 예카테리나 여제의 치하에서 농민폭동은 끊이지 않았습니다. 귀족의 천국으로 변한 나라에서 농민들은 땅을 잃고 농노로 전락해 가고 있었습니다. 성난 카자흐와 농민으로 구성된 반란군은 모스크바를 위협할 정도로 기세를 올렸지만 실패로 돌아갔습니다. 푸가초프는 1775년 체포되어 라진과 같은 방법으로 죽었습니다.

카자흐와 농민들의 저항의식은 나폴레옹과 나치 독일의 침공을 맞아 외부로 돌려지고 조국애로 나타납니다. 뜨와르보드스키가 쓴 《와씰리 쬬르낀》이라는 장편시집이 있습니다. 평범한 청년 와씰리 쬬르낀이 독일군의 침공을 맞아 베를린으로 향하는 부대를 따라 종군하면서 용감한 병사가 되어 가는 모습을 그리고 있습니다. 이 시에는 '목숨 바친 이 싸움은 명예를 위한 것이 아니다. 이 땅의 삶을 위한 것이다'라는 구절이 여러 번 등장합니다. 이 시는 그들의 희생이 땅에 대한 애착심과 자유로운 삶에 대한 희구에서 비롯되었다는 것을 잘 보여 주고 있습니다.

애국심patriotism은 조국을 뜻하는 라틴어 '파트리아patria'에서 비롯되었습니다. 결국 자신의 땅을 사랑한다는 말입니다. 산업사회로

이행하기 전 농민들은 농부인 동시에 병사였습니다. 그들은 다른 부류의 사람들과 달리 한 지역에 정착하여 살았고, 땅은 곧 삶의 터전이었습니다. 전쟁을 통하여 러시아 사람들이 보여준 조국애는 바로 땅에 대한 애착심에서 비롯된 것이었습니다. 조국전쟁이나 애국전쟁과 같은 거창한 이름을 붙이지만 개인적인 차원에서는 어디까지나 삶의 터전을 지키기 위한 것이었습니다. 그런 점에서 보면 전쟁을 통하여 표출된 러시아 사람들의 애국심은 삶의 터전인 땅을 지키겠다는 강한 생명 의지와 공동체에 대한 의무감의 결합이라 할 수 있습니다.

18 | 골짜기의 백합
작지만 아름다운 꽃이여!

유럽의 역사는 전쟁사라고 해도 과언이 아닐 정도로 수많은 전쟁으로 점철되어 있습니다. 정복 전쟁, 종교 전쟁, 왕위 계승 전쟁, 곳곳의 내전에 이르기까지 20세기까지도 조용할 날이 없었습니다. 프랑스, 독일, 오스트리아, 러시아, 오스만 제국 등 강대국의 틈바구니에서 발칸과 발트 국가들, 그리고 동북유럽 국가들은 역사에서 지워지는 참화를 겪었습니다. 그 가운데 폴란드와 세르비아 그리고 핀란드를 찾아가 봅니다.

일찍이 독일의 피히테는 나폴레옹의 침략을 맞아 '독일 국민에게 고함'이라는 연설을 통하여 한 국가의 본질은 영토에 있는 것이 아니라 언어공동체를 기초로 한 정신적 영토에 있으며, 국경이 제패당해도 '내적 경계'가 튼튼하다면 도덕 재무장을 통하여 회복할 수 있다고 했습니다. 이들 국가들은 고유의 언어와 역사를 잃지 않았기 때문에 독립의 날을 맞이할 수 있었습니다. 그들은 피히테가 말했던 대로 튼튼한 '내적 경계'의 바탕 위에서 끊임없이 외적 투쟁을 전개했습니다.

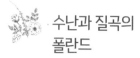 수난과 질곡의 폴란드

폴란드는 14세기 말 폴란드-리투아니아 연방을 결성하고 동북쪽의 튜틴기사단을 제압함으로써 큰 발전을 이뤘습니다. 이후 16세기 바사 왕조의 지그문트 1세와 2세의 치세에서 북으로는 발트 해, 남으로는 흑해에 걸친 대국으로 성장합니다. 그러나 폴란드-리투아니아 연방의 융성은 스웨덴, 모스크바 공국, 오스만 제국 등 주변국의 견제를 불러왔습니다.

1572년 지그문트 2세가 후계자를 정하지 못하고 죽자 귀족회의를 통하여 왕을 선출했습니다. 최초의 선거왕, 프랑스 발루아 왕조의 앙리 드 발루아에 이어 즉위한 스테판 바토리 왕에 의하여 폴란드는 군사적 발전을 이룰 수 있었습니다. 그 뒤를 이은 지그문트 3세의 뛰어난 활약으로 강국으로 부상할 수 있었지만 오스만 제국과 충돌하면서 국력이 기울기 시작했습니다. 1674년 소비에스키 왕의 출현으로 중흥의 기회를 맞기도 했지만 침체를 피하기 어려웠습니다. 그 후 북유럽은 앞서 '농부 병사와 동장군'에 나왔던 걸출한 두 사람, 스웨덴의 카를 12세와 러시아의 표트르 1세가 패권을 다투는 시대로 접어듭니다.

폴란드−리투아니아 연방은 1772년 1차 분할을 시작으로 러시아, 프로이센, 오스트리아 삼국에 의하여 영토가 침식되기 시작하여 1795년 3차 분할에서 주권을 완전히 잃었습니다. 1918년 제1차 세계대전 종전으로 주권을 회복하기까지 짧게는 123년, 길게는 146년에 달하는 외세에 의한 강점기를 경험합니다.

루소의 제안

폴란드의 위기가 시작되고 있던 1770년 경 루소는 폴란드의 백작 비엘호르스키로부터 폴란드의 방략을 제시해 달라는 요청을 받습니다. 그러나 제안서를 미처 완성하지도 못한 상태에서 폴란드는 1772년 제1차 분할에 들어갑니다. 영토의 3분의 1을 잃고 삼국의 간섭을 받게 된 폴란드는 루소의 '폴란드 정부에 관한 제안'을 시행에 옮길 여유가 없었습니다.

루소는 무엇보다 먼저 하나의 도시에 불과했던 스파르타가 그리스의 중심이 되어 페르시아 제국을 떨게 만들었던 것처럼 폴란드 역시 강국으로 거듭날 수 있다는 것을 분명히 했습니다. 정신, 교육, 헌법, 국왕, 행정, 경제, 군사 등 다방면에 걸쳐 해법을 내놓고 있지만, 그가 무엇보다 중요시한 것은 그리스나 로마의 시민과 같이 고대의 덕성으로 무장한 강한 민족으로 거듭나야 한다는 것이었습니다. 외부가 아니라 내부에서 해답을 찾아야 한다는 것이 그의 제안의 핵심이었습니다.

민족적 제도는 사람의 천성, 성격, 취향 그리고 태도를 형성하고 개성을 만들어 준다. 뿌리 깊은 관습에 기초하여 조국에 대한 열렬한 사랑을 고취해야 한다. 그것이 민족의 성원으로 만든다.

루소의 제안의 핵심은 '민족적 제도national institutions'입니다. 루소는 강한 민족을 만들기 위해서는 폴란드 사람이 국왕을 맡아야 한다고 했습니다. 앞서 보았던 대로 폴란드에서는 귀족회의의 추대를 통하여 국왕을 외국에서 초빙했습니다. 또한 그는 태어날 때부터 모유와 함께 조국애를 마셔야 한다면서 애국 교육을 강조했습니다. 곳곳에 기념비를 세워 선조의 공훈을 현창하고 체전과 축제를 통하여 민심을 고무해야 한다고도 했습니다. 아울러 루소는 "시민 각자는 직업으로서가 아니라 의무로서 직업군인이어야 한다. 그 같은 군사제도는 로마에도 있었고, 오늘날 스위스에도 있다. 그런 것은 모든 자유로운 국가, 특히 폴란드의 군사제도여야 한다"고 하여 국민개병제의 채택을 강력히 권고했습니다.

두 나라의 영웅

폴란드는 1768년부터 1774년까지 일어난 러시아-오스만 전쟁 때 귀족 동맹을 결성하여 러시아에 반기를 든 이래 외세에 대한 저항을 중단하지 않았습니다. 저항은 1792년 폴란드−러시아 전쟁과 1794년 타데우시 코시치우슈코Tadeusz Kościuszko의 봉기로 이어졌습니다. 코시치우슈코는 군인과 농민군 4천여 명으로 라츠와비체 전투에서 대포로 무장한 러시아 기병을 격파하는 큰 승리를 거뒀습니다. 그러나 바르샤바 방어전에서 부상을 입고 체포된 후 바르샤바 외곽에서 벌어진 프라가 전투에서 패배하면서 봉기는 실패로 돌아가고 말았습니다. 그 여파로 주민 2만여 명이 학살되는 참화를 입었습니다.

> 그리고 같은 초상화들이 벽 위에 걸려 있다
> 농부의 외투를 입고 있는 코시치우슈코,
> 하늘을 향하여 두 눈을 부릅뜨고,
> 두 손으로 칼을 들었구나
> 이 칼로 폴란드에서 세 권력자를 몰아내지 못하면
> 스스로 칼 위에 쓰러지리라,
> 제단 아래서 맹세하던 때의 모습이구나
>
> (중략)
>
> 아름답고도 슬픈 청년 야신스키,
> 그의 충실한 동지 코르삭,
> 프라가의 참호에 나란히 서서
> 모스크바 병사들을 쓰러뜨리는 동안,

프라가는 이미 불타고 있구나

방문 곁 나무 상자 속 길고 낡은 음악시계에 눈길을 멈추고,

어릴 때 동심으로 돌아가 줄을 당겨 본다

돔브로프스키의 마주렉을 듣기 위하여

폴란드 낭만주의 문학의 대표적 인물, 아담 마츠키에비츠가 1834
년에 발표한 민족 서사시 《판 타데우시》의 첫 편 〈농부〉의 일부입니
다. 귀족 집안의 자제 타데우시가 집으로 돌아와 1794년 봉기의 주
인공 초상화를 바라보는 모습을 묘사하고 있는 장면입니다. 오래된
음악시계의 줄을 당겨보는 장면에서는 독립을 향한 염원이 느껴집
니다.

마츠키에비츠는 문학을 통하여 민족의 자부심과 독립의지를 고
취하고자 했습니다. 《판 타데우시》는 나폴레옹의 러시아 원정으로
폴란드의 완전 회복이 눈앞에 보이던 시기에 리투아니아 지방의 귀
족들이 전쟁에 참가하는 이야기를 담고 있습니다. 이 서사시는 주인
공 청년 타데우시를 통하여 민족의 영웅 타데우시 코시치우슈코 장
군을 되살리고 있습니다. 그리고 '아름답고 슬픈 청년'으로 묘사된
야신스키는 코시치우슈코 휘하에서 활약하다가 프라가 전투에서
전사한 장군으로 애국시인이기도 했습니다. 마지막 단락의 '돔브로
프스키의 마주렉'은 프랑스 육군 내에 조직된 폴란드 군단이 이탈리
아 전선에서 불렀던 '폴란드는 아직 죽지 않았다'라는 민요풍의 노
래입니다. 1797년에 발표된 유제프 비비스키의 시에 곡을 붙인 이

노래는 폴란드 국가가 되었습니다.

행진하라, 행진하라, 돔브로프스키여! 이탈리아에서 폴란드까지.

얀 돔브로프스키 장군은 1794년 코시치우슈코의 봉기에 참가한 후 프랑스에 망명하여 폴란드 군단을 조직했습니다. 이탈리아 전선에서 뛰어난 활약으로 폴란드인의 기대를 모은 그는 폴란드 군단을 이끌고 1812년 나폴레옹의 러시아 원정에 참가했습니다. 그러나 원정은 실패로 끝났고 폴란드의 독립은 수포로 돌아갔습니다.

러시아군에 체포된 코시치우슈코 장군은 2년간 감금되었다가 풀려났습니다. 그리고 프랑스에서 살다가 스위스에서 죽었습니다. 나폴레옹을 비롯한 유럽의 여러 통치자로부터 함께 일하자는 요청이 있었지만 조국의 독립에 도움이 되지 않은 일에는 일체 협조하지 않았고 절제와 품위를 지켰다고 합니다.

미국 워싱턴 D. C. 라파예트 광장에 코시치우슈코 장군의 기마상이 서 있습니다. 그는 미국 독립전쟁에 참가한 인물입니다. 조국의 암담한 상황을 목격하고 1776년 아메리카 대륙으로 건너간 그는 대륙군의 대령으로 주로 요새와 진지를 구축하는 공병대의 책임을 맡아 큰 공을 세우고 장군으로 진급했습니다. 1802년 토마스 제퍼슨에 의하여 창설된 웨스트포인트는 독립전쟁 때 그가 만든 클린턴 요새로부터 시작된 것입니다. 그에게는 이런 이야기가 전해지고 있습니다. 조지 워싱턴 장군이 상당액의 금전과 오하이오 평원의 넓은 농장을 주었지만 노예들을 모두 풀어 주고 그들을 위하여 그 재산을 내놓았다고 합니다. 노예 해방의 선구자라 해도 좋을 것 같습니다.

그가 미국에 있을 때 또 한 사람의 폴란드 출신 장군이 있었습니다. 조지 워싱턴 장군 밑에서 기병대장으로 활약하다가 조지아 사바나 전투에서 전사한 카지미에시 푸와스키입니다. 그는 조지 워싱턴의 목숨을 구한 것으로 유명합니다. 미국은 그가 전사한 날을 기려 '푸와스키의 날'로 지정하였고, 지금까지 일곱 사람에게만 주어진 '명예시민'에 추대했습니다.

1784년 독립전쟁이 끝나고 조국으로 돌아온 코시치우슈코는 소장의 계급으로 입대하여 1792년 폴란드-러시아 전쟁에서 대승을 거두었습니다. 미국 독립전쟁에서 사용했던 축성술을 잘 활용함으로써 적을 제압할 수 있었습니다. 이 전투의 승리로 중장으로 진급한 그는 구국의 영웅으로 떠올랐지만 결국 폴란드는 항복하였고, 제2차 삼국 분할로 귀결되었습니다. 전쟁은 루소의 제안에 따라 제정된 신헌법에 반발한 귀족 세력이 동맹을 결성하여 러시아군을 불러들임으로써 발생한 것이었습니다. 신헌법은 미국에 이어 제정된 세계 두 번째 성문 헌법으로 기록되고 있습니다. 그리고 2년 뒤 1794년 코시치우슈코에 의하여 다시 봉기가 일어났지만 앞서 이야기했던 대로 실패로 돌아가고 말았습니다.

오랫동안 기다려 왔던 기적은 소문과 예감으로 다가왔다

그리고 봄의 햇살이 굳은 땅을 따뜻하게 해주었고,

이상한 기운이 리투아니아 사람들을 감싸 주었다

그들은 세상의 뒤집어질 것 같은 어떤 힘을 느꼈다

그리워지고 즐거워지는

《판 타데우시》의 〈1812년〉의 일부입니다. 독립의 희망에 부푼 마음을 짐작하게 해주는 장면입니다. 폴란드는 1807년 중부 지방에 바르샤바 공국이 세워지자 다시 독립의 희망을 갖게 됩니다. 그것은 나폴레옹이 러시아를 침공하기 위한 준비작업의 일환으로 만들어진 것입니다. 나폴레옹은 전쟁의 명분을 폴란드의 해방에서 찾았고, 10만 명에 달하는 폴란드 의용군이 러시아 원정에 참가했습니다. 원정의 실패와 함께 바르샤바는 러시아군에 점령되었고 폴란드는 다시 삼국의 분할 통치를 피할 수 없었습니다.

123년의 여정 그리고 독립

분할 통치가 굳어진 1815년 이후 많은 폴란드인들이 압제를 피하여 프랑스와 미국 등지로 떠났지만 그들의 저항운동은 끊이지 않았습니다. 그 가운데 한 사람, 유제프 피우수츠키가 있습니다. 그는 반체제 사건에 휘말려 5년간 처절한 시베리아 유형을 겪고 풀려난 뒤 폴란드 사회당에 가입하여 활동하다가 체포되었지만 탈출에 성공한 후 무장단체를 조직하고 러시아에 대항했습니다.

폴란드는 1918년 제1차 세계대전의 종결과 함께 독립할 수 있었습니다. 피우수츠키는 폴란드 공화국의 임시 수반이자 최고 사령관을 맡아 소련과 전쟁을 불사한 결단으로 옛 영토의 회복에 성공한 뒤 은퇴했습니다. 그러나 1926년 쿠데타로 권력을 장악하고 사실상 통치권을 행사함으로써 그의 명성에 빛이 바래는 결과를 초래하였습니다. 그럼에도 불구하고 그는 폴란드의 국부로서 여전히 존경을 받고 있습니다.

제1차 세계대전의 참화

폴란드는 1932년 러시아와 1934년에는 독일과 상호불가침조약을 맺었지만, 침공을 피할 수 없었습니다. 독일과 러시아는 1939년 폴란드를 분할 점령합니다. 폴란드군은 개전 1개월이 채 되지 않아 약 7만 명이 희생되었고 63만여 명이 포로가 되었으며, 민간인 희생자도 10만 명이 넘었습니다.

동부 폴란드를 장악한 소련군의 폭압은 상상을 초월했습니다. 군과 경찰 간부 1만4천 명을 포함하여 2만2천 명에 달하는 교수, 언론인, 작가 등 사회지도층 인사들을 스몰렌스크로 압송하여 이른바 '카틴 숲의 학살'을 자행합니다. 두 달 동안 총소리가 끊어지지 않았다고 합니다. 이 사실은 1990년 고르바초프의 문서 공개로 공식 인정되었습니다. 그리고 100만 명이 넘는 주민이 소련으로 끌려가 강제 노역에 시달리다가 거의 살아오지 못했습니다. 소련군의 점령하에 있던 핀란드, 리투아니아, 에스토니아, 라트비아의 사람들도 그와 다르지 않았습니다.

몬테카시노

폴란드의 운명은 그것이 끝이 아니었습니다. 8만4천여 명의 병력이 프랑스, 헝가리 등 이웃 국가로 탈출하여 서부전선 등에서 활약했습니다. 그와 함께 소련군에 의하여 편성되어 대독 전선에 투입되었던 폴란드군 일부는 이란으로 빠져나와 북아프리카와 이탈리아 전선에서 연합군의 일원으로 싸웠습니다. 민간인 3만8천여 명을 포함하여 11만6천 명에 달하는 대장정이었습니다.

그런데 폴란드군이 남쪽으로 이동하여 연합군에 합류한 이유가 궁금합니다. 당시 안데르스 장군은 소련군의 지휘 아래에 있던 폴란드군이 여기저기 끌려다니다가 희생될 가능성이 높다고 생각했습니다. 제2차 세계대전이 끝난 후 소련의 조정을 받고 있던 국내 지하투쟁 세력에 의하여 위성국이 된 것을 보면 그의 예상이 틀리지 않았다는 것을 알 수 있습니다.

몬테카시노의 빨간 양귀비꽃
이슬 대신에 폴란드 사람의 피를 마셨다
병사들이 양귀비꽃 위로 걸었고 그리고 죽었다
그러나 분노는 죽음보다 강했다!

세월이 가고 또 수세기가 지나가도,
그들은 그대로 옛날에 남는다!
나는 몬테카시노의 그 양귀비꽃
폴란드 사람의 혈액으로 더 붉어질 것이다

폴란드군이 이탈리아 반도의 중남부 몬테카시노에서 있을 때 종군 시인 펠리크스 코나르스키가 병사의 사기 진작을 위하여 지은 군가 '몬테카시노의 빨간 양귀비꽃'의 둘째 연입니다. 장중하면서도 아련한 슬픔이 느껴지는 노래입니다.

브와디스와프 안데르스 장군이 지휘하는 폴란드군 5만여 명은 1944년 5월, 영연방군과 연합작전으로 몬테카시노 전투의 대미를 장식함으로써 연합군이 로마를 탈환하는 데 결정적인 역할을 했습니다. 그해 1월부터 약 5개월간 계속된 몬테카시노 전투에는 영연방과 폴란드 외에도 미국, 자유 프랑스, 자유 이탈리아 등 연합군이 함께하고 있었습니다. 당시 연합군은 노르망디 상륙작전을 앞두고 이탈리아 반도의 중심부에 구축한 독일군의 구스타프 라인을 돌파하기 위하여 총력전을 벌이고 있었습니다.

우리 폴란드 군인들은 우리와 당신들의 자유를 위하여 영혼은 신에게, 육체는 이탈리아 땅에, 심장은 폴란드에 바쳤다.

몬테카시노의 폴란드 군인 묘지에 새겨진 글입니다. 폴란드군은

923명의 전사자를 포함하여 4200명에 달하는 희생자를 냈습니다. 그들은 프랑스에서 죽은 쇼팽의 심장이 바르샤바의 성 십자가 성당에 바쳐진 것처럼, 자신들의 애국심이 폴란드 국민의 가슴속에 살아 있기를 바랐습니다.

국외에서 폴란드군의 활약과 함께 국내에서의 지하투쟁도 활발하게 전개되었습니다. 그들은 1944년 8월, 전쟁 막바지의 독일군을 축출하기 위한 투쟁의 기치를 들었습니다. 이른바 '바르샤바 봉기'입니다. 저항군과 시민을 포함하여 20만 명이 넘는 사람들이 또 희생되었습니다. 살길은 오직 하수구밖에 없었습니다. 독일군의 침공이 있기 전 129만 명에 달했던 바르샤바 시민은 48만 명으로 줄어들어 도시가 텅 빌 정도였습니다. 독일군의 공습으로 바르샤바 시가지는 철저히 파괴되었지만 전쟁이 끝난 후 시민의 손으로 다시 세워졌습니다. 시민들은 역사적 유적이 많은 구시가지는 원래 있던 그대로 복구했습니다. 지금의 바르샤바는 시민들의 땀과 눈물로 세워진 도시입니다.

폴란드는 독립된 지 20년 만에 또다시 전쟁에 휩쓸려 전체 인구의 17퍼센트에 해당하는 600만 명이 희생되는 참화를 입었습니다. 그중에 절반은 유태인이었습니다. 사망자 비율로는 소련의 13.7퍼센트에 비해서 훨씬 높았고, 1퍼센트 내외였던 영국과 프랑스와는 비교가 안 될 정도였습니다. 비극적인 상황에도 불구하고 폴란드 국민들은 지칠 줄 모르는 저항정신을 보여 주었습니다. 그리고 제2차 세계대전의 승리에 크게 기여했습니다.

끝나지 않은 희생

연합군은 안데르스와 폴란드군의 희생과 공헌을 치하해 마지않았습니다. 그러나 새 정부를 수립하는 데 있어서는 생각이 달랐습니다. 1945년 7월, 미국과 영국이 런던의 폴란드 망명정부 대신에 소련의 지원을 받고 있던 국내 정부를 인정하자 안데르스 장군은 강하게 반발합니다. 그리고 군사들에게 다음과 같은 명령을 하달합니다.

병사들이여, 지금 이 순간 우리는 큰 소리로 의지를 표현할 수 있고 또한 그럴 의무가 있는 폴란드 국가의 유일한 부분입니다. 또한 우리는 충성의 맹세에 충실하다는 것, 나라를 위한 시민의 의무에 진실하다는 것, 독립과 주권 그리고 진정한 자유를 위해 싸우다가 죽은 동지들의 소망에 충실하다는 것을 말과 행동으로써 증명해야 합니다. (중략) 변화는 반드시 올 것입니다. 그렇지 않는다면 지난 6년간 전 세계가 겪은 끔찍하고 또한 피로 얼룩진 희생은 모두 헛된 것이 될 것입니다. 인간성이 갑자기 눈이 멀었고 치명적 위험의 자각을 잃어버렸다는 것을 상상할 수 없습니다. 우리는 조국과 조국의 합법적 정부를 향한 우리의 의무를 완수할 것입니다.

망명정부와 폴란드군 지도자들은 해방된 조국에 들어갈 수 없었고, 1946년 6월, 런던에서 개최된 제2차 세계대전 승전 퍼레이드에

초청조차 받지 못했습니다. 그들의 이름이 지워지는 동안 '몬테카시노의 빨간 양귀비꽃'은 금지곡이 되었습니다. 안데르스 장군은 해방된 조국의 땅을 밟지 못했습니다. 런던에서 살았던 그는 죽을 때까지 시민권을 신청하지 않았다고 합니다. 그의 유해는 유언에 따라 이탈리아 몬테카시노 폴란드 묘지에 부하들과 나란히 묻혔습니다. 그의 폴란드 시민권과 계급은 1989년 공산정권이 무너진 뒤에야 회복될 수 있었습니다. 그리고 '몬테카시노의 빨간 양귀비꽃'은 다시 빛을 볼 수 있었습니다.

 ## 애국자의 나라, 핀란드

칼레발라 사람들

13세기 스웨덴의 침략에 저항했던 핀란드는 17세기에 이르러 합병되는 운명을 맞이합니다. 앞에서 보았던 대로 북방의 강자로 떠오른 스웨덴은 20년에 걸쳐 러시아와 각축전을 벌이다가 18세기 초 러시아에 핀란드를 넘겨주고 맙니다. 1세기 동안 러시아의 지배를 받고 있던 핀란드 공국은 민족 언어와 문화 운동을 통하여 러시아에 저항합니다. '우리는 더 이상 스웨덴인이 아니다. 우리는 러시아인도 될 수 없다. 그러므로 우리는 핀란드인임에 틀림없다.' 19세기 펜

로만 운동Fennoman Movement의 모토입니다. 이 운동은 정치저널리스트 아돌프 아르드비손, 시인 엘리아스 뢴로트Elias Lonnrot, 음악가 장 시벨리우스Jean Sibelius, 화가 악셀리 칼렌-칼레라 등으로 이어져 핀란드의 민족의식을 자극했습니다.

왜 다른 전설들을 노래하고,

골짜기와 숲에서 그것들을 불러야 하며,

언덕과 황야에서 그것들을 노래해야 하는가?

나의 소중한 어머니는 풀밭 밑 땅속에 누워

싸늘하게 조용히 잠들어 있다

옛 노래를 더 이상 듣지 못하고,

나의 노랫소리를 들을 수 없다

오로지 숲만이 들을 뿐,

1835년에 발표된 엘리아스 뢴로트의 《칼레발라Kalevala》의 〈마지막 노래〉 일부분입니다. 뢴로트는 의사였지만 핀란드의 전통 시가를 발굴하여 되살린 인물로 더 잘 알려져 있습니다. 민족 서사시라고는 하지만 폴란드의 《판 타데우시》와 차이가 있습니다. 《칼레발라》는 설화와 노래를 채집하여 엮은 것으로서 신과 요정 그리고 사람의 세계가 함께 등장하는 마치 신화와 같은 느낌을 줍니다. 기본적인 구도는 남쪽의 칼레발라 평원에 사는 사람들과 북쪽의 라플란드 사람들 사이에 벌어지는 선과 악의 싸움입니다. 《판 타데우시》

처럼 외세에 대한 저항의식을 직접적으로 드러내지는 않지만 핀란드의 자연과 그곳에 사는 사람들의 자유로운 심성을 통하여 그것을 은유하고 있습니다.

핀란드는 제1차 세계대전의 종결과 함께 독립을 이뤘지만 레닌의 개입으로 내전이 일어났습니다. 남부를 장악한 적군赤軍과 북부를 장악한 백군白軍 사이에 벌어진 내전에서 1918년 5월, 독일의 지원을 받은 백군이 승리함으로써 핀란드 공화국이 성립되었습니다. 당시 백군을 이끌었던 인물이 '베테라누스' 편에 나온 칼 구스타프 만네르헤임 장군입니다.

어떻게든 주권은 지켜져야 한다

제2차 세계대전이 발발하자 소련은 레닌그라드를 사정거리에서 비껴나게 하고 요충지를 확보하기 위하여 핀란드의 동부 국경선을 뒤로 물리는 한편, 핀란드에 영토의 일부를 요구합니다. 핀란드는 소련의 요구에 응하는 대신에 전쟁을 선택합니다. 1939년 11월 말, 핀란드가 총동원령을 내리자 소련은 침공을 개시합니다. 핀란드는 레닌그라드에 가까운 동부 국경에 '만네르헤임 라인'이라 불리는 방어선을 구축하고 소련군의 진입을 저지합니다. '겨울 전쟁'으로 불리는 이 전쟁에서 핀란드군 20만 명은 뛰어난 전투력을 발휘했지만 소련군은 높이 쌓인 눈과 추위로 고전을 면치 못했습니다. 이번에는 동장군이 핀란드의 편이었습니다.

소련의 침공에 당당히 맞선 핀란드의 선전은 서방의 찬탄과 경의의 대상이 되었고 영국과 프랑스의 지원이 논의되기 시작했습니다. 그러나 소련이 대규모 병력을 동원하여 40여 일간 집중 공세에 나서자 핀란드는 더 이상 방어선을 지킬 수 없었습니다. 이로써 105일에 걸친 '겨울 전쟁'은 끝이 났고, 1940년 3월, 모스크바평화조약으로 일부 영토를 넘겨줄 수밖에 없었습니다. 그 후에도 핀란드는 영토의 회복을 위해 전쟁을 피하지 않았습니다. 독일의 지원을 받아 '계속 전쟁'에 돌입하여 영토의 일부를 회복하며 기세를 올리기도 했지만, 오래 버티지 못하고 1944년 소련과 정전협정을 맺었습니다. 핀란드는 동부 영토의 대부분을 잃었고 막대한 전쟁 배상금을 지불해야 했지만 발트 3국과 달리 주권을 지킬 수 있었습니다. 그리고 전쟁 말기 연합군에 참가하여 독일군을 축출하는 데 힘을 보탰습니다.

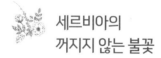

세르비아의 꺼지지 않는 불꽃

기나긴 독립의 길

발칸 빈도 중심에 위치한 세르비아는 헝가리를 비롯하여 여덟 나라에 둘러싸인 내륙 국가입니다. 4세기 중반 훈족의 침입으로 남쪽으로 이동하여 발칸에 발을 들인 사람들의 후손으로 알려져 있습니다. 8세기 후반 최초의 왕조가 들어선 이래 불가리아, 헝가리, 동로마 제국과의 관계 속에서 부침을 거듭하는 가운데 13세기를 전후해 융성기를 맞이하여 1345년 스테판 두샨에 이르러 세르비아 제국이 선포되었습니다. 세르비아 제국은 지금의 세르비아를 비롯하여 헤르체고비나, 마케도니아, 몬테네그로, 알바니아 등을 아우르는 발칸 일대의 대국이었지만 흑사병의 창궐과 오스만의 부상으로 쇠망했습니다.

그 후 보스니아의 부족장에 의하여 재건된 세르비아는 라자르 공에 이르러 번영기를 맞았지만 1389년 세르비아의 남쪽 코소보 평야에서 벌어진 암젤펠트 전투의 여파로 쇠퇴하여 오스만의 지배를 피할 수 없었습니다. 그러나 전투 그 자체만 놓고 보면 어느 편에도 승리를 가져다주지 못했다는 것이 역사가들의 일반적인 평가입니다. 이 전투에서 양쪽 모두 통치자를 잃었습니다. 라자르는 사로잡혀 처형되었고, 술탄 무라트 1세는 세르비아의 기사 밀로쉬 오빌리치에 의하여 살해되었습니다. 라자르가 처형되기 전, 함께 포로로 잡힌 병사들이 그의 죽음을 차마 볼 수 없다며 서로 먼저 죽겠다고 목을 내밀었다는 이야기가 전해지고 있습니다.

우리는 그리스도와 조국의 경건함을 위하여 죽음을 달콤하게 받아들인다. 부끄럽게 사는 것보다 전투에서 죽는 것이 낫다. 적에게 굴복하기보다 칼을 받고 죽는 편이 낫다.

코소보 전투가 시작되기 전날 밤, 라자르가 부하들 앞에서 한 연설의 일부입니다. 슬라브 역사가 토머스 엠머트의 《코소보; 중세 전투의 신화》에 나오는 그의 말에서 기독교적 기사의 모습을 엿볼 수 있습니다. 그는 또한 "코소보에 싸우러 오지 못한 사람은 아들이든 딸이든 그의 자손을 얻지 못할 것이다. 검은 포도든 흰 밀이든 그의 들판에서 아무것도 자라지 않을 것이다"라는 경고의 말을 남겼다고 합니다. 훗날 '코소보의 저주'라 불리게 된 그의 말은 코소보 평야의 기념비에 새겨져 세르비아인들의 단결심을 고무하고 있습니다. 코소보 전투는 1415년의 아쟁쿠르 전투와 비슷한 면이 많습니다. 두 전투 모두 왕을 비롯한 왕족과 귀족이 참가하였고, 라자르와 헨리 5세의 리더십 역시 다르지 않았습니다. 그리고 코소보 전투가 일어난 6월 28일은 성 비투스의 축일이었고, 아쟁쿠르 전투가 일어난 10월 25일은 성 크리스핀의 축일이었습니다.

세르비아와 오스만의 충돌은 기독교와 이슬람의 충돌이기도 했습니다. 세르비아는 기독교를 수호하는 발칸 최후의 보루였으며 유일하게 제국을 꿈꾼 나라였습니다. 격전지였던 코소보 평야는 예루살렘의 골고다 언덕과 같은 성소가 되었고, 그의 죽음은 순교적 의미를 갖게 되었습니다. 그는 또한 이민족의 지배 아래 신음하는 세르비아 사람들에게 구원의 영웅으로 전승되어 민족의식을 고취했습니다. '코소보의 신화'는 14세기 대국으로 부상했던 민족적 자부심과 더불어 세르비아의 정체성을 구성하는 핵심적 요소가 되었습니다. 코소보는 발칸 반도의 여타 지역으로 통하는 전략적 요충지였습니다. 2008년 코소보의 독립을 불러온 코소보 사태의 배경에는 그 같은 오랜 역사적 요인이 내재되어 있습니다. 지금도 세르비아는 코소보의 독립을 인정하지 않고 있을 뿐만 아니라, 세르비아계 주민들이 다수 거주하는 북부 코소보 지역을 사실상 통치하고 있습니다.

코소보 전투로부터 525년이 흐른 1914년 6월 28일, 보스니아 사라예보에서 오스트리아 페르디난트 황태자 부부가 세르비아의 민족주의자 청년에 의하여 암살되는 또 하나의 역사적 사건이 일어났습니다. '코소보의 신화'의 재현과 같은 것이었습니다. 당시 세르비아는 오스트리아-헝가리 제국의 보스니아 합병에 분노하고 있었고, 그날은 코소보 전투를 기념하는 날이었습니다.

오스만에 예속되어 명맥을 유지하던 세르비아는 1459년 술탄 메흐메드 2세에 의하여 멸망했습니다. 동로마 제국이 무너진 지 6년째 되던 해였습니다. 난민이 된 10만여 명의 세르비아인들은 헝가리 군대에 들어가 오스만에 대한 저항을 계속할 수 있었습니다. 그러나 포로가 된 병사들은 이슬람으로 개종하고 오스만 군대에서 복무해야 했습니다. 발칸을 장악한 오스만은 방향을 돌려 오스트리아를 침공하지만 259년에 걸친 끈질긴 공세에도 불구하고 굴복시키지 못하고 힘을 소진하고 맙니다.

한편, 1789년 프랑스 혁명으로 세르비아에 새로운 기운이 나타납니다. 1804년 첫 봉기가 일어난 이래 러시아와 오스만이 대립하는 구도 속에서 세르비아는 1830년 자치정부를 수립할 수 있었습니다. 그리고 1911년 발칸전쟁으로 완전 독립을 쟁취할 수 있었습니다. 그럼에도 '발칸은 화약고다'라는 말이 실감날 정도로 그 후에도 수차례 전쟁을 겪어야 했고 수도 베오그라드는 수십 번 새로 지어야 했습니다. 그리고 제1차 세계대전의 진원지가 되었습니다.

일어나라, 세르비아여! 일어나라, 여왕이여!
그리고 그대의 아이들에게 그대의 얼굴을 보여라
그들의 가슴과 눈을 그대에게 돌리게 하고,
그대의 달콤한 목소리를 듣게 하라
일어나라, 세르비아여!
그대는 오랫동안 잠들어 있었고,
어둠 속에 누워 있었다
지금 바로 깨어나,
세르비아 사람들을 분발하게 하라

세르비아 근대 문학의 아버지라 불리는 도시테이 오브라도비치가 1804년에 발표한 〈보타니 세르비예〉, 즉 '일어나라 세르비아'의 첫 부분입니다. 이 시는 세르비아의 봉기를 일으킨 조르제 페트로비치와 그 병사들에게 헌정된 것으로서, 그 후 노래로 만들어져 세르비아 국민의 사랑을 받고 있습니다.

얼굴이 검었다고 하여 카라조르제로 불린 조르제 페트로비치는 열일곱 살에 오스만 사람을 살해하고 오스트리아군에 입대하여 오스트리아-오스만 전쟁에 참가합니다. 그리고 1804년 제1차 세르비아 봉기를 지휘하여 수도 베오그라드와 그 주변 지역을 수복합니다. 그러나 오스만은 나폴레옹의 러시아 원정을 틈타 세르비아를 침공하여 베오그라드를 점령합니다. 그러나 세르비아의 봉기는 끝나지 않았습니다. 1815년 밀로슈 오브레노비치에 의하여 제2차 봉기가 일어납니다. 그리고 1830년 러시아-오스만 전쟁의 결과로 자치권을 얻고, 오브레노비치는 대공에 올라 세르비아를 통치합니다. 제1차 봉기로 세르비아의 영웅으로 떠오른 카라조르제는 오스트리아로 피신했다가 돌아왔지만 실권을 장악한 오브레노비치에 의하여 살해됩니다. 그 후 세르비아는 오브레노비치 가문과 카라조르제비치 가문의 70년에 걸친 세력 다툼의 연속이었습니다.

고난의 행군

1914년 6월, 사라예보 사건으로 세르비아는 제1차 세계대전의 첫 희생양이 되었습니다. 오스트리아-헝가리군 지휘부는 2주일 내에 세르비아를 지도에서 지울 수 있다고 큰소리쳤지만 세르비아군의 저항은 격렬했습니다. "우리 부대는 이미 최고 사령부의 명부에서 지워졌으니 목숨이 없는 것과 다름없다. 더 이상 목숨을 걱정하지 않아도 될 것이다." 베오그라드 방어전을 지휘한 드라구틴 가브릴로빅 소령의 말입니다. 그러나 세르비아는 1915년 10월, 독일과 오스트리아 연합군의 공세에 밀려 베오그라드를 내주었습니다.

세르비아는 포기하지 않았습니다. 남은 병력 14만여 명을 이끌고 알바니아를 거쳐 그리스 크르프 섬으로 이동합니다. 그해 겨울, 적들과 전투를 치르면서 눈 덮인 산길을 넘으며 피의 행군을 이어 갔습니다. 그리고 다음 해 연합국의 지원을 받아 국내로 들어와 치열한 전투 끝에 1918년 수도를 탈환할 수 있었습니다. 세르비아는 제1차 세계대전에서 전체 인구의 4분의 1이 넘는 80만 명이 희생되는 참혹한 피해를 입었습니다.

참호 속의 귀여운 소년

세르비아인의 저항의식을 잘 보여 주는 이야기가 있습니다. 여덟 살 소년병 이야기입니다. 일반적으로 소년병은 정규군이나 비정규군의 일부로서 활동하는 18세 미만의 소년 병사를 말합니다. 대개 18세를 전후하여 청년과 소년을 구분한 것은 유럽의 오랜 관행이었던 것 같습니다. 일찍이 로마는 전쟁 중에도 17세 이하 소년은 징집하지 않았습니다.

세르비아의 소년병 몸칠로 가브리치는 제1차 세계대전의 가장 어린 병사로 알려져 있습니다. 그는 고작 여덟 살 소년이었습니다. 그때는 10대 소년 병사들이 적지 않았지만 그처럼 어린 병사는 찾아보기 어렵습니다. 그는 1914년 7월, 세르비아를 침공한 오스트리아·헝가리 군대에 의하여 할머니와 부모 그리고 세 누이와 네 형제가 살해되는 상상하기조차 어려운 비극을 겪었습니다.

그렇지만 가브리치는 굴하지 않고 세르비아 포병부대를 따라서 종군했습니다. 책임감을 말하기조차도 어려운 어린 나이에 그같이 행동했다는 것이 참으로 놀랍습니다. 군복을 입고 경례하는 사진을 보면 마스코트 같이 귀여운 꼬마의 모습입니다. 세르비아 야전군 사령관이 부대를 순시하다가 군복을 입은 채 참호 안에 있는 소년을 발견하고 깜짝 놀랐습니다. 부대에 들어온 사연을 알게 된 사령관은 소년을 진급시키고 그 진급 명령서를 전군에 내려 보내 읽게 했다고 합니다.

세르비아의 수도 베오그라드가 해방된 후 그는 영국으로 보내져 학교를 졸업하고 고향으로 돌아왔지만 정식 입대할 연령이 되자 문제가 일어났습니다. 그의 입대 사실을 인정해 주지 않았던 것입니다. 우리나라에서도 6·25전쟁 때 학도병으로 참전했다가 전쟁이 끝난 후 입대 영장을 받고 다시 군 복무를 했던 경우가 있었습니다. 현역 군인에 대한 기록조차도 부실한 부분이 많았던 때여서 소년병이나 학도병에 관한 기록은 아예 없거나 부정확한 경우가 허다했습니다. 그의 불운은 그게 끝이 아니었습니다. 제2차 세계대전 때는 독일 점령군에 의하여 두 번이나 투옥되는 고초를 겪었습니다. 그래도 그는 여든여섯 살까지 살았고, 죽기 전에 세르비아 정부에 의하여 기념물이 세워지는 등 명예를 되찾았습니다.

총을 든 늙은 국왕

세르비아는 페테르 1세로부터 일개 병사에 이르기까지 모두 똘똘 뭉쳐 있었습니다. 페테르 1세는 제1차 봉기를 주도한 민족 영웅 카라조르제의 손자입니다. 이때 국왕은 일흔 살 노인이었습니다. 게다가 병든 몸이었습니다. 그러나 그는 아들에게 왕실과 정부를 맡기고 전쟁터로 나왔습니다. 그는 병사들 앞에서 자신은 무덤에 들어갈 날만을 기다리고 있으니 자신에 대한 의무는 풀어 주겠다고 말합니다. 병사들에게 돌아가도 좋다고 말했지만 그 누구도 전선을 떠나지 않았습니다. 그리고 자신이 직접 총을 들고 최전선을 지켰습니다.

영웅들이여! 그대들은 이 투쟁에서 초인적인 노력을 다했지만 지쳐 있다. 그대들의 아내와 아이들이 기다리고 있는 집으로 돌아가고 싶을 것이다. 그들은 그대들의 안위를 걱정하며 눈물로 지새우고 있다. 조국은 그대들의 보호를 필요로 하고 있다. 그대들은 마지막 피 한 방울까지라도 조국과 국왕을 보호하기로 맹세한 바 있다. 그러나 나는 그대들과 가족들의 소망을 알고 있다. 그래서 나는 집으로 돌아가기를 원하는 사람에게는 그 맹세를 풀어 주겠다. 하느님이 보호하실 것이다. 집으로 돌아가라. 그대들에게 불이익이 주어지는 일은 없다는 점을 분명히 전한다. 그러나 그대들의 늙은 왕인 나는 아들들과 함께 여기에 남겠다. 죽기 위하여. 왜냐하면 적들은 그대들의 왕과 왕자들의 시체를 넘고서야 세르비아를 차지할 수 있을 것이기 때문이다.

1914년 11월 초, 페테르 1세의 연설입니다. 영국의 헨리 5세가 1415년 아쟁쿠르 전투를 앞두고 병사들에게 했던 연설이 연상됩니다. 그때 헨리 5세는 출정을 앞두고 용기가 없는 자는 돌아가도 좋다고 선언했습니다. 게다가 여비까지 주겠다는 말을 덧붙였습니다. 그러나 돌아가는 병사들은 없었습니다. 페테르 1세의 연설을 들은 세르비아 병사들은 감동의 눈물을 흘리면서 충성을 맹세하였고 국왕과 함께 싸울 수 있어 행복하다고 했습니다. 연설을 끝낸 페테르 1세는 여우 굴에 들어가 총을 잡았습니다. 그는 세르비아의 해방자로서, 세르비아·크로아티아·슬로베니아 왕국의 건국자로서 국민의 큰 사랑을 받았습니다.

그들은 제2차 세계대전 때도 다르지 않았습니다. 독일 편에 서서 안전을 보장받을 수 있었지만 자유를 택함으로써 독일군의 보복 공격을 피할 수 없었습니다. 수도 베오그라드가 점령되었고 국왕이 망명을 떠난 뒤에도 산속으로 들어가 게릴라전을 벌였습니다. 대표적인 세력이 미하일로비치가 이끈 체르니크와 티토가 이끈 파르티잔입니다. 게릴라 부대라고는 하지만 수십만 명에 달하는 대규모 병력이었습니다. 그러나 전쟁이 끝나자 상황은 달라집니다. 폴란드가 겪었던 일이 되풀이되었습니다. 서방에 가까운 미하일로비치가 배제되고 티토가 이끈 공산주의 세력에 의하여 유고슬라비아 사회주의 연방공화국이 수립되었습니다. 그리고 1989년 구소련의 붕괴와 함께 유고슬라비아 사회주의 연방공화국은 각자의 길을 걷게 됩니다.

지금까지 살펴본 바와 같이 폴란드, 핀란드, 세르비아 등 세 나라는 주변 강대국 틈 사이에서 끈질긴 생명력을 보여 주었습니다. 그것은 마치 돌산에 핀 은방울꽃lily of valley이나 참나무oak와 같은 것이었습니다. 그들의 강인한 민족정신은 존경받아 마땅합니다. 그러나 그들이 남긴 교훈도 있습니다. 지도층의 내분이나 내란으로 국력을 결집하기 어려웠다는 점입니다. 주변에 강대국을 둔 나라는 외세로부터 안전을 지키는 어려움과 함께 내부 분열 가능성이 높았습니다. 내부의 세력 다툼에서 외세가 개입하거나 정략적으로 이용되기 쉽기 때문입니다.

명문 대학
텅 빈 교정이 만든 애국의 기풍

호메로스의 《일리아드》에는 이런 얘기가 나옵니다. 아킬레우스가 약속을 지키지 않은 아가멤논에 대한 반발로 전쟁에 나가려 하지 않자 오디세우스가 그의 마음을 돌려보려고 합니다. 그리스 사람들이 트로이 사람들과 싸우고 있을 때 혼자 남아 헛되이 시간을 보내겠냐며 아킬레우스의 자존심을 건드립니다. 그러자 아킬레우스는 전우들과 함께하지 않았다는 불명예를 안고 오래 살아 무엇하겠냐며 전쟁에 참가합니다. 애초에 전쟁에 나갈 생각이 없었던 아킬레우스가 비로소 동료들과 부하들에게 의무감을 갖게 되는 장면입니다.

두려운 힘이여! 사소한 일들에서도
나는 그대를 부릅니다
이 시간부터 그대의 인도에 나 자신을 맡기노니,

오, 나의 연약함이 끝나도록 해주십시오!

낮은 자세로 지혜롭게 임하게 해주시고,

자기희생의 정신,

저의 이성에 자신감을 주시고,

진리의 빛 속에서 그대의 종으로 살게 하소서!

'신의 음성에서 태어난 준엄한 딸이여'로 시작되는 윌리엄 워즈워스의 〈의무의 송시〉 마지막 연입니다. 우리는 의무를 국민으로서 반드시 따라야 할 '최소한의 의무' 혹은 '법적 의무'로 작게 해석하는 경향이 있습니다. 그러나 의무는 그렇게 좁은 개념이 아닙니다. 신의 명령이라고까지는 말하지 않더라도 한 공동체의 성원이라면 마땅히 가져야 할 원초적 책임이 있습니다.

근대사회에서 의무의 신성함을 가장 극적으로 보여준 사건이 1, 2차 세계대전입니다. 전쟁 중에도 국가의 미래를 준비하기 위하여 대학의 불은 꺼지지 않았습니다. 그렇지만 교정은 텅텅 비어 있었습니다. 학생과 교직원이 전쟁터로 나갔기 때문입니다. 그들은 의무의 대열에서 벗어나지 않았습니다. 초급 장교로 참전하여 선두에 서서 싸우다가 희생을 입었고 대다수가 돌아오지 못했습니다. 그리고 교정의 한쪽에서 명예로운 이름으로 남아 후학들에게 자신들의 이야기를 들려주고 있습니다. 오늘날 명문 대학으로 널리 알려진 몇몇 대학교를 찾아가 봅니다.

 자랑하지 않는
사람들

가장 먼저 떠오르는 학교가 런던 외곽의 윈저 성 근처에 위치한 이튼 칼리지입니다. 1440년 헨리 6세가 세운 기숙형 사립학교로 열아홉 명의 수상을 비롯하여 많은 정치가와 학자를 배출한 전통의 명문입니다. 이트니언Etonian(이튼 칼리지 학생)은 1차 세계대전에서 1157명, 2차 세계대전에서 748명 등, 총 1905명이 전사했습니다. 그 같은 희생은 그들 스스로 말하듯이 이튼의 오랜 애국 기풍입니다. 캠퍼스에 들어서면 헨리 6세의 동상이 있고 그 뒤에 보이는 건물의 회랑 벽면에 설치된 '영예의 명판Roll of Honour'에는 2천 명에 달하는 전사자의 이름이 빼곡히 새겨져 있습니다. 워털루의 승리로 나폴레옹 전쟁의 종지부를 찍은 웰링턴 장군은 이튼이 낳은 인물입니다. 그는 전쟁이 끝난 후 이튼을 방문하여 "워털루 전투의 승리가 여기에 있다"라는 말을 남겼습니다.

1096년 영국에서 가장 먼저 창설된 옥스퍼드대학교는 칼리지가 무려 38개나 됩니다. 수상을 스물여섯 명이나 배출한 옥소니언Oxonian(옥스퍼드대학교 학생)은 제1차 세계대전 때 총 1만4792명이 참전하여 2716명, 18퍼센트가 넘는 인원이 전사했습니다. 참전자의 4분의 1이 전사한 칼리지도 있습니다. 참전자 중에는 1901년에서 1903년 사이에 출생한 어린 학생도 1276명이나 있었습니다. 옥스퍼드는 이들 전사자의 희생을 기리고 명예를 선양하기 위하여 본교와 각 칼리지의 채플chapel에 메모리얼을 설치하고 전사한 학생들의 이름을 새겨 기억하고 있습니다.

1208년에 세워진 캠브리지대학교 역시 31개 칼리지로 구성된 연합대학입니다. 졸업생과 교수를 포함하여 노벨상 수상자를 90명이나 배출한 것으로 유명한 학교입니다. 캔터브리지언Cantabrigian(캠브리지대학교 학생)은 제1차 세계대전에 1만3878명이 참전하여 2470명이 전사했습니다. 공교롭게도 옥스퍼드와 거의 같은 비율입니다. 캠브리지 역시 채플마다 메모리얼을 설치하고 전사한 학생들의 이름을 새겨 기억하고 있습니다.

그들이 자신의 일을 끝까지 지켜낸 것과 같이 우리도 나라의 어려움을 극복한 사람들 가운데 자리매김할 것입니다.

캠브리지대학교 다우닝 칼리지에 설치된 메모리얼에서 전사자 명단과 함께 새겨진 헌사의 마지막 부분입니다. 캠브리지대학교 역사에는 이런 말이 나옵니다. '1914년에서 1919년 사이 1만3878명이 참전하여 2470명이 전사함으로써 재정상 중대한 어려움이 초래되었다.' 국가가 필요로 하면 달려 나가는 것은 특별하지 않다고 말하는 것 같습니다. 영국 사람들은 애국심이라는 말 자체를 그리 좋아하지 않습니다. 제국주의 시대의 트라우마 때문일 수도 있지만 애국심보다는 의무나 책임에 강조점을 둔 것으로 보입니다.

흔히 영국과 일본을 비교합니다. 일본 귀족과 제국대학의 전사자

비율은 영국 귀족과 옥스퍼드, 케임브리지에 비하여 현저히 낮습니다. 제2차 세계대전 후 그 사실을 확인한 일본의 역사가들은 처음부터 이길 수 없는 전쟁이었다는 결론에 이르렀다고 합니다. 그러나 용기나 애국심이 부족해서 그랬던 것은 아니었습니다. 실은 징병제도의 차이였습니다. 전쟁 전 일본에는 대학교 45개, 전문대학 178개를 포함하여 총 259개 고등교육기관이 있었습니다. 학생 수는 총인구 대비 0.3퍼센트로 영국의 0.15퍼센트, 프랑스의 0.18퍼센트에 비해 두 배에 가까웠습니다. 고등교육 이상의 학력을 가진 인적 자원이 상대적으로 많았던 것입니다. 징병제도에 있어서도 대학생에게는 입대 연기 사유가 폭넓게 인정되었습니다.

일본은 1943년 9월부터 과학계, 기술계, 의학계 학생을 제외한 여타 학생들의 입대 연기 제도가 폐지되고 동원령이 내려짐으로써 총 13만 명이 참전했습니다. 전쟁 막바지로 가면 징집 연령을 20세에서 19세로 내렸지만 전쟁이 끝날 때까지 18세 이하로 내리지는 않았습니다. 또한 일본은 영국이나 미국과 달리 여성을 전쟁에 내보내지 않는다고 자랑했습니다. '아내와 어머니가 집에 있다고 해서 우리의 임무를 완수할 수 없는 것은 아니다'라며 여성을 보호하는 데 앞장서는 척했습니다.

제국대학을 비롯한 대학생들은 주로 해군에 입대하여 초급 장교로 복무했습니다. 그 가운데 5천여 명이 해군 항공대에 자원하여 683명이 가미가제 공격으로 죽었습니다. 일본은 전시 중에도 이공계 분야를 육성하기 위하여 사실상 입대를 면제해 주었습니다. 그

대신 식민지에서 학생, 노동자, 농민을 동원하여 군대, 군수공장, 광산 등에 투입했습니다. 이에 미루어 일본의 명문 대학생의 전사자 비율이 영국의 그것에 비해 낮았다는 것은 통계적 수치에 기초한 단순 비교에 불과합니다.

바다로 간 프런티어

하버드대학교에는 제1차 세계대전 전사자 추모를 위해 세워진 '메모리얼 처치'라는 교회가 있습니다. 이 대학교 졸업생들에 의하여 1932년 11월 11일, 제1차 세계대전 종전기념일에 헌정된 것입니다. 교회 안 추모 공간에는 프랑스 캉의 최고급 대리석 위에 '희생'이라는 이름이 붙은 조각상이 설치되어 있고, 벽면에는 제1차 세계대전 전사자 413명의 이름이 새겨져 있습니다. 그리고 제2차 세계대전, 한국전쟁 그리고 베트남전쟁에서 전사한 사람들의 이름이 차례로 새겨졌습니다. 거기에는 한국전 전사자 열여덟 명의 이름이 들어 있습니다.

밝은 미래가 손짓했지만 우리와 연합국을 위하여 그들의 삶과 소중한 희망을 기꺼이 내주었습니다. 우리는 그들로부터 더 나은 세상을 만드는데 헌신하기 위하여 평화의 용기를 배울 것입니다.

전사자의 이름이 적힌 벽면 위쪽에 새겨진 추모의 글입니다. 세상의 쓰임을 위하여 자신을 내놓을 줄 아는 사람을 만드는 곳이 대학임을 말하려는 것 같습니다. 하버드대학교에는 '메모리얼홀'이라는 또 하나의 기념관이 있습니다. 고딕 양식의 아름다운 색상을 띠는 이 건물은 남북전쟁 때 연방군에 참전했던 하버드 학생들의 희생을 기리기 위하여 건립된 것입니다. 기념관 입구의 메모리얼 수랑廊에는 흑인 부대를 지휘한 로버트 G. 쇼를 비롯한 전사자의 이름이 새겨진 스물여덟 개의 대리석 현판이 서 있습니다.

예일대학교도 마찬가지입니다. 《세계대전의 예일》이라는 책을 간행하여 재학생의 활약상을 자랑스러운 역사로 보존하고 있습니다. 울시홀에는 '메모리얼 로툰다'라는 추모 공간이 있습니다. 대리석 벽면에 독립전쟁에서 베트남전쟁에 이르는 전사자의 이름이 새겨져 있습니다. 홀 밖에는 제1차 세계대전 전사자 기념비가, 옛 캠퍼스에는 독립군 장교 네이탄 헤일의 동상이 있습니다.

제게는 위대한 기회입니다. 무엇이든 더 배우고 싶습니다. 저는 바로 지금 미국에 대하여 조금 더 가치 있는 존재임을 느낍니다.

제2차 세계대전의 첫 전사자로 기록된 이 학교 출신 해군 소위 에드워드 W. 고셀린이 부모에게 보낸 편지글입니다. 그는 1941년 태평양 함대 아리조나호에서 임무를 수행하다가 일본군의 진주만 기습 때 기뢰 공격을 받고 전사했습니다. 1945년 8월 일본이 항복하자 미 해군은 그의 이름이 명명된 고속 수송선 고셀린함USS Gosselin 을 도쿄 항으로 들여보내 항복을 받아냈습니다.

프린스턴대학교에도 그 같은 메모리얼이 있습니다. 낫소홀 안에 설치된 '메모리얼 아트리움'이라는 추모 공간의 벽면에는 한국전 전사자 29명을 포함하여 이 학교 출신 총 1591명의 전사자 명단이 빼곡히 새겨져 있습니다.

매사추세츠공과대학교도 다르지 않습니다. 중앙 캠퍼스 메모리얼 로비의 대리석 벽면에는 제3대 대통령이었던 토마스 제퍼슨의 건국이념 '자유, 평등, 정의'라는 문구가 새겨져 있습니다. '1941-1945 그들의 생명을 바친 사람들을 기억하기 위하여'라는 제목 밑에 제2차 세계대전 전사자를 비롯하여 제1차 세계대전, 한국전 그리고 베트남전 전사자 이름이 새겨져 있습니다. '메모리얼 로비'는 오랫동안 '로비 10'이라는 이름으로 불리다가 2013년 11월, 현재의 이름으로 다시 명명되었습니다. 하버드, 예일, 프린스턴 등에 비하여 상징성이 부족하다는 문제가 제기되었기 때문입니다.

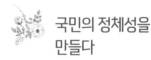

국민의 정체성을 만들다

명문 대학의 전통은 영국이나 미국에만 있지 않습니다. 캐나다의 최고 명문인 토론토대학교에는 '솔저스 타워'라고 하는 고딕 양식의 기념관이 있습니다. 아치 모양으로 된 회랑의 벽면에는 1, 2차 세계대전의 전사자 1181명의 이름을 새겨 넣은 '메모리얼 스크린'과 '회상의 정원'이 설치되어 있습니다. 그리고 기념관 안의 메모리얼 룸 벽면에는 존 맥크레이 중령을 비롯한 이 학교 출신 주요 참전용사들의 초상이 붙어 있습니다. 맥크레이 중령은 의과대학 출신의 의무장교로 남아프리카 전쟁과 제1차 세계대전에 참전했습니다. 그는 〈플랑드르 들판에서〉를 비롯하여 〈정복되지 않는 전사자〉, 〈열망의 전사자〉와 같은 종군시를 남겼습니다.

호주나 뉴질랜드의 대학도 다르지 않습니다. 시드니 근교에 있는 뉴잉턴 칼리지는 제1차 세계대전 메모리얼을 비롯하여 전쟁기념과학관, 갈리폴리 론 파인 메모리얼, 기념도로 등으로 가득합니다. 보어전쟁, 제1차 세계대전, 제2차 세계대전 등 호주가 참전했던 각 전쟁별로 모두 1500여 명의 이름이 담긴 '명예의 명부'를 만들어 전시하고 있습니다. 뉴질랜드 남섬 북동부 연안의 도시 크라이스트처치에 위치한 캔터베리대학교에는 고딕 양식으로 만들어진 그레이트홀Great Hall이 있습니다. 홀 안에는 제1차 세계대전에서 희생된 학생들을 추모하는 대형 스테인드글라스 창문이 설치되어 있습니다. 창문 아래에는 전사자 235명의 이름을 새긴 명판이 부착되어 있습니다. 캔터브리언Cantabrian이라 불리는 대학생들은 도시를 돌아 흐르는 에이번 강의 다리를 건너 출정했습니다. 원래 이 다리는 1867년 12월, 크라이스트처치 자원병들이 처음으로 행진했던 곳이었습니다. 1차 세계대전이 끝난 후 그들이 지났던 다리에는 아치 모양의 아름다운 조형물이 세워지고 그 윗부분에는 큰 글씨로 '회상의 다리Bridge of Remembrance'라는 이름이 새겨졌습니다.

여기서는 몇몇 대학교만을 살펴보았지만 정치인, 학자와 같은 유명한 인물을 배출한 것만으로 세계적 명문 대학의 명성을 얻은 것이 아님을 알 수 있습니다. 그들은 나라가 필요로 할 때 피하지 않고 책임을 다하는 전통을 만들었습니다. 그리고 그것을 지켜나가고 있습니다. 우리나라 역시 6·25전쟁 때 많은 학도병들이 자유를 수호하는 데 앞장섰던 자랑스러운 전통이 있습니다. 서울대학교 문화관 로비 벽면에는 스물아홉 명의 전사자 이름이 새겨진 조그마한 석판이 있습니다. 지금까지 마흔여섯 명의 전사자를 확인했을 뿐입니다. 전쟁에 참가한 학생의 숫자에서도 그렇고, 그들을 기억하는 데 있어서도 선진국의 대학과 차이가 많습니다.

20 | 전장 속의 시인들
열정이 있었기에 고뇌도 있었다

'트로이와 갈리폴리'로 시작된 이 이야기는 '전장 속의 시인들'로 끝을 맺습니다. 수많은 전쟁 이야기를 간직하고 있는 지역적 특수성 때문일까, 유럽의 옛사람들은 수많은 시문을 남겼습니다. 고대 그리스와 로마에는 호메로스를 비롯하여 아르킬로코스, 티르타이오스, 알카이오스, 시모니데스, 베르길리우스, 호라티우스와 같은 시인들이 있었습니다. 그 가운데 아르킬로코스나 호라티우스는 종군 시인이었습니다.

중세에는 《롤랑의 노래》와 같은 무훈시가 있었고 근대에는 낭만주의에 심취했던 청년들이 많은 전쟁시war poem를 남겼습니다. 그들은 대개 명문 대학 출신의 지성들이었습니다. 그들은 시로써 조국애를 표현하거나 평화를 염원하였으며 전쟁에 대한 혐오를 나타내기

도 했습니다. 낭만과 호기심 혹은 의무감을 가지고 전장으로 향했던
열정의 시인들을 따라가 봅니다.

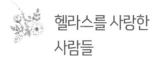 헬라스를 사랑한
사람들

　유럽 사람들의 정신적 고향 그리스는 기원전 5세기 페르시아의
침공을 격퇴한 후 폴리스 사이의 패권 경쟁을 벌이다가 기원전 1세
기 로마의 속주로 전락하였고, 15세기 중반부터 400년간 오스만 제
국의 지배를 받았습니다. 그러다가 18세기에 들어가면 반오스만 무
장단체 클리프테스가 출몰하는 가운데 1770년 대규모 봉기가 일어
납니다. 이어 프랑스 혁명에 고무된 민족 지도자들은 필리키 에테리
아를 조직하여 1821년 3월 독립전쟁의 기치를 올리고 펠로폰네소스
반도를 장악했습니다. 당황한 오스만 제국은 이집트를 끌어들여 아
테네를 비롯한 요충지를 회복합니다. 그러나 반오스만에서도 가만
있지 않았습니다. 영국, 러시아, 프랑스 등 삼국은 무력 개입에 나
서 오스만·이집트 연합함대를 격파합니다. 이로써 오스만 제국의
지배는 종식되었고, 1832년 런던의정서를 통하여 그리스의 독립이
국제적으로 승인되었습니다.

안녕, 안녕! 내 조국의 해안이

푸른 바다 위로 사라진다

밤바람은 한숨을 쉬고, 커다란 파도는 포효하고,

사나운 바다 갈매기는 비명을 지른다

바다 위로 지는 저 태양,

우리는 그의 비행을 따라간다

잠시 동안 태양과 그대에게,

내 조국에게 작별을 고한다 – 안녕

조지 고든 바이런의 〈차일드 헤럴드의 영국 작별〉이라는 시의 첫 부분입니다. 자신이 동경했던 낯선 세계로 떠나는 설렘이 느껴집니다. 바이런은 영국의 귀족으로 캠브리지대학교 재학 중 문명을 알렸습니다. 그리고 1812년 그리스를 비롯한 남부 유럽을 순례하면서 쓴 시집 《차일드 헤럴드의 순례》를 발표하여 일약 유명 시인의 반열에 올랐습니다.

정열이란 생각도 하기 전에 행동부터 하는 것이라는 말이 있지만 바이런이야말로 그 같은 성정의 소유자였습니다. 그는 고대 도시 트로이의 옛터를 돌아본 후 1.2킬로미터를 헤엄쳐 다르다넬스 해협을 건넜습니다. 레안드로스가 애인 헤로를 만나기 위하여 헤엄쳐 건넜다는 그리스 신화 속의 이야기를 따라 해보았던 것입니다. 해협을 건넌 후 그는 이렇게 노래합니다. "그는 사랑을 위해 헤엄쳤으나 나는 영광을 위해 헤엄쳤다."

바이런은 1818년부터 대작 《돈 주앙》을 연작으로 발표하면서 낭만파 시인의 대가로 자리매김했습니다. 태어날 때부터 다리를 절었지만 천재이자 미남으로 사교계의 총아였습니다. 생활은 무절제해졌고 그 역시 점차 지쳐 갔습니다. 그가 얼마나 자신의 명예 회복을 열망하였는지는 다음의 시에서 잘 나타나 있습니다.

남자에게 조국을 위하여 싸울 자유가 없을 때,
그가 이웃 나라의 자유를 위하여 싸우게 하라
그리스와 로마의 영광을 생각하고,
머리가 터지도록 분투하게 하라
인류에게 선을 행하는 것은 기사의 본분이니,
언제나 고상하게 보상을 받을 것이다
어디서든 자유를 위하여 싸울 수 있을 때,
사살되거나 처형되지 않는다면, 기사의 작위를 얻을 것이다

1816년 이탈리아로 온 바이런은 자유분방한 생활을 하다가 카르보나리에 입당하지만 그들의 봉기는 실패로 돌아갑니다. 이탈리아 제노바에서 생활하던 바이런은 그리스 독립운동 대표들의 요청을 받고 1823년 그리스로 향합니다. 영국은 '런던그리스위원회'를 조직하여 그리스 독립전쟁을 지원하고 있었습니다. 바이런의 함선, 볼리바르는 그해 12월 말, 그리스 코린토스 만 입구의 요충지 미솔롱기에 상륙합니다. 그러나 바이런은 공격을 앞두고 대기하던 중 열병

에 걸려 1824년 4월, 서른일곱의 나이에 병사합니다.

칼, 깃발, 그리고 싸움터,

영광과 그리스를, 내 주위에서 발견하라!

자기의 방패 위에 실려 오는 스파르타인보다

더 자유로운 자는 없다고 했다

깨어나라!(그리스는 아니다. ─ 이미 깨어 있으니!)

깨어나라, 나의 정신이여! 그대 생명의 피가

누구의 원천으로부터 온 것인지 생각해 보라,

그런 다음에 심장을 찌르라!

서른여섯 살, 죽기 두 달 전에 쓴 마지막 시의 일부입니다. 정신적 방황 속에서 고뇌하던 바이런이 자신을 다독이며 그리스로부터 구원받고자 했음을 알 수 있습니다. 명예를 되찾기 위해 그리스로 간 그는 방패 위에 실려 오지는 못했지만 그의 용기만큼은 큰 존경을 받았습니다. 바이런의 주검은 그리스 국민의 깊은 애도를 받으며 조국으로 돌아왔지만 도덕적 문제 때문에 웨스트민스터 사원의 안치가 거부되었습니다. 그러나 바이런의 심장은 그리스 국민의 간절한 요청에 의하여 그가 죽은 미솔롱기에 남겨졌습니다.

바이런이 미솔롱기로 오기 전에 함께 시를 쓰면서 어울린 친구들이 있었습니다. 여러 사람이 있었지만 그중에서도 퍼시 셸리와 에드워드 트레로니와는 특별한 인연이 있었습니다. 그러나 셸리는 1822년 보트를 몰던 중 폭풍을 만나 전복되는 사고로 익사했습니다. 그가 죽기 한 해 전에 발표한 시집 《헬라스》의 한 부분입니다.

세계의 위대한 시대는 새로 시작되니
황금의 연대는 다시 돌아오리라
지구는 뱀처럼 다시 새로워지고
헬라스의 겨울 풀은 말라 오래되었네

뱀이 허물을 벗는 것처럼, 풀이 마르고 다시 새싹이 움트는 것처럼 그리스는 멀지 않아 독립할 것이라는 희망을 노래하고 있습니다. 모험심이 많았던 트레로니는 10대 초반에 해군에 자원하여 복무하다가 장교가 되는 것을 포기하고 열아홉 살에 제대했습니다. 그 후 이탈리아에서 바이런을 만나 친구가 되었고 그를 따라 그리스 독립전쟁에 참가했습니다. 트레로니는 셸리와 바이런의 장례를 끝낸 후 독립전쟁을 지휘하던 오디세아스 안드루토스 휘하에 들어가 반군으로 활동했습니다.

오보에보다 달콤하게, 심벌즈보다 유쾌하게 노래하는
숲 속의 아름다운 새가 있다면 너는 나에게 미소 짓겠지?
무엇을 원하는가? 꽃, 아름다운 과일 혹은 어여쁜 새인가?
─친구, 파란 눈동자의 소년, 그리스 아이는 말하네,

나는 화약과 총알을 원한다고

바이런이 그리스 독립전쟁에 참전했다는 소식은 당시 유럽의 지성계에 큰 반향을 불러일으켰습니다. 빅토르 위고의 시 〈어린아이〉의 마지막 연입니다. 미소를 지으며 쾌활하게 노래를 불러야 할 소년이 총을 원한다는 역설적인 시상을 통하여 자유의 절실함을 일깨우고 있습니다.

일어서라, 오 그리스여, 일어서라!
그대의 분투 헛되지 않았고, 올림포스, 핀두스,
그리고 테르모필레의 바위들을 헛되이 진동시키지 않았다
그들의 산봉우리 오랜 그림자 밑에서
그 옛날의 자유는 태어났다
아테네의 신성한 대리석 건축에서도,
테세우스와 페리클레스의 묘지에서도,
영웅들과 신들의 땅이여,
티르타이오스, 바이런, 리가스의 불같은 노래를 부르며
노예의 사슬을 끊어 버렸다

바이런의 참전에 충격을 받은 것은 러시아의 푸시킨도 마찬가지였습니다. 푸시킨의 〈일어서라, 그리스여, 일어서라!〉입니다. 시에 등장하는 올림포스, 핀두스, 테르모필레는 클리프테스가 독립투쟁을 전개했던 산악지대였습니다. 푸시킨은 1821년 테르모필레 근처 알라마나에서 오스만 군대와 싸우다가 잡혀 순교한 디아코스의 이야기를 접하고 시를 써서 그리스의 독립을 고무했던 것입니다. 그는 필리키 에테리아에 가입하여 그리스의 독립을 후원하기도 했습니다.

푸시킨의 시에는 바이런 외에도 두 명의 시인이 더 등장합니다. 티르타이오스는 '300의 신화 그들에게는 성벽이 필요 없었다' 편에서 소개되었던 스파르타의 서정 시인이었고, 리가스 페레오스는 18세기 말에 활동했던 그리스의 민족주의 혁명가였습니다. 그는 그리스의 독립운동의 선구자로, 그리스 근대 계몽기 애국 영웅으로 존경받는 인물입니다. 그리스 지폐 200드라크마의 인물이었고 유로화 그리스 동전 10센트 속 인물이기도 합니다. 그는 시와 문학을 통하여 독립정신을 고취했고, 터키어에 의하여 오염된 그리스어를 되살렸다는 평가를 받고 있습니다.

그는 스무 살에 오스만 제국의 통치에 저항하여 클리프테스로 활약했습니다. 프랑스에 혁명이 일어났다는 소식을 접하고 그리스와 발칸의 해방에 대한 희망을 갖게 되었습니다. 그것은 프랑스 혁명이 가져다준 하나의 복음이었습니다. 그는 프랑스의 '라 마르세예즈'를 그리스 버전으로 바꾸어 그리스의 독립을 고무했습니다. 바이런이 그것을 '그리스의 아이들이여 일어나라!'라는 영어 버전으로 바꾸어 발표함으로서 더욱 유명한 노래가 되었습니다.

스파르타여, 스파르타여, 왜 잠 속에서

무기력하게 거짓말을 하는가?

깨어나라 그리고 참가하라

아테네와 함께! 옛 동맹과 함께!

레오니다스는 부르고 있다

옛 노래의 주인공,

패망으로부터 나라를 구했던 사람,

끔찍한! 강력한!

대담한 반전을 만들어 냈던 사람

옛날 테르모필레에서,

페르시아와 싸움으로써

조국의 자유를 지키기 위하여;

300명 전사와 함께

그 전투에서, 그는 오래 서 있었다,

그리고 성난 사자와 같이,

피의 바다에서 숨졌다

'그리스의 아이들이여 일어나라!'의 후반부입니다. 그 옛날 스파르타의 전사처럼 다시 일어나 독립을 쟁취하라는 내용의 노래입니다. 그리스 독립에는 영국을 비롯하여 러시아, 프랑스, 미국 등지의 정치적, 물질적 지원이 있었습니다. 그리스 상인의 재정적 도움도 컸습니다. 비록 오스만 제국의 지배하에 있었지만 상업과 무역으로 재력을 모은 사람들이 적지 않았습니다.

리가스 페레오스의 역할은 여기서 끝나지 않았습니다. 신성로마 제국의 수도인 오스트리아 빈에서 그리스어 신문을 발행하고 프랑스 혁명의 원리를 담은 선전용 소책자를 만들어 발칸 반도 전체의 독립을 촉구했습니다. 나폴레옹의 지원을 얻기 위하여 노력하기도 했습니다. 그러나 그는 이탈리아 육군 장군을 만나려고 베네치아로 가던 중 오스트리아 당국에 체포되었습니다. 오스만 당국에 인계되어 다섯 명의 협력자와 함께 교살되어 도나우 강에 던져졌습니다. "나는 튼실한 씨앗을 보았다. 내 조국이 영광스러운 열매를 거두는 시간이 오고 있다"는 그의 마지막 말처럼 그가 뿌린 씨앗으로 그리스는 독립의 결실을 거둘 수 있었습니다.

젊은이들이여! 우리는 얼마나 오랫동안 산속을 헤매며 살아야 하는가,
능선과 언덕의 외로운 사자처럼,
동굴 속에서 살며, 나뭇가지를 바라보면서?
혹독한 노예 생활 때문에 우리는 얼마나 오랫동안 세계로부터 떨어져 지내야 하는가,
형제들, 부모들, 친구들, 아이들, 모든 친척들 그리고 우리의 조국을 버려야 하는가?
한 시간의 자유가 노예와 감옥 속의 사십년보다 가치가 있다

리가스 페레오스의 '애국 찬송가'의 한 부분입니다. 그는 조국의

앞날이 보이지 않던 시기에 시와 노래를 통하여 그리스 국민이 분발할 것을 촉구했습니다. 그는 비록 혁명의 노래로 인해 목숨을 잃었지만 그리스 독립의 한 줄기 빛이 되었습니다.

지성들, 세계대전에 뛰어들다

제1차 세계대전 때 영국에는 바이런을 잇는 시인들이 나타납니다. 루퍼트 브룩, 패트릭 쇼-스튜어트, 윌프리드 오언Wilfred Owen과 같은 사람들입니다. 앞서 '트로이와 갈리폴리 가장 먼저 뛰어든 자' 편에서 보았던 대로 패트릭 쇼-스튜어트는 이튼 칼리지와 옥스퍼드대학교를 졸업한 엘리트로서 은행 간부로 있다가 해군에 입대하여 갈리폴리 상륙전에 참가했습니다. 루퍼트 브룩은 고향의 럭비학교와 캠브리지대학교 킹스 칼리지를 졸업하고 1911년 첫 시집을 발표한 이래 유럽과 하와이, 타히티 등지를 여행하면서 소네트를 발표했습니다. 해군 장관 윈스턴 처칠의 주목을 받은 그는 해군 장교로 자원입대하여 지중해 원정군에 참가했습니다. 촉망받는 젊은 시인이 전장에 뛰어들었다는 것은 군의 사기 진작과 애국심 고취에 도움이 되었을 것입니다. 당시 지중해에서는 독일 동맹군에 가담한 오스만 제국을 제압하기 위하여 연합국의 상륙작전이 계획되고 있었습니다. 브룩은 1915년 4월, 스물여덟의 나이에 그리스 렘노스 섬에서 모기에 물려 패혈증으로 사망했습니다.

　그의 삶은 바이런과 비슷한 데가 많습니다. 미남에다가 여성 편력, 그리고 그리스에서 병사한 것이 그렇습니다. 그의 주검은 스키로스 섬 올리브 숲 속에 매장되었습니다. 바이런의 장례가 그의 친구 에드워드 트레로니에 의하여 치러진 것처럼 브룩의 장례는 친구 패트릭 쇼-스튜어트에 의하여 치러졌습니다. 그러나 패트릭 쇼-스튜어트 역시 1917년 12월, 서부전선에서 전사했습니다.

　벌거벗은 대지는 봄과 함께 따뜻해진다,

　그리고 푸른 잔디와 움트는 나무들과 함께

　태양의 뽐내는 눈길을 받으며,

　사랑스러운 미풍에 나부낀다

　삶은 아름다운 색깔과 따뜻함과 빛,

　이것들을 위하여 영원히 노력하는 것

　그는 싸우지 않아도 될 죽은 자

　그리고 죽은 자는 늘어난다

　줄리앙 그렌펠의 〈전투 속으로〉의 첫 연입니다. 그렌펠은 이튼과 옥스퍼드대학교를 졸업하고 1910년 육군에 입대한 후 제1차 세계대전에 참전하여 부대를 지휘하다가 1915년 북프랑스에서 부상을 입고 전사했습니다. 앞서 '발런티어' 편의 폴로 형제들 이야기에서 잠깐 나왔던 사람입니다. 그는 자원 참전했던 다른 시인들과 달리 직업군인이었습니다. 생전에 쓴 편지에서 전장에 있는 것이 편하고 행복하다고 할 정도로, 그는 군인으로서 기상이 충만했습니다. 그의 동생 제럴드 윌리엄 그렌펠 역시 같은 해 전사했습니다.

그 어떤 붉은 입술도

죽은 영국 병사들이 입맞춘 돌만큼은 붉지 못하리라

연인끼리 주고받는 정겨운 사랑도

그들의 순결한 사랑에는 부끄러워지리라

오, 사랑이여, 나 대신 감겨진 그들의 눈을 바라보면

그대의 눈은 매력을 잃을 것이다!

월프레드 오언의 유고시 〈더 큰 사랑〉의 첫 연입니다. 오언은 제1차 세계대전 중 서부전선의 참호전과 독가스전의 공포를 사실적으로 표현한 많은 시를 남겼습니다. 오언은 유복하게 태어났지만 어릴 때 가세가 기울어 고학으로 런던대학교를 졸업하고 프랑스 보르도의 언어학교에서 교사로 있었습니다. 제1차 세계대전이 발발하자 1915년 10월, 영국군에 입대하여 소위로 입관한 후 맨체스터 연대에 배속되었습니다. 프랑스 서부전선에 투입된 그는 참호 속 진창에서 집중 포격에 시달리면서 셸 쇼크shell shock를 경험하기도 했습니다. 그의 유고시는 그때의 참혹한 경험에서 나온 것입니다. 1918년 10월, 그는 자신의 부대를 지휘하여 세운 전공으로 십자훈장을 받았지만 곧 전사합니다. 종전을 불과 7일 앞둔 때였습니다.

오언이 배속되었던 연대에는 그의 멘토이자 동료 시인인 시그프리드 서순Siegfried Sassoon과 데이비드 존스가 있었습니다. 서부전선에서 부상을 입고 십자훈장을 받은 서순은 인간성이 매몰된 참호전을 경험하면서 전쟁을 혐오하고 폭력성을 고발하는 시를 쓰게 됩니다. 서부전선에서 전사한 시인 에드워드 토마스도 다르지 않았습니다. 프랑스 전선에 투입되어 참혹한 참호전을 겪었던 시인들의 시적 경향이 대개 그랬습니다. 애국의 열정에서 또는 의무감에서 참전했지만 인간성이 말살된 참상의 현장을 경험하고 염전 또는 반전 사상을 갖게 된 것입니다.

너는 우리의 눈에서 무엇을 보는가?
여전히 온 하늘을 뒤덮은
날카로운 쇳소리와 불꽃에서
떨리게 하고 – 놀라게 하는 것은 무엇인가?
사람의 혈관에 붙어 자란 양귀비꽃들은
떨어지고, 계속해서 떨어진다
그러나 내 귓가에 꼽힌 것은 안전하구나 –
먼지를 덮어쓴 바로 그 작은 흰 꽃

무너진 참호는 이름 없는 병사의 무덤으로, 또 쥐들의 세상으로 변했습니다. 살아남은 사람들은 '셀 쇼크'라 불리는 포탄에 의한 전쟁신경증을 겪기도 했습니다. 제1차 세계대전에 자원입대했다가

1918년 4월, 서부전선에서 전사한 영국 시인 아이작 로젠버그의 〈참호 속의 여명〉 마지막 부분입니다. 쏟아지는 포화 속에서 스러져 가는 병사의 모습을 떨어지는 양귀비꽃에 비유하고 있습니다.

그들은 열정이 있었기에 고뇌도 깊었습니다. 더구나 제1차 세계대전에 참전했던 젊은 학생들은 지성인으로서 선량의식 같은 것이 있었을 것입니다. 의무를 다하지 않고는 사회적 책임을 다할 수 없을 뿐만 아니라 그의 명예도 지켜지기 어렵다는 것을 알고 있었습니다. 런던의 웨스트민스터 사원은 제1차 세계대전 시인 코너를 만들어 브룩, 오언, 서순, 존스, 그렌펠, 비니언을 포함한 열여섯 개의 석판을 세워 그들의 명예를 기리고 있습니다.

길게 뻗은 외로운 바위 언덕,

음울하게 가라앉은 해변,

그 바다 옆에는 파괴된 요새가 있다

짓밟히고 묻혀 버린 주검들,

썩은 냄새 풍기는 허름한 부두,

끊임없이 휘몰아치는 바람길이 있다

침묵에 싸인 헐벗은 계곡,

작은 개울 옆에는

누군가의 피 묻은 돌들이 있다

뼈를 묻은 기다란 흙더미,

갚지 못한 빚,

남쪽에는 조용하게 흐느끼는 소리가 있다

호주군에는 레온 맥스웰 겔러트, 할리 매튜스, 존 오도널과 같은
참전 시인들이 있었습니다. 위의 시는 '호주의 루퍼트 브룩'이라 불
리는 겔러트의 〈앤잭 만〉입니다. 갈리폴리 전투의 참혹한 모습을
생생하게 묘사하고 있습니다. 그는 교사로 있던 중 자원입대하여
갈리폴리 전투에서 부상을 입었습니다. 〈앤잭 만〉은 그가 1917년에
발표한 전쟁시집《전장의 노래》가운데 한 수입니다.

아, 오늘 이 휴일에 맞추어,

우리의 죽은 병사들을 추모하며,

오십년 동안 회색으로 변한 이끼 낀 돌들을

그날… 뉴잉글랜드의 향기로운 메이플라워로 덮는다

마을마다 그들의 무덤에는 화환이 놓이고,

먼 바다 밖 여기서 죽은, 누군지도 알 수 없는

용감한 소수에게 경건한 공물이 바쳐지리라

그들은 조국의 위대함을 보호하기 위해 죽은 사람들이다

'미국의 루퍼트 브룩'으로 불리는 알란 시거의 시 〈프랑스에서 죽
은 미국의 자원병을 기억하는 송시〉의 첫 부분입니다. 1916년 5월
30일 메모리얼 데이, 파리의 '라파예트 · 조지 워싱턴 동상' 앞에서
낭송하기 위해 쓴 시였습니다. 자신들의 참전이 라파예트에 대한 보

답으로 여겼던 것일까. 그러나 전선의 사정으로 시거는 그 자리에 참석하지 못했고, 기회는 다시 오지 않았습니다. 그는 두 달 후 전사했습니다.

위로 더 위로, 정신을 잃을 만큼, 불타는 창공으로 솟구쳐
바람이 몰아치는 그 높은 곳으로 우아하게 올라갔다
종달새도, 독수리조차도 날지 않는 그곳으로 ─
그리고 숨을 죽이고 두근거리는 마음으로
감히 다가갈 수 없는 신성한 우주로 나아가,
나의 손을 내밀어, 하나님의 얼굴을 만져 보았다

거대한 전쟁의 참화를 겪으면서 시인의 낭만과 열정도 식어 버린 것일까. 제2차 세계대전의 참전 시인은 손가락에 꼽을 만큼 적습니다. 제2차 세계대전에서 캐나다 공군 조종사로 참전하였다가 전사한 존 길레스피 메이지 주니어의 〈고공비행〉의 끝부분입니다. 메이지 주니어는 루퍼트 브룩의 모교인 영국의 럭비학교를 다녔습니다. 그는 럭비학교 출신의 제1차 세계대전 전사자들에 큰 감명을 받았습니다. 재학 중에 시로 학교에서 상을 받았는데, 스키로스 섬에서 있었던 브룩의 장례식에 관한 시였다고 합니다. 1939년 제2차 세계대전이 발발하자 그는 캐나다 공군에 입대하여 활약하다가 1941년 열아홉의 나이에 전사했습니다. 미국 사람인 그가 캐나다 공군에 입대한 이유는 그 당시 미국이 아직 전쟁에 참가하지 않았기 때

문입니다. 그는 예일대학교로부터 스칼라십Scholarship을 받았지만 학교를 향하는 대신에 자원입대를 선택했습니다. 당시 많은 전투기 조종사가 그랬듯이 그 역시 하늘을 나는 꿈과 호기심으로 가득 찬 젊은이였습니다.

> 우리는 이렇게 늙어 버렸지만 그들은 늙지 않을 것입니다
> 나이가 지치게 하지도, 세월이 비난하지도 않을 것입니다
> 해가 넘어가고 또 아침이 올 때마다
> 우리는 그들을 기억할 것입니다
> 그들은 웃음 짓는 동료들과 다시는 어울리지 못합니다
> 그들은 집 안의 낯익은 식탁에 더 이상 앉지 못합니다
> 그들은 하루의 일터에서 우리와 함께하지 못합니다
> 그들은 영국의 거품을 넘어 잠을 잡니다

영국의 로렌스 비니언Robert Laurence Binyon이 1914년에 발표한 〈전사자를 위하여〉의 일부입니다. '우리는 이렇게 늙어 버렸지만 그들은 늙지 않을 것입니다'로 시작되는 첫 연은 회상의 송시Ode of Remembrance라 하여 영연방의 국가적 추모 행사에서 빠짐없이 낭송되고 있습니다. 백발의 참전용사들이 모여 송시를 함께 읽을 때에는 분위기가 숙연해집니다. '영국의 거품을 넘어 잠을 잡니다'라는 마지막 부분처럼 수많은 젊은이가 자신이 태어난 땅으로 돌아오지 못했습니다. 근대 초 전장으로 향했던 시인들은 낭만과 호기심으로 가득한

젊은 지성들이었습니다. 양심의 소리를 거부하지 않았고 의무를 신의 명령으로 받아들이기도 했고 위험을 피하지도 않았습니다. 그들은 의무의 절대성과 신성함을 믿었던 첫 세대였습니다.

공인의 길

이 책은 노블레스 오블리주의 역사와 현재적 의미를 조명하고 고대 그리스와 로마로부터 근대의 유럽에 이르기까지 시대의 흐름을 따라 나타난 대표적인 사례를 모은 것입니다. 아무리 훌륭한 사람이라 할지라도 그의 일생을 통하여 흠이 없을 수 없습니다. 모든 영웅적 스토리가 그렇듯이 사실과 차이가 있거나 여전히 논쟁거리로 남아 있는 경우도 많습니다. 이 책에 등장하는 인물이나 사건 가운데는 사실 여부에 관한 의문이 있거나 평가가 다른 경우도 없지 않습니다. 그러나 주된 관심사는 어디까지나 한 개인이나 집단이 공동체의 명운이 걸린 결정적인 순간에 어떠한 선택을 하였고, 또 어떻게 행동했는가에 있었다는 것을 말씀드립니다.

1부는 주로 지도층의 품격 있는 행동에 초점을 맞춘 것입니다. 여기에 등장한 인물들은 뛰어난 용기와 자존감 그리고 도덕성을 보여준 사람들입니다. 그들은 또한 고뇌와 갈등 그리고 성파석 이해가 엇갈리고 또 자신과 가족들이 위태로운 상황에서도 원칙과 신념을 지키고자 했던 사람들입니다.

그들은 사심 없이 봉사하고 미련 없이 떠나는 공인의 품격을 보여 주었습니다. 공직을 명예나 이익이 아니라 국가와 사회를 위한 소임을 수행하는 봉사의 자리로 여겼기 때문입니다. 그렇기 때문에 공을 이루고도 이름을 드러내지 않았고 실패의 책임을 피하지도 않았습니다. 공인의 책임은 개인적인 신념이 아니라, 선택과 행위로부터 초래된 결과에 있다는 것을 잘 알고 있었기 때문입니다. 그들은 또한 자신에게 안전한 것, 이로운 것, 익숙한 것과 결별하는 진정한 용기를 보여 주었습니다. 자신의 지지자와 맞서는 싸움도 서슴지 않았습니다. 그러나 외롭지 않았습니다. 청렴과 절제 그리고 관용과 배려가 깃든 개결한 품성의 소유자였기 때문입니다.

2부는 근대를 전후하여 발생한 대규모 전쟁에 나타난 청년 학생을 비롯한 시민들의 헌신과 의무감을 주제로 했습니다. 오늘날 유럽 사회에 뿌리내린 시민정신citizenship은 공인을 비롯한 지도층의 노블레스 오블리주가 시민사회로 확대된 것이라 할 수 있을 것입니다. 그러나 그 구체적인 양상에는 차이가 있습니다. 사례들을 종합해 보면 자원의 전통이 강한 유형, 의무성이 강한 유형 그리고 자원과 의무가 혼합된 유형으로 구분할 수 있습니다. 자원의 전통이 강한 나라일수록 국민의 자긍심과 명예심이 높다는 것을 알 수 있습니다. 영국이나 미국과 같은 나라들이 그런 경우에 속합니다. 대규모 병력을 동원하는 전쟁이 자주 있었거나 정치적 변혁이 많았고 강력한 중앙집권 또는 전체주의를 경험한 나라는 그렇지 못합니다. 프랑스나 독일과 같은 나라들에서 이런 모습을 엿볼 수 있습니다. 이민족의 침탈과 압제를 자주 경험한 나라에서는 농민을 비롯한 저변층의 역할이 컸습니다. 따라서 민족정신 또는 저항의식이 강하게 작용했다고 할 수 있습니다. 어떤 의미에서는 자원과 의무가 결합된 유형이라고 여겨집니다. 러시아나 폴란드, 핀란드, 세르비아의 사례를 통하여 확인할 수 있습니다. 우리나라 역시 그 같은 유형에 가깝지 않을까 합니다.

앞선 사회일수록 시민의 '애국심'보다는 '책임'이 강조됩니다. 애국심은 결과까지 담보하지 않지만 책임은 결과 그 자체입니다. 애국심은 다양하게 해석될 수 있는 여지가 많지만 책임은 그렇지 않습니다. 그 무엇보다 중요한 것은 공인의 책임입니다. 지도적 위치에 있는 사람들이 취한 태도와 행동이 국가의 흥망에 결정적 요소였다는 것은 이 책에 등장하는 여러 사례들이 증명합니다.

국가와 사회를 이끄는 지위에 있는 사람일수록 위험에 앞장서고 더 무거운 책임을 부담해야 합니다. 왜냐하면 그는 공동체로부터 더 많은 이익을 향유하는 사람이기 때문입니다.

공인의 품격은 어디에서 나오는가? 자신의 명예나 이익이 아니라 대중의 삶을 위하여 사심 없이 봉사하고 그 결과에 대해서는 책임을 지는 엄정함에서 나옵니다. '대인춘풍 지기추상待人春風 持己秋霜'이라는 옛말과도 다르지 않습니다. 공인의 자세가 그러하다면 시민은 그의 의무를 소홀히 하지 않을 것입니다. 그런 의미에서 보면 '공인의 품격'과 '시민의 의무'는 협동의 원리이며 사회를 앞으로 나아가게 하는 힘이라 할 수 있을 것입니다.

'벼가 익으면 고개를 숙인다'는 널리 알려진 속담이 있습니다. 사람도 마찬가지입니다. 속이 꽉 찬 사람은 스스로 자신을 낮추기 마련입니다. 상대방을 배려하고 관대하게 행동합니다. 한 국가도 마찬가지입니다. 성숙한 시민문화가 뿌리내린 사회는 애국심을 말할 필요도 없습니다. 목소리를 높이지도 않습니다. 묵묵히 제 역할과 책임을 다할 뿐입니다. 그리고 자신이 이웃에 어떻게 비치는지를 보면서 그에 맞추어 행동합니다. 선진 사회와 후진 사회의 차이는 경제적 수준만이 아닙니다. 노블레스 오블리주가 뿌리내리지 않고 선진국이 된 나라는 찾아보기 어렵습니다. 미래의 세계에서도 다르지 않을 것입니다.

간간히 언급하기는 했지만 우리에게도 의병, 독립군, 학도병의 빛나는 전통이 있습니다. 서양의 자원병이나 민병대와 다르지 않습니다. 진주성, 행주산성, 칠백의총, 만인의총과 같이 세계사에서 찾아보기 힘든 고귀한 희생의 역사도 있습니다. 이웃과 나라를 위하여 아낌없이 재산을 내놓은 사람들도 있었습니다. 그럼에도 불구하고 노블레스 오블리주의 전통을 만들지 못했다는 뼈아픈 지적이 있습니다.

이제 우리 사회도 병역의무의 수행에서부터 법질서의 준수 그리고 기부와 자원봉사 등 많은 부분에서 나아지고 있습니다. '병역 명문가', '아너 소사이어티'에 이름을 올리는 사람도 부쩍 늘어나고 있습니다. 전 재산을 사회에 내놓은 사람도 있습니다. 거기에는 못 미치더라도 스스로 절제하며 따뜻한 마음으로 이웃을 도우며 살아가는 사람들도 있습니다.

그러나 선진국의 수준과는 상당한 거리가 있으며, 여전히 공인의식이 문제가 되고 있습니다. 사회에서 지도적 위치에 있거나 상대적으로 더 많은 것을 누리고 있는 계층이 존경을 받기보다는 비난을 받는 일도 적지 않습니다. '수저' 논쟁으로 대변되는 사회적 위화감도 여간 심각하지 않습니다. 공동체의 가치를 존중하고 그것을 위하여 헌신하며 질서 있게 행동하는 집단이성이 취약하다는 지적이 많습니다. 그 같은 병폐가 고쳐지지 않고는 우리 사회에 뿌리 깊은 갈등과 불신을 해소할 수 없을 뿐만 아니라, 더 이상의 발전도 기대하기 어려울 것입니다. 무엇보다도 절실한 것은 공인을 비롯한 사회 지도층의 높은 도덕성과 책임의식입니다.

원문 출전

이 책에서 저자가 번역, 수록한 인용문의 출전은 아래와 같습니다.

- Adam Mickiewicz, Translated by George Rapall Noyes, *Pan Tadeusz: or, the Last Foray in Lithuania: A Story of Life Among Polish Gentlefolk in the Years 1811 and 1812*, London and Toronto J. M. Dent & Sons Ltd. 1917.

- Alexis Tocqueville, *Democracy in America*, edited by Eduardo Nolla, Translated by James T. Schleifer, Indianapolis, 2010.

- BBC NEWS, "Charles de Gaulle speech", June 18, 1940.

- Ben-Ami Shillony, "Universities and Students in Wartime Japan", The Journal of Asian Studies, Vol. 45, No.4(Aug. 1986), The Association for Asian Studies, 1986.

- Brian Harrison, *The History of the University of Oxford VolumeⅧ*, Clarendon Press, 1994.

- Charles Dickens, *A Child's History of England*, Greate-Space, 2014.

- Chauncey A. Goodrich, *The speeches of Lord Chatham*, APRIL 29, 1736.

- Corneille, Pierre, *Le Cid*, The Floating Press, 2009.

- Demosthenes, *The oration of Demosthenes on The crown*, Robert Collier translated, London, Longmans, Green, 1875.

- Edmund Burke, "Speech on Fox's East India Bill", December 1, 1783.

- Edward Gibbon, *The History of the Decline and Fall of the Roman Empire*, The Project Gutenberg EBook, 2008.

- Edward Howard Marsh, *Georgian poetry, 1911-1912*, London: The Poetry Bookshop, 1920.

- Elias Lönnrot, Translated by John Martin. Crawford, *The Kalevala: The Epic Poem of Finland*, The Robert Blake Company, 1910.

- Frances Ann Kemble, *Records of Later Life By Frances Ann Kemble*, New York: Henry Holt & Co., 1882.

- George Herbert Perris, *The Battle of the Marne*, John W. Luce & Boston MCMXX, 1920.

- George Sprantzes, Marios Philippides translated, *The Fall of the Byzantine Empire*, Amherst: University of Massachusetts Press, 1980.

- Heinrich Heine, *Germany: A Winter's Tale*, XI, 1844.

- Henri Isselin, *The Battle of the Marne*, Doubleday, N.Y., 1966.

- Henry L. Abbot, *Memoir of Montgomery C. Meigs 1816–1892*, National Academy of Science, 1893.

- Herodotus, *The history of Herodotus, Volume 1*(Gutenberg Project)

- Homer, *The Iliad*(www.Gutenberg.org)

- Homer, *The Iliad* by Homer(www.classics.mit.edu/Homer/iliad.html)

- Honore De Balzac, *Le lys dans la vallée*, Le Livre de Poche, 2012.

- Jay W. Baird, *To Die for Germany; Heroes in the Nazi Pantheon*, Indiana University Press, 1992.

- Jean–Jacques Rousseau, "Considerations on the government of Poland and on the its proposed reformation", April 1772.

- Jean Jacques Rousseau, *The Social Contract*, book Ⅲ. 15. 1762.

- Jelka Reдep, *The Legend of Kosovo*, Oral Tradition, Volume 6, Number 2–3, May, 1991.

- John F. Kennedy, "City Upon a Hill" Speech, January 9, 1961.

- John F. Kennedy, *Profiles in Courage*, A Giant Cadinal Edition, Pocket Books, Inc., New York, 1957.

- John L. Smith, Jr., "How was Revolutionary War paid for?", Journal of the American Revolution, February 23, 2015.

- John Matthias & Vladeta Vuckovic translated, Preface by Charles Simic, *The Battle of Kosovo–Serbian Epic Poems*, Swallow Press, Ohio University Press Athens, 1987.

- John Ormsby, *The Poem of The Cid*, London Langmans, Green, and Co. 1879.

- Joseph Addison, *Cato: A Tragedy*, Gale Ecco, Print Editions, 2010.

- Joseph Addison, *Cato: A Tragedy and Selected Essays*, 1710.(Act II, Scene 4)

- Lucy M. J. Garnett, *Greek Folk-Songs*, London: Elliot Stock, 62, Paternoster Row, E.C. 1885.

- Marcus Aurelius, Gregory Hays Translated, *Meditations*, The Modern library, New York. 2002.(Book 5)

- Marcus Tullius Cicero, *Cato Maior De Senectute*, Loeb Classical Library, 1923.

- Marcus Tullius Cicero, Francis Barham translated, *The Political Works of Marcus Tullius Cicero*, vol. 1(Online Library of Liberty)

- Marcus Tullius Cicero, Walter Miller translated, *De Offciis*, Cambridge: Harvard University Press, 1913.

- Margaret Armour translated, *The Nibelungenlied*, parentheses Publications Medieval German Series Cambridge, Ontario 1999.

- Marios Philippides, *Tears of the Great Church: The Lamentation of Santa Sophia*, University of Massachusetts, Amherst, 2012.

- Marios Philippides & Walter Hanak, *The Siege and the Fall of Constantinople in 1453*, Farnham, Ashgate, 2011.

- Michael Wachtel, *a commentary to PUSHKIN'S LYRIC POETRY*, 1826-1836.

- Niccolò Machiavelli, Harvey C, Mansfield and Nathan Tarcow translated. *Discourses on Livy*, Chapter XXX, The University of Chicago Press, Chicago & London. 1996.

- Paul D. Hunt, "Sybil Ludington, the Female Paul Revere: The Making of a Revolutionary War Heroine", The New England Quarterly, June 2015.

- Paul W. Knoll and Frank Schaer(eds.), *Gesta Principum Polonorum: The Deeds of the Princes of the Poles*, New York: Central European University Press, 2002.

- Peter Bowers, *ANZACS-The Pain and Glory of Gallipoli*, Australia Post, 1999.

- Philip Henry Stanhope, *Life of the right honourable William Pitt*, 1879.(volume Ⅲ)

- Philippe-Paul Ségur, "Acceptance Speech", June 29, 1830.

- Pierre—Marc—Gaston de Lévis, *Maximes et réflexions sur différents sujets de morale et de politique*, vol. 1, 1808.

- Plutarch, Hugh Clough & John Dryden translated, *Plutarch's Lives*, Modern Library Published, August 12th, 1977.

- Plutarch, *Moralia*, Volume III, Translated by Frank Cole Babbitt, Harvard University Press, 1931.

- Polybius, Evelyn S. Shuckburgh translated, *The Histories of Polybius*, London and New York, Macmillan and Co. 1889.

- Robert Dallek, *An unfinished life: John F. Kennedy, 1917–1963*, Boston: Little, Brown, 2003.

- Paul & Knoll and Frank Schaer(TR.), *Gesta Principum Polonorum: The Deeds of the Princess of the Poles*, Central European University Prees, New York: Budapest, 2002.

- Reiss Institute, "A King in the Trenches", R. Archibald Reiss Institute for Serbian Studies, June 11, 2014.(www.Reiss—institute.org)

- Robert F. Haggard, "The Nicola Affair: Lewis Nicola, George Washington, American Military Discontent during the Revolutionary War", Proceedings of The American Philosophical Society Vol. 146, No. 2, The American Philosophical Society, June 2002.

- Ruth Benedict, *The Chrysanthemum and the Sword*, Meridian Books, The World Publishing Company, Cleveland and New York. 1967.

- Samuel L. Knapp, *Memoirs of General Lafayette*(Project Gutenberg EBook)

- Thomas paine, *The Crisis*, December 23, 1776.

- Thucydides, Richard Crawley translated, *History of the Peloponnesian War*, The Floating Press, 2008.

- Titus Livius Livy, Translator D. Spillan, *The History of Rome*, Digireads.com. 2009.

- Today I Find Out, "The Modern King Leonidas: Athanasios Diakos", January 14, 2014.

- Ubertino Pusculo, "Constantinopoleos libri", Italian Poetry in Latin 13th—16th century (www.poetiditalia.it)

- Wayne S. Vucinich and Thomas A. Emmert edited, *Kosovo: Legacy of a Medieval Battle*, Minnesota Mediterranean and East European Monographs. 1. Minneapolis: University of Minnesota. 1991.
- William Faulkner, *A Rose for Emily*, Perfection Learning, 2007.
- William Faulkner, *The Sound and the Fury*, Vintage Books USA, 1990.
- Winston Churchill, *Second World War*, Mariner, 2008.

기념관 · 협회 · 대학교 웹사이트

- 게티스버그 국립군사공원(Gettysburg National Military Park): www.nps.gov/gett
- 고대역사협회(Ancient History Encyclopedia): www.ancient.eu
- 뉴잉턴대학교(Newington College): www.newington.nsw.edu.au
- 라파예트 칼리지(Lafayette College): www.lafayette.edu
- 만네르헤임 기념관(Mannerheim Museum): www.mannerheim-museo.fi/home-en-us
- 매사추세츠공과대학교(Massachusetts Institute of Technology): web.mit.edu
- 매사추세츠역사협회(Massachusetts Historical Society): www.masshist.org
- 맥아더 기념관(McArthur Memorial): www.macarthurmemorial.org
- 미국 대통령 연설 아카이브(Miller Center): millercenter.org
- 미국독립기념관협회(Independence Hall Association): www.ushistory.org/iha.html
- 미국역사보존소(Historic American Document Collection): www.archives.gov/historical-docs
- 미시시피역사협회(Mississippi Historical Society): www.mississippihistory.org
- 밸리포지역사협회(Valley Forge Historical Society): www.ushistory.org/valleyforge
- 부불리나 기념관(Bouboulina Museum): www.bouboulinamuseum-spetses.gr
- 새뮤얼 애덤스 협회(Samuel Adams Heritage Society): www.samuel-adams-heritage.com
- 신시내티협회(Society of the Cincinnati): www.societyofthecincinnati.org

- 알링턴 국립묘지(Arlington National Cemetery): www.arlingtoncemetery.mil

- 앤드루 잭슨 기념관(Andrew Jackson's Hermitage): thehermitage.com

- 앤잭기념관(Anzac Memorial Hyde Park Sydney): www.anzacmemorial.nsw.gov.au

- 연설기록물재단(Great Speeches Collection): www.historyplace.com/speeches/previous.htm

- 옥스퍼드대학교(University of Oxford): www.ox.ac.uk

- 예일대학교(Yale University): www.yale.edu/

- 이튼 칼리지(Eton College): www.etoncollege.com

- 조지 워싱턴 기념관(George Washington's Mount Vernon): www.mountvernon.org

- 존 F. 케네디 기념관(John F. Kennedy Presidential Library & Museum): www.jfklibrary.org

- 캐나다전쟁기념관(Canadian War Museum): www.warmuseum.ca

- 캠브리지대학교(University of Cambridge): www.cam.ac.uk

- 크레시-시베리아 재단(Kresy-Siberia Foundation): kresy-siberia.org/muzeum/?lang=en

- 토론토대학교(University of Toronto): www.utoronto.ca

- 패트 틸먼 재단(Pat Tillman Foundation): pattillmanfoundation.org

- 패튼 협회(The Patton Society): www.pattonhq.com

- 프랭클린 루스벨트 기념관(The Franklin D. Roosevelt Presidential Library and Museum): fdrlibrary.org

- 프린스턴대학교(Princeton University): www.princeton.edu

- 플랑드르 기념관(In Flanders Fields Museum): www.inflandersfields.be/en

- 하버드대학교(Harvard University): www.harvard.edu

- 헤임 샐로먼 센터(Haym Salomon Center): salomoncenter.org

- 호주전쟁기념관(Australian War Memorial): www.awm.gov.au

간행물

- 강준만 지음, 《미국사 산책》, 인물과 사상사, 2010.
- 게오르크 카이저 지음, 장영은 옮김, 《칼레의 시민들》, 성균관대학교출판부, 2000.
- 게오르크 오스트로고로스키 지음, 한정숙·김경연 옮김, 《비잔티움 제국사 324-1453》, 까치, 1999.
- 권석하 지음, 《영국인 재발견》, 안나푸르나, 2013.
- 김경묵 지음, 《이야기 러시아사》, 청아출판사, 2006.
- 김도균 지음, 《전쟁의 재발견》, 추수밭(청림출판), 2009.
- 김승윤 외 지음, 《현대 영·미 전쟁시의 이해》, L.E.F.-Seoul, 2010.
- 김영중 지음, 《네덜란드사》, 미래엔, 1994.
- 김용덕 지음, 《이야기 폴란드사》, 한국외국어대학교출판부 지식출판원(HUINE), 2013.
- 김용민 지음, 《루소의 정치철학》, 인간사랑, 2004.
- 김현수 지음, 《이야기 영국사》, 청아출판사, 2004.
- 김형곤 지음, 《조지 워싱턴》, 살림, 2009.
- 김형오 지음, 《술탄과 황제》, 21세기북스, 2012.
- 너새니얼 필브릭 지음, 황정하 옮김, 《메이플라워》, 바다출판사 2009.
- 니얼 퍼거슨 지음, 김종원 옮김, 《제국》, 민음사, 2006.
- 니콜로 마키아벨리 지음, 강정인 옮김, 《로마사 논고》, 한길사, 2003.
- 니콜로 마키아벨리 지음, 신재일 옮김, 《군주론》, 서해문집, 2005.
- 닐 맥그리거 지음, 김희주 옮김, 《독일사 산책》, 옥당(북커스베르겐), 2016.
- 데보라 스왈로우 지음, 김정은 옮김, 《핀란드》, 휘슬러, 2005.
- 두샨 비타코비치 지음, 정근재 옮김, 《세르비아 역사》, 도서출판선인(선인문화사), 2001.
- 디트리히 슈바니츠 지음, 인상기 옮김, 《사람이 알아야 할 모든 것: 교양》, 들녘, 2001.
- 레프 니콜라예비치 톨스토이 지음, 안정범 옮김, 《까자끄 사람들》, 소담출판사, 2000.
- 로버트 댈럭, 정초능 옮김, 《JFK 케네디 평전》, 푸른숲, 2007.
- 로버트 D. 호매츠 지음, 조규정 옮김, 《자유의 대가》, 미래사, 2009.

- 루드야드 키플링 지음, 서강목 옮김, 《키플링시집》, 하늘땅, 1990.
- 리처드 프랭크 지음, 김홍래 옮김, 《맥아더》, 플래닛미디어, 2015.
- 마르쿠스 아우렐리우스 외 지음, 천병희 옮김, 《그리스로마 에세이》, 도서출판 숲, 2011.
- 마르쿠스 툴리우스 키케로 지음, 김창성 옮김, 《국가론》, 한길사, 2007.
- 마르쿠스 툴리우스 키케로 지음, 허승일 옮김, 《키케론의 의무론》, 서광사, 2006.
- 마이클 베슐로스 지음, 정상환 옮김, 《대통령의 용기》, 지식의숲(넥서스), 2009.
- 마이클 코다 지음, 이동훈 옮김, 《영국 전투》, 열린책들, 2014.
- 마이클 하워드 지음, 안두환 옮김, 《유럽사 속의 전쟁》, 글항아리, 2015.
- 마이클 E. 해스큐 지음, 박희성 옮김, 《드골》, 플래닛미디어, 2012.
- 마크 힐리 지음, 정은비 옮김, 허남성 감수 《칸나이 BC 216》, 플래닛미디어, 2007.
- 박지향 지음, 《클래식 영국사》, 김영사, 2012.
- 박호성 지음, 《루소 사상의 이해》, 인간사랑, 2009.
- 발데마르 헤켈 외 지음, 오태경 옮김, 《그리스 전쟁》, 플래닛미디어, 2009.
- 배리 스트라우스 지음, 최파일 옮김, 《트로이 전쟁》, 뿌리와이파리, 2010.
- B.H.리델 하트 지음, 박성식 옮김, 《스키피오 아프리카누스》, 사이, 2010.
- 샤를 드골 지음, 심상필 옮김, 《드골, 희망의 기억》, 은행나무, 2013.
- 샤를 드골 지음, 정병희 옮김, 《완역판 드골 회고록: 야망의 세기》, 문조사, 1971.
- 샤를드 드바쉬·장 마리 퐁티 지음, 김지은 옮김, 《프랑스 사회와 문화》, 서울대학교출판부, 2004.
- 슈테판 츠바이크 지음, 이관우 옮김, 《인류사를 바꾼 순간》, 우물이있는집, 2013.
- 스티븐 런치만 경 지음, 이순호 옮김, 《1453 콘스탄티노플 최후의 날》, 갈라파고스, 2004.
- 시오노 나나미 지음, 김석희 옮김, 《로마인 이야기》, 한길사, 2007.
- 시오노 나나미 지음, 최은석 옮김, 《콘스탄티노플 함락》, 한길사, 2002.
- 시오노 나나미 지음, 한성례 옮김, 《리더를 위한 로마인 이야기》, 혼미디어, 2014.
- 아담 미츠키에비츠 지음, 정병권 외 옮김, 《판 타데우시》, 한국외국어대학교출판부 지식출판원 (HUINE), 2005.
- 아르킬로코스 지음, 오자성 옮김, 《고대 그리스 서정시선》, 청개구리아카데미, 2011.

- 안진태 지음, 《독일 제3제국의 비극》, 까치, 2010.

- 앙드레 모루아 지음, 신용석 옮김, 《영국사》, 김영사, 2013.

- 앙드레 보나르 지음, 양영란 옮김, 강대진 감수, 《그리스인 이야기》, 책과함께, 2011.

- 앤드루 나고르스키 지음, 차병직 옮김, 《세계사 최대의 전투 : 모스크바 공방전》, 까치, 2011.

- 앤드류 망고 지음, 곽영완 옮김, 《무스타파 케말 아타튀르크》, 애플미디어(곽영완), 2012.

- 에드 라이트 지음, 송설희 · 송남주 옮김, 《왼손이 만든 역사》, 말글빛냄, 2008.

- 에드거 F. 퍼이어 지음, 윤상용 옮김, 《명장의 코드》, 한울(한울아카데미), 2012.

- 에드워드 기번 지음, 송은주 옮김. 《로마제국 쇠망사》, 민음사, 2010.

- 에드윈 키스터 주니어 지음, 채인덕 옮김, 《그들이 세상을 바꾸기 전》, 황소자리, 2012.

- 에이드리언 골즈워디 지음, 하연희 옮김, 《로마멸망사》, 루비박스, 2012.

- 엘리아스 뢴로트 지음, 서미석 옮김, 《칼레발라》, 물레, 2001.

- 엘리자베스 거 지음, 손영도 옮김, 《시대사 속의 영국문학》, 고려대학교출판부, 2008.

- 예종석 지음, 《노블레스 오블리주》, 살림, 2006.

- 요한 볼프강 폰 괴테 지음, 안인희 옮김, 《이탈리아 여행》, 지식향연, 2016.

- 윈스턴 처칠, 차병직 옮김, 《제2차 세계대전》, 까지글방, 2016.

- 윌리엄 골딩 지음, 이성규 옮김, 《뜨거운 문》, 동광출판사, 1983.

- 유재원 지음, 《터키, 1만 년의 시간여행》, 책문, 2010.

- 윤현중 지음, 《폴란드》, 역사공간, 2013.

- 이무열 지음, 《러시아역사 다이제스트 100》, 가람기획, 2009.

- 이희수 지음, 《터키 박물관 산책》, 푸른숲, 2015.

- 작자 미상 지음, 안영옥 옮김, 《엘시드의 노래》, 서쪽나라, 2004.

- 장 자크 루소, 정성환 옮김, 《사회계약론》, 홍신문화사, 2001.

- 정병권 지음, 《폴란드사》, 대한교과서(단행), 1997.

- 조셉 커민스 지음, 송설희 · 송남주 옮김, 《라이벌의 역사》, 말글빛냄, 2009.

- 조지 차일드 콘 지음, 조행복 옮김, 《세계 전쟁사 사전》, 산처럼, 2014.

- 존 F. 케네디 지음, 박광순 옮김, 《용기 있는 사람들》, 범우사, 2007.

- 존 F. 케네디 지음, 배철웅 옮김, 《용기 있는 사람들》, 민예사, 2001.

- 존 줄리어스 노리치 지음, 이순호 옮김, 《지중해 5,000년의 문명사》, 뿌리와이파리, 2009.
- 존 키건 지음, 조행복 옮김, 《1차세계대전사》, 청어람미디어, 2009.
- 주경철 지음, 《히스토리아》, 산처럼, 2012.
- 카를로 마리아 치폴라 지음, 최파일 옮김, 《대포, 범선, 제국》, 미지북스, 2010.
- 키케로, 허승일 옮김, 《키케로의 의무론—그의 아들에게 보낸 편지》, 서광사, 2006.
- 타키투스 지음, 김경현·차진환 옮김, 《타키투스의 역사》, 한길사, 2011.
- 타키투스 지음, 천병희 옮김, 《타키투스의 게르마니아》, 도서출판 숲, 2012.
- 테오도르 몸젠 지음, 김남우 외 옮김, 《몸젠의 로마사》, 푸른역사, 2013.
- 토마스 메드윈 지음, 김명복 옮김, 《바이런》, 태학사, 2004.
- 토마스 J. 크로웰 지음, 김영진 옮김 《2차대전의 숨은 영웅들》, 플래닛미디어, 2010.
- 투퀴디데스 지음, 박광순 옮김, 《펠로폰네소스전쟁사 —상》, 범우사, 1993.
- 폴 존슨 지음, 명병훈 옮김, 《미국인의 역사》 살림, 2016.
- 폴 존슨 지음, 명병훈 옮김, 《폴 존슨, 근대의 탄생》, 살림, 2014.
- 폴 존슨 지음, 왕수민 옮김, 《영웅들의 세계사》, 웅진지식하우스, 2009.
- 폴 카트리지 지음, 이은숙 옮김, 《스파르타 이야기》, 어크로스, 2011.
- 플루타르코스 지음, 이성규 옮김, 《플루타르크 영웅전 전집 1》, 현대지성사, 2000.
- 플루타르코스 지음, 홍사중 옮김, 《플루타르크 영웅전 1》, 동서문화동판(동서문화사), 2007.
- 페터 아렌스 지음, 이재원 옮김, 《유럽의 폭풍》, 들녘, 2006.
- 피에르 노라 지음, 김인중 외 옮김, 《기억의 장소》, 나남출판, 2010.
- 피에르 코르네유 지음, 박무호 옮김, 《르 시드》, 지만지(지식을만드는지식), 2011.
- 하상복 지음, 《죽은 자의 정치학》, 모티브북, 2014.
- 한우성 지음, 《영웅 김영옥》, 북스토리, 2005.
- 헤로도토스 지음, 박현태 옮김, 《헤로도토스 역사》, 동서문화사, 2008.
- 호메로스 지음, 강영길 옮김, 《일리아스》, 홍신문화사, 2016.
- 호메로스 지음, 천병희 옮김, 《일리아스》, 도서출판 숲, 2007.
- 헤이르트 마크 지음, 강주헌 옮김, 《유럽사 산책》, 옥당(북커스베르겐), 2011.